非行臨床の技術

実践としての面接・ケース理解・報告

橋本和明

金剛出版

聴きながら訊き 事実に出会うということ

村瀬嘉代子

　20年ほど前であろうか，突然，橋本和明氏が来訪された。「ある雑誌に家裁調査官の特集を組む企画を考えた。かってその職にあり，時折裁判所職員総合研修所や家裁などで，講師として家裁調査官と研鑽する機会を持つ者として，そして今は外にある立場で家裁調査官について一文を書くように」というご依頼であった。漫画『家栽の人』がベストセラーになり，さらにTVドラマ化され，家裁調査官の存在は世に識られるようになりはしていたが，それでも日々の生活を恙なく過ごす方々にとっては，出会う機会の少ない存在であり，「火災調査官ですね？」と火災保険の調査員と早のみこみされる方も時にはいらっしゃったりなぞした。貴重な企画であり，私ではなく土居健郎先生にご執筆戴くことを提言したが，橋本氏の並々ならぬ目的意識と行動力に感服したのを今も鮮やかに想い出す。

　その後，児童自立支援施設についてのフィールドワーク調査研究でご一緒する機会が生まれた。非行をした少年が立ち直り成長するためには，自分は信頼されているという感覚が必要不可欠ではないか，だが，それはそう容易なことではないということに，ある児童自立支援施設へ向かう道すがらに，二人の間で話題が及んだ。その時，車中で，小学校入学直前の春，大阪の修徳学院（教護院で現在は児童自立支援施設という）卒園者と教職員の文集『みかえりの塔』（1939年出版）を手にし，その一章に強い衝撃を受けた記憶が蘇り，その一端を私は口にした。卒園後，真摯に更生の道を辿っている一人の青年が，何か事が起きると疑いの目を地域の警察から向けられることや孤独に耐えかね，自殺を図ったが一命をとりとめ，病院のベッドで意識を取り戻し，生きる重さをかみしめている……という，いわゆる単純にめでたし，めでたし，という結びで

はない内容であった。それは子どもであった私にとって，生の厳しさを識る世界へと扉を一枚開かれた想いがしたのであった（当時，新聞や大抵の書籍にはルビがふられていたので，私は手当たり次第に読んで（？）眺めていた……）。

間もなく『復刻版 みかえりの塔』（2000年刊行）と『みかえりの塔――それから』（2000年刊行）という二冊の書籍と橋本氏の手紙が届いた。手紙には，「村瀬先生には失礼かと思いましたが，そんな6歳くらいの子どもの記憶は当てにならない，だが決めつけないで事実を調べてみよう，と予てから交流のあった修徳学院の元院長の平井光治氏を訪ね，次第を問うと，復刻版を出され，半世紀以上前の読後感を未だに記憶されているその人に謹呈する，と復刻版を一冊預かってきた。自分も一読してみた。うーんと納得した。想い出の書籍としてお手元にどうぞ。これで，村瀬先生の話されたことが本当だったという事実確認をしました……。改めて小さな子どもであっても本質的なことには，大事だと気づき，記憶に残るのだと感心しました。疑ったりして失礼しました……。［後略］」と認められていた。復刻版には，細部の記憶違いはあったが，あの青年の呻吟の章は確かにあった……。

本書で，橋本氏は非行臨床における事実の重さ，大切さを繰り返し説かれている。そして同時に事実を把握していく過程で，相手に身をそわせて共感的に聴き入ることをも軽んじてはならないこと，受容的態度を適切に併せ持つことの意義を指摘されている。「聴くと訊くこと」のバランスについて分かりやすく現実に即応して述べて，この営みの過程において，安易な納得や手抜きの浅い理解で満足することを強く戒められている。まことにその通りと首肯する。聞き流しにせずに，『復刻版 みかえりの塔』に辿り着き，私の記憶と感想の真偽や適切さの程を実地調査によって確かめられ，ひとたび事実が確認されると，孤独な生活の中で立ち直っていこうとするその青年の心情に深く想いをはせられた橋本氏。このエピソードは，橋本氏の説く理論は言行一致，経験事実に裏打ちされ，帰納的に検証されて生み出されたものであることを納得させる。

本書では，現代社会の特質を歴史的，社会経済的なマクロの視点から描出し，その特質が人の心や人間関係のありかたにどう影響を及ぼしているか，そういう全体事象の特質の中で，少年非行はどのような傾向を帯びているかについて，

私のよく使う表現で言えば，問題の焦点が明確に全体状況との関連の中で，まことに的確に捉えられている。橋本氏によるこの現状把握に基づくさまざまな臨床の技法とその工夫は現実的で効用が検証されたものであると言えよう。
　書名から非行臨床領域の書物と受け取られるかもしれないが，内容的には，臨床場面での検証済みのさまざまな領域の臨床に役立つ考え方と技法が分かりやすく系統的に述べられている。非行臨床に携わる方々はもちろんのこと，さまざまな領域の多くの方々に読んでいただきたい。裨益するところはまことに大きいと思う。

（北翔大学大学院・大正大学）

はじめに

　筆者は現在大学の教員をしているが，これまで家庭裁判所で家庭裁判所調査官（以下，「調査官」と記述）として23年間勤務した。思えばアッという間の裁判所時代であった。その間に出会った非行少年は数え切れない。保護者や学校などの関係者を含めるとそれこそ莫大な数になる。そのうえ，家庭裁判所で取り扱う事件は少年事件以外に家事事件がある。離婚紛争中の夫婦，成年後見の高齢者，虐待や親権の問題の渦中にある子どもたちなど，そこでも本当に多くの人と出会わせてもらった。

　今にして思えば，そんな筆者の体験のなかで非行臨床（あるいは司法臨床）の技術が培われたのかもしれない。そこにはカウンセリングなどの心理臨床の技術との共通点も多いが，非行臨床ならではの技術も少なくない。また，この非行臨床の技術は筆者が所属していた家庭裁判所だけに通用するといったものでなく，非行少年等にかかわる専門家や教育関係者，時には少年の保護者にも役に立つのではないかと考えた。それが本書を執筆しようと思った一番の動機である。

　本書は，非行臨床の実践をさまざまな角度から取り上げた。第1章と第2章では，非行の歴史的変遷や近年の動向を論じながら，現代の非行少年や家族にはどのような特徴があるのかを取り上げた。そして，社会が非行少年に向けるまなざしや非行臨床に期待するものとは何かを記述した。第3章，第4章，第5章は，非行臨床における面接について取り上げた。カウンセリングなどの心理臨床面接とは違う"調査面接"について解説するとともに，そこでの技法上のコツや面接そのものをどのように構造化していくのかについて述べた。第6章では，"事実"ということをテーマに，事実への接近のあり方，事実が語るもの，事実の力について考えた。第7章では，非行臨床に

おける援助という視点から，"枠"の活用をいかに図っていくのかということや，動機付けの乏しいケースにどのように対応していけばいいのかについて論じた。第8章と第9章では，非行はさまざまな事象との関連から生じることから，虐待あるいは発達障害とのつながりを正確に読み取っていく重要性を強調した。第10章では"伝える"ことを念頭においた非行臨床における報告のあり方，第11章では非行臨床家を"育てる"ことを主眼にした訓練のあり方を取り上げた。

　いずれの章においても，非行臨床の技法やコツを意識しながら論を進め，「○○の技術」というタイトルをつけて章立てした。読者の皆様には興味あるところから，あるいは今困っているところからお読みいただければ幸いである。

　また，本書を『非行臨床の技術——実践としての面接・ケース理解・報告』としたのは，臨床心理学だけではなく，教育学，社会学，社会福祉学など幅広い領域で活用される実践書でありたいと考えたからである。本書が多くの人に読まれ，非行の更生や防止に役立てられることを心から願ってやまない。

非行臨床の技術

実践としての面接・ケース理解・報告

Techniques of Delinquency Counseling

目次

聴きながら訊き 事実に出会うということ ———— 村瀬嘉代子　003
はじめに　006

序章　自分と向き合う技術 ── 非行臨床の出発点としての私 ……… 017
　1　不確かななかでの模索 ……… 017
　2　自分のケースをもつということ ……… 019
　3　児童自立支援施設での体験 ……… 021
　4　イニシャルケースの意味するところ ……… 023

第1章　視点を入れる技術 ── 非行臨床の意義と最近の動向 ……… 028
　1　「非行臨床」の定義 ……… 028
　2　非行に対する視点の変遷 ……… 031

第2章　つかむ技術 ── 現代の非行少年と家族の特徴 ……… 039
　1　現代の非行少年の特徴 ……… 039
　2　非行少年の家族の特徴 ……… 055

第3章　きく技術 ── 非行臨床における面接 ……… 068
　1　「きく」ことの意味 ……… 068
　2　臨床面接と調査面接 ……… 070
　3　司法面接と調査面接 ……… 074
　4　面接の基本的構え ……… 079

第4章 仮説検証の技術——仮説生成・仮説検証型の面接 ……… 091

1. 仮説生成・仮説検証型の面接技法 ……… 091
2. 仮説生成・仮説検証型の面接の具体例 ……… 094
3. 仮説生成・仮説検証型の面接の利点 ……… 097
4. 3つの考案 ……… 098
5. 刑事コロンボから学ぶ ……… 101

第5章 構造化の技術——面接の構造と流れ ……… 104

1. 面接の構造と流れ ……… 104
2. "起"としての面接の導入 ……… 105
3. "承"としての面接の展開 ……… 108
4. "転"としての面接の発展 ……… 120
5. "結"としての面接の終結 ……… 121

第6章 追求する技術——非行臨床における事実への接近 ……… 124

1. 主観的事実と客観的事実 ……… 124
2. 事実が語るもの ……… 127
3. 事実を追求すること ……… 130
4. 事実のもつ力 ……… 132

第7章 かかわる技術——非行臨床における枠の活用 ……… 136

1. 枠の意味とその活用 ……… 136
2. 動機付けの乏しいケースへの対応 ……… 143

第8章 つなげる技術Ⅰ —— 虐待と非行との関連 ── 161
1　非行とのつながりを見抜く ── 161
2　虐待から非行へと向かうメカニズム ── 164
3　回避的行動の意味 ── 165
4　虐待から発展する非行の類型 ── 166
5　被害と加害の逆転現象 ── 167
6　親子関係の修復に向けてのポイント ── 170

第9章 つなげる技術Ⅱ —— 発達障害と非行との関連 ── 174
1　発達障害が非行へと向かうメカニズム ── 174
2　"枠"からの逸脱 ── 176
3　二次障害としての非行 ── 180
4　発達障害が非行に向かうケースへのかかわりのポイント ── 181

第10章 伝える技術 —— 報告の書き方と活用 ── 187
1　非行臨床における記録の意義 ── 187
2　書くことの意味 ── 189
3　報告の書き方についての留意点 ── 190
4　伝える技術の向上 —— 模擬裁判を体験して考えたこと ── 200

第11章 育てる技術 —— 非行臨床家の訓練 ── 202
1　臨床家を育てるということ ── 202
2　臨床家としての必要な技法 ── 204
3　プロセスレコードを活用した面接の訓練 ── 208

資　料　**大和ケース**──調査経過記録（プロセスレコード） 215

おわりに　252
索引　255

非行臨床の技術

実践としての面接・ケース理解・報告

Techniques of Delinquency Counseling

序章
自分と向き合う技術
非行臨床の出発点としての私

　非行臨床をこれから論じていくが，非行少年やその家族のことを話す前に，自分自分のことを少し語ろうと思う。なぜなら，臨床を行う対象者とどう向き合うかということはとても重要なことではあるが，その人を前にする自分，あるいはその人とどのように向き合う自分がいるのかについて考えることは，「臨床」のとても大きな作業であると考えたからである。
　ここでは，筆者自身が非行臨床の世界に惹き付けられるようになった背景や調査官という職業選択をした理由などを，本書のプロローグとして述べることにしたい。

1　不確かななかでの模索

　筆者は特別裕福でも，特別貧乏でもなく，大阪の下町のごく普通の家庭に生まれ育った。小学校は野球，中学校は剣道といったスポーツに打ち込み，学校の成績も悪いほうではなかった。ただし，優等生とは違い，同級生とも喧嘩をしたし，親や先生への反発も人一倍した。高校は地元の進学校に進んだものの，その頃は勉強というよりも部活や音楽のほうばかりに力を入れ，完全な落ちこぼれ生徒となった。幸い通っている高校は自由な校風が残っており，今では考えられないが，授業をサボっていてもそれほど厳しく指導をされることもなかった。それをいいことに筆者は好き勝手なことをやった。授業の欠課の多さでは確実に学年で3本の指に入っていた。

高校3年になり部活も引退して受験勉強に本腰を入れる時期になったが，筆者は自分の進む道が皆目定まらなかった。周りの友達は〇〇大学の〇〇学部に進むという志望を固め，勉強にも熱を入れて取り組んでいる。そんなことが日常の会話のなかにも出てくることがあったが，自分は具体的な志望校すら思いつかなかった。これは，それまでの学習面での劣等感とは少し違う，別の意味での劣等感であった。しかし，劣等感を克服しようにも，将来の方向性というのはすぐに見つかるわけではなかった。何かいつも同じところを堂々巡りしている自分を感じた。そして，同級生だけではなく，時間からも置き去りにされている自分が嫌でたまらなかった。

　高校3年の秋，何を思い立ったのか，筆者は家出をしようと決めた。家出といっても，家を離れて生活するという大胆な考えではなく，数日家から離れてみるという小旅行を思いついたのだ。本音を言うと，親元から離れて一人暮らしをしてみたかったというのが家出の大きな動機である。しかし，自分はまだ受験生であり，一人暮らしをする正当な理由もなく，それを言い出す勇気もなかった。そこで，やむをえず出した答えがちっぽけな数日間の小旅行というわけである。結局，学校を3日間サボり，2泊3日で長野県の善光寺に一人旅に出かけた。親には言わずに行こうかとも考えたが，心配をかけたくなかったし，捜索などされて事が大袈裟になるのも嫌だったので，親には正直に打ち明け許しを請うた。両親はともに「なぜこの時期に？」と驚き，旅行に行きたければ休日に行けばいいではないかと言ったが，筆者は「学校を休んでいくからこそ意味がある」と強引に訳のわからない説明をして，了解を取り付けた。今から思うと，本当に親に感謝である。

　夜行列車に乗り長野に着いたが，ほとんど観光をせず，その晩泊まる民宿を探して，そこで小説を読んで過ごした。民宿の主が若い学生風の客を不審に思ってか，あるいは自殺でもしないかと心配したのかもしれないが，何度も部屋に来てお茶を淹れ替えたり，たわいもない世間話をしに来た。結局，この小旅行で何かが変わったかというと，何も変わらなかった。旅行中に何かひらめくようなことや発見もなく，今となってはそこで何を考えたのかさ

えも思い出せない。ただ，夜に訪れた善光寺のライトアップが神秘的で美しかったことだけはどこか脳裏に焼き付いた。

　その頃の自分を心理学的に解釈すれば，青年期の真っ直中にあって，アイデンティティを自分なりに必死で探し求めていたと言えるかもしれない。何か確固としたものがあるでもなく，拠り所のない不確かななかに身を置いていたようにさえ思える。そして，いろいろ考えた挙げ句，大学の期間は自分のことを考える時間に当てようと開き直った。また，心理学という学問なら，少しはその手助けになるのではないかとの思い付きから，心理学系の学部を受験した。言うまでもなく，現役での合格は果たせず，一浪して大学生となった。

2　自分のケースをもつということ

　大学は将来の自分の方向性を探るところと決めていたので，入学当初から勉強よりもアルバイトや仲間との遊びに明け暮れた。ただ，高校や予備校のときとは違い，大学では自分の好きなことをしているという自由さを実感できたので，窮屈さはほとんど感じなかった。
　大学3年になったときのことである。筆者が前年まで家庭教師をしていた生徒から突然相談をもちかけられた。彼は見事高校に入学したのであるが，恋人ができて彼女を妊娠させてしまったという。本人は相当に悩み，高校を退学してアルバイトに専念して出産費用や今後の生活費を捻出しようかと迷っていた。筆者はせっかく入った高校を彼が辞めることに反対であった。それ以上に，まだまだ幼い彼が子どもをもつなどは想像もできなかった。しかし，どのように彼にアドバイスをしていいのかわからず，幾度となく彼と会って，話を繰り返し聞いた。そうしているうちに，彼は高校を中退し，彼女との同棲を始めた。予想通り，社会はそんなに甘くはなく，アルバイトをしてもその日の生活費はいつも不足したようである。家賃を支払えない状況

に陥ると、彼の苛立ちがしだいに顕在化してきた。筆者は彼らのことが心配で何度も同棲をしているアパートに足を運んだが、幼い子どもがままごと遊びをしているようにしか感じられなかった。彼らの将来への不安は、筆者の不安としてもどんどんふくらんだ。結局、彼は彼女との喧嘩が絶えなくなり、同棲生活は解消して、お腹の子どもも堕胎された。それからの彼は、筆者の前でこそ昔の従順さを残していたが、外では暴力行為や恐喝などの非行を繰り返し、警察に捕まって家庭裁判所に事件係属するようにもなった。

筆者は彼とのかかわりを続けるなかで、彼の母親からも何とか立ち直るように助言をしてやってほしいとの相談を受けていた。しかし、事態が転がるように悪化していき、筆者は何の役にも立たない無力さと申し訳なさとを感じた。結局、自分では解決方法が見出せず、筆者の大学の指導教員でカウンセラーでもある先生にこのことを相談し、その先生にケースとして引き受けてもらうことになった。すると、先生は「これまであなたが懸命にかかわってきたので酷なことを言うようだが、このカウンセリングが続いている間は彼とかかわらないでほしい」と言われた。今から考えると、このことは実にもっともな話である。筆者やカウンセラーなどさまざまな立場から助言やかかわりがなされると、彼のほうも混乱を招く。それを避けるためにも、先生の言うように、筆者が彼とのかかわりをしばらくしないでおくことはむしろ当然である。ただ、不勉強でカウンセリングのことがよくわかっておらず、しかも未熟であるがプライドだけは高い筆者にしてみれば、これまでの彼との親密な関係を否定されたかのようにも感じられた。自分の無力さという傷口に塩を塗られた痛みだったのかもしれない。

このときに、筆者は自分の「ケースをもつ」ということがいかに重みのあることかを痛感した。クライエントをもつ、ケースをもつということは、まさにカウンセラー（専門家）が自分をそこに投げ入れることでもあり、非常に重い責任の伴う行為である。単なる感情やなりゆきでケースを引き受けることはあってはならず、そこにはある程度の見通し（見立て）や技術、そして適度な自信を伴うことが必要である。見通しや技術はもとより、自信の

かけらもなかったその頃の筆者は，将来は「自分のケースだ」と胸を張って言える専門家になろうと誓った。今にして思えば，こんなことがあって，筆者は少しずつ自分のアイデンティティを育てていたのかもしれない。

3　児童自立支援施設での体験

　高校時代の自分と先に述べた高校を中退して非行に走った彼とが，筆者のなかでどこかオーバーラップしていたのかもしれない。その頃から少しずつ臨床心理学に関する専門書を読むようになり，そのなかでも非行についての本を読みあさった。

　大学3年の終盤から就職について考えるようになったが，その頃の筆者は非行の子どもたちとかかわれる仕事に就こうと決めていた。少年院，少年鑑別所，家庭裁判所，保護観察所，児童自立支援施設，児童相談所，警察署など非行を扱う機関はさまざまであり，法務教官，法務技官，家庭裁判所調査官，保護観察官，児童自立支援専門員（以前の教護職），児童福祉司，児童心理司など職種も多様である。筆者の職業選択の基準としてあったのは，自分のケースがもてる職場であり，少年と深くかかわれる職種であった。あれこれと考えを巡らせていたが，いずれの仕事も具体的なイメージがもてなかった。

　そこで，まずは行動をしてみようと，大学4年になる春休みを利用して，大阪府にある児童自立支援施設（当時は教護院という名称）の修徳学院を訪問させていただき，そこで1週間泊まり込みでの実習（正式な授業での実習ではなく，あくまでも個人的にお願いしたものだったので，体験と言ったほうが適切かもしれない）を許してもらった。

　筆者がいたのは小学5年から中学3年までが15名ほどいる男子寮であった。夫婦小舎制で寮長さんと寮母さんはともにベテランで，他の職員からの信頼も厚く，筆者自身も短い実習期間であったがそこでいろいろなことを教

わった。

　子どもたちは実習に来る学生の対応になれているのか，筆者への気遣いも相当にしてくれ，日中は将棋やゲーム，野球をしたりと楽しく過ごした。ただ，筆者としては何となくお客さん扱いをされているように感じた。もっと子どもたちのなかに飛び込みたいとの思いも強く，寮長さんにお願いして，それまで個室で寝ていたのを3日目からは子どもたちと同じ居室に蒲団を敷いて寝ることを許してもらった。また，「疥癬（皮膚病の一種）が移ってもしらないよ」という寮母さんの忠告を聞き流して，子どもたちと一緒にお風呂にも入った。そんなことから見えてきたのは，子どもたちは日中に見せる姿と夜に見せる姿が違っているということであった。昼間は何となく明るく振る舞ったり，みんなのいる前では虚勢を張ったりしている子どもも，夜になると家族のもとを離れて暮らしていることから心細くなるのかもしれない。消灯になってから，こちらが聞きもしないのに，自分の親や家族のことをペラペラ話し出したり，これまでの暮らしの様子や心情を子ども一人一人が語った。翌日になると，別の居室の子どもから，今晩は一緒に寝ようとせがまれ，実習が終わるまで3部屋ある居室を交替で回った。

　児童自立支援施設での子どもたちとのかかわりは濃厚であり，生活をともにするということがどれだけ大切なことなのかが未熟な筆者でも理解できた。その一方で，この施設での職員と子どもたちとのかかわりは想像以上にたいへんであることも実感した。この施設では夫婦小舎制の寮運営をしているので，単なる共働きとは違う夫婦としての協力が求められる。子どもが生まれると，そこで子どもも一緒に生活をしていく。そんな覚悟が児童自立支援施設の児童自立支援専門員には要求される。

　児童自立支援施設の体験は，現場のことが理解できたという利点はたしかに大きかったが，同時に現実の厳しさにも直面させられることとなった。それでも筆者としては，非行少年とかかわる仕事として何よりも児童自立支援施設が職業選択のトップに上がり，そこに大きな魅力を感じた。ただ，ここで働くとなると，筆者個人だけではなく，配偶者あるいは子どもも含めた

将来の家族のことも考えなくてはいけない。実のところ、その頃、すでに交際している彼女（その後結婚をし、現在の妻である）がおり、彼女はこの分野とはまったく違うところで生きてきた人だった。すでに会社勤めもしており、筆者はそこを辞めて施設職員として働かないかと彼女に言い出せなかった。端的に言えば、筆者の「覚悟」がなかったということである。

　その頃、もう一つの職業選択として考えていたのは、家庭裁判所の調査官という仕事であった。調査官の仕事は児童自立支援施設の児童自立支援専門員と比べると、子どもたちとのかかわりも少ないように見えたし、どこか泥臭さがないようにも思えた。言葉が適切ではないかもしれないが、非行少年とかかわるうえでは綺麗すぎる仕事のようにも筆者には感じられた。

　児童自立支援専門員か調査官かという選択に悩んだ末、懇意にしていただいていた大学の中国語の先生にそれとはなく相談をした。筆者としては、まったくこの分野とは関係がない先生だけに、逆に客観的な視点から意見が聞けるだろうとのもくろみもあった。すると、その先生は「どちらの仕事も社会的には大切なもので、どちらを選択するのもあなた次第。でも、他方のことを忘れて、一方の仕事をしないこと。たとえば、施設の仕事の大変さを忘れて、仮に調査官をしても、つまらない調査官にしかならない」と教えられた。筆者はこの先生の言葉に説得力を感じ、今ここで悩んでいることをかみしめ続けながら調査官を目指そうと考えた。

4　イニシャルケースの意味するところ

　幸いにも、筆者は調査官補の採用試験に合格し、まずは調査官補として2年間の研修を受けることになった。そのときに筆者が担当した少年事件のことを今でも鮮明に覚えている。

　その少女は17歳（当時）であった。身寄りもなく、キャバレーで働いているところを補導され、家庭裁判所にぐ犯事件として送致され、少年鑑別所

に入所となった。

　調査でわかったことは、父親が誰かわからない非嫡出子として少女は生まれ、出生後まもなく母親から捨てられて乳児院に預けられ、中学を卒業するまでずっと児童養護施設で暮らしてきたということであった。中学卒業後は転々と住み込み就職をしたがいずれも長続きはせず、ここ1年ばかりは暴力団の経営するキャバレーのホステスとして働いていた。また、きょうだいはなく、唯一の身寄りである母親の所在もわからなかった。

　筆者は、彼女がどのように育ったのかを知りたく、入所していた施設の保育士に連絡し、その当時の様子について聞いてみた。すると、非常に印象深いエピソードを保育士は語った。

「あの子は父親の顔はもとより、母親の顔さえ一度も見たこともなく、ずっとここで育ってきました。小学生だったあるとき、突然、母親から会いたいと電話がかかってきました。われわれ職員は半信半疑でしたが、あの子は大喜びで、母親に持って帰ってもらう土産まで自分の小遣いをはたいて用意していました。結局、約束した日になっても母親は現れず、あの子は買っておいた土産の菓子を一人で食べていたのです……」

　この話は筆者の心の奥底を強烈に刺激し、ショックにも似た感情の揺れを覚えた。また、それを聞いて、無性に少女の母探しをしようと気持ちが駆り立てられた。そして、いろいろなことを手がかりに母親の所在を探し回り、ようやく突き止めた。母親は他県のとある田舎の旧家に嫁ぎ、少女とは父親違いのきょうだいにあたる子をもうけ、ひっそりと暮らしていた。

　少女との面接で、筆者はそんな母親のことを話したところ、「会ってみたい」との返答が返ってきた。正直なところ、少女が母親に会いたい気持ちよりも、少女と母親を引き合わせたいという筆者の気持ちのほうが強かったかもしれない。また、母親に会うことが、少女に希望をもたせることになるのか、単に失望に終わらせるだけなのかの予測はまったく筆者にはつかなかった。しかし、なぜか理屈抜きで少女に母親と会ってもらいたかった。

　筆者は裁判官の了解を得て、措置を取り消して一旦少年鑑別所から出所

させ，母親の住む地域まで一緒に同行することになった。あまり客の出入りのないさびれた食堂。そこは母親の住む隣町にあり，少女と母親の初対面はここで行われた。母親は家族や近所の人目を気にして，その店で会うことを指定してきた。この場面に立ち会っている筆者は，親子の劇的な対面シーンを予想していたが，それは見事にはずれた。母親は周りの様子をうかがいながら淡々と，これまでの自分の苦しい生活の様子，置かれている肩身の狭い現在の状況を説明し，少女にがんばって生きていくように諭していた。少女はある程度は母親の状況を飲み込み，自分を納得させるかのように黙ったまますなずいていた。筆者の目にはそんな少女が痛々しく見えると同時に，ある面では筆者にないたくましささえ感じた。そして，小一時間も話したであろうか。長い年月にわたって途絶えていた親子の交流が一度だけで埋め合わせられるとは初めから思っていなかったが，筆者はそんな時間の問題以上の障害がこの親子に立ちふさがっていることを思い知らされた。

　審判では，少女が健全な就労先で落ち着いた生活ができるかどうか，しばらくの期間，少女を試験観察にして様子を見ることになった。審判後，住み込み就労先である中華料理店に行く途中，少女は筆者にこんなことを頼んできた。「調査官，前に勤めていたキャバレーに私の荷物があるから，それを取ってきてもらえないかなぁ。段ボール2つなんだけど……」と。筆者はそれには消極的であった。なぜなら，少女の荷物の置いてある場所は暴力団の組事務所であったし，そこに行って少女の居場所を教えろと迫られ，面倒なことになっても困ると思ったからである。また，その荷物のなかに不良仲間の電話番号などの連絡先があると，少女のせっかくやり直そうとする意欲がそがれ，就労先でも落ち着かなくなる危険があると考えたからである。筆者は少々無愛想に，「その荷物はそんなに大事なものなの？」と尋ねた。すると，少女はコクンとうなずき，「アルバム」と答えた。

　筆者は指導官の了解を得て，その日の晩に少女の荷物を引き取りに行くことを決めた。恐怖心がなかったわけではないが，それよりもこの荷物が少女にとっては何物にも代えがたい大切なものに違いないという気持ちが勇気

を奮い立たせた。このときは，筆者の彼女（現在の妻）にも近くまで同伴してもらい，少し離れた場所で待機してもらった。その彼女に，「1時間経っても出てこないときは警察に連絡してほしい」と伝言し，筆者は組事務所に入っていった。幸いトラブルもなく，アルバムは無事引き取ることができ，少女のもとに戻された。

　このような筆者の思いが通じたのか，少女は良好な成績で試験観察を終え，最終的には処分をしないとの審判が下された。ただ，母親との対面以来，お互いに連絡もしないままになっている親子関係が筆者は気になっていた。しかし，そのことをどのように触れればいいのかもわからず，話題にもしなかった。もしや母親と出会ったことが彼女にとっては深い心の傷になっているのではとも心配していた。審判直後に少女と別れる際，筆者はそのことをそれとなく尋ねてみたところ，彼女は非常に冷静に，「会ってよかったと思ってる。時期を見て，また私のほうから連絡を取ってみる」と語ってくれた。

　この少女は審判後も引き続き中華料理店で働くことが決まっていたが，数日後にその店を辞めてしまい，それ以降，どこに行ったのかまったく所在がわからなくなった。ただ，1年後に一度だけ，「私の本籍地はどこにあるの？」と突然電話があり，「元気でやっているから心配しないで」と報告があった。おそらく誰かいい人でも見つかり，入籍をすることになって，本籍のある所在が必要になったのだろうと推測した。筆者は電話を切った瞬間，確認こそしなかったが，あのときのアルバムは今も彼女の手元にあるのだろうと思った。

　このケースは筆者の調査官としての"イニシャルケース"である。心理臨床などの世界では，セラピストがまず最初に担当したケースを"イニシャルケース"といい，個々のセラピストがもっている特徴や個性，課題がそこに露呈しやすいと言われている。自分自身の良い面も悪い面もイニシャルとして刻まれるケースは，セラピストを映し出すため大切にしなければならないと言われる。筆者がここで紹介したケースも同じである。社会のことを何

もわかっておらず，未熟で無鉄砲な筆者のいろいろな問題が，このイニシャルケースに集約されている。また，この先調査官として成長していくための課題もそこに映し出されていた。特に，この少女は生まれて初めて母親と対面することになったが，いわば，自分のルーツを探る過程において，筆者はどこまで彼女の悲しみを心底理解していたのであろうかと自問する。

　このケースからかなり長い年月が経った。臨床的な観点からすると，かかわるうえでの問題点が目立ち，今から振り返っても冷や汗が流れる。あえて良かったところを挙げるとするならば，どんな過去であろうとそれを大切に扱ったことかもしれない。この少女は自分の過去とも言えるアルバムをとても大切にしていた。少女のアルバムには父親の顔はもちろん，母親の写真も一枚もない。そこには楽しい思い出も凝縮されているかもしれないが，つらい過去もいっぱいあるに違いない。親も身寄りもない少女にとって，そんな過去は切り捨て，いつも根無し草のように生きていくことも一つの方法であった。しかし，少女はそんな過去をアルバムのなかに大切にしまっていた。筆者もそんな少女の過去を大切にしたかった。少女は決して根無し草などではなく，きっと今はどこかに根を生やして生きていっていることだろう。

　調査官になるまでの筆者を振り返ってみると，大学時代に経験した教え子へのかかわりから「自分のケースをもつこと」の意義深さを教えられ，このイニシャルケースから「ケースとかかわることのむずかしさ」を学んだ。これ以降も多くの少年や人々との出会いやかかわりを経験していくが，筆者の非行臨床の出発点がここにあるように思える。そんなことをときどき思い出しながら，筆者の非行臨床は進んできたように思える。

第1章
視点を入れる技術
非行臨床の意義と最近の動向

1 「非行臨床」の定義

　犯罪や非行については，これまでさまざまなアプローチがなされてきた。もっとも古くは法学からのアプローチで，どのような法律をつくれば犯罪行為が防止できるのかといったことが問われ続けた。近代に及んでは，C・ロンブローゾの生来性犯罪者説を代表として，犯罪を犯してしまう器質的な要因，遺伝的な要因があるのではないかとの医学的なアプローチが盛んになった。また，犯罪を社会的な要因からとらえていこうとする社会学からの研究も進み，E・デュルケムの社会解体論を皮切りに，緊張理論，下位文化理論，統制理論など多くの理論が生まれた。さらに，犯罪者の個人的要因に目を向け，内面にある性格や行動傾向を解明していこうとする心理学的なアプローチも近年急速に進んできた。

　これらの犯罪や非行の研究を概観すると，犯罪の原因を個人の資質に求めたもの（内因説），犯罪の原因が社会や環境にあるというもの（外因説），資質にも環境にも両方に関係するというもの（内因−外因説）に大別される。現在では，犯罪の原因を内因と外因の両面からダイナミックにとらえていこうとする考えが主流であるが，それぞれの学問領域によって力点の置き方は違っている。

　ところで，本書のタイトルにもある「非行臨床」というのは，いったい

どのような学問で、どのような流れをくんできたのかをここで説明しておきたい。

筆者が把握する限りでは、わが国で「非行臨床」という用語を用いたのは井上（1980）が最初である。彼は 1980 年に『非行臨床』（創元社）を刊行し、「非行臨床とは非行少年の社会復帰過程を援助する心理臨床的諸活動である」と定義した。彼は、「臨床とは、特定の個人または集団、社会の病態の診断、治療の活動やその過程を指し示すことば」であるとし、非行臨床とは、刑事政策の一環である非行者対策と区別して、「社会臨床的配慮を背景にしながらも、焦点的関心を目の前のひとりの非行少年の心理治療的処遇におく」としたのである。

この井上よりも先に水島（1962）は『非行臨床心理学』（新書館）を刊行しているが、水島の使用する非行臨床という用語は臨床心理学の一つとしての非行心理学という意味合いが強く、非行少年の心理を情動障害と文化的感染の相互作用としてとらえ、非行の態様の違いに着目したものであった。それに比べて、井上の場合は、非行臨床を心理学一般に関する基礎理論の特殊応用という位置づけから切り離し、現場を基礎とした発想の転換を求める心理臨床の流れを重視したものである。

その後、非行臨床という用語を使用する学者や実務家が増えてきた。岡堂（1990）は非行臨床という用語ではなく、「非行の心理臨床」と表記しているが、生島（1998）は『非行臨床における心理的援助の方法』（金剛出版）のなかで、「自然科学的な因果関係論の中で捉える「非行研究」とは異なる、非行少年やその家族との真摯なかかわりの中から、彼らの援助のための実践理論や援助方法・技術について研究する「非行臨床研究」の樹立が急務である」と述べ、非行臨床の重要性を強調している。

また、心理学以外にも福祉学との関連から、加藤（2003）は『非行臨床と司法福祉』（ミネルヴァ書房）を刊行し、「非行臨床とは、非行問題の解決・緩和をめざして、非行ラベリングされた少年が、自らの手でそのラベリングから自由になる過程を援助する心理・社会臨床活動である」と述べている。

筆者（2004）も，虐待と非行との関係について論じた『虐待と非行臨床』（創元社）を刊行したが，そこで非行臨床という用語を用いた。
　では，非行臨床とはどのようなことを指し，従来からある犯罪（非行）学，犯罪（非行）社会学，犯罪（非行）心理学とはどのように違っているのだろうか。
　筆者は，「非行臨床とは，非行少年だけに焦点を当てるのではなく，その家族や社会に対しても臨床的視座をもちながら，同時に，被害者に対する見方も取り入れた非行事象を総合的な観点から理解しようとするものである。また，非行の動機や行動傾向の把握，非行からの更生や予防を図るため，臨床心理学をはじめとする社会学，教育学，社会福祉学，法学などの関連する知識や技能を駆使した実践である」と考えている。つまり，犯罪（非行）社会学あるいは犯罪（非行）心理学など特定領域での学問に限定せず，教育学や法学，社会福祉学など犯罪や非行に関連するあらゆる学問を取り入れ，しかも目の前の非行問題への対応や予防という実践を何より優先させるものが「非行臨床」であり，それを学問として追求していくのが「非行臨床学」であると考えている。
　なお，非行臨床と類似する「司法臨床」という用語もしばしば使われる。筆者は，「司法臨床は非行問題だけに限らず，虐待やドメスティック・バイオレンス（DV），家庭内暴力などの問題，あるいは夫婦関係や家族関係の問題，成年後見など高齢者や精神障害者の問題などを対象とし，司法機関がその当事者等とのかかわりや法や制度を活用した取り組みによって臨床的に問題解決を図っていく実践である」と考えている。この点について廣井（2007）は『司法臨床の方法』（金剛出版）のなかで，司法臨床の対象者の位置関係を明確にし，「「加害者－被害者」「申立人（原告）－相手方（被告）」という法的な位置関係に置かれている問題群に対して，「法」と「臨床」の両者の交差領域に浮かび上がる問題解決機能によってアプローチすることを「司法臨床」という」と指摘している。
　いずれにせよ，非行臨床と司法臨床では重なるところも多いが，対象と

するものやアプローチ法，実践のあり方の点で違いもある。

2　非行に対する視点の変遷

　非行臨床についての実践を考えるに先立ち，これまでの非行の推移や非行に対する見方の歴史的な変遷をここで概観しておきたい。

1 ── 戦後の非行の推移と特徴

　図表 1-1 に示すように，戦後最初の非行のピークは 1952（昭和 27）年で，この時代は社会全体が戦争で壊滅した日本経済を建て直すことに懸命であった時期である。非行は"貧困"と隣り合わせにあり，非行少年の家族も物理的な貧困だけでなく，死別や離婚などで単親家族の割合が多く，精神的な貧困に直面していた。1955（昭和 30）年頃から経済成長が本格化し，産業構造が大きく変化するなかで，都市化の波が一気に押し寄せてきた。多世代家族から核家族への動きとともに，家族は"貧困"から脱出し，1964（昭和 39）年に第 2 の非行のピークを迎える。この時期は高度成長期の影響が家族関係にも顕著に現れ，父親は家庭よりも仕事が中心で，家には父親不在の状態が多く，非行少年は「繁栄の落とし子」と呼ばれた。その後，日本の経済は驚異的な発展を遂げ，国民総生産が世界第 2 位になるなど，社会は"貧困"の時代から一転して"過剰"の時代へと様変わりした。1983（昭和 58）年に第 3 の非行のピークを迎えることになるが，この時代はいろいろなものが豊富にあり過ぎる時代となっていく。筆者はその年に家庭裁判所の調査官補に採用されたが，その頃の事件処理の数は半端ではなかった。校内暴力が非常に盛んで，暴走族も非常に多かった。そんな社会の変化と連動するように，親の養育スタイルも過保護，過干渉となり，行き過ぎた養育態度や過度な子どもへのかかわりが今度は浮き彫りにされた。それがもっとも色濃く現

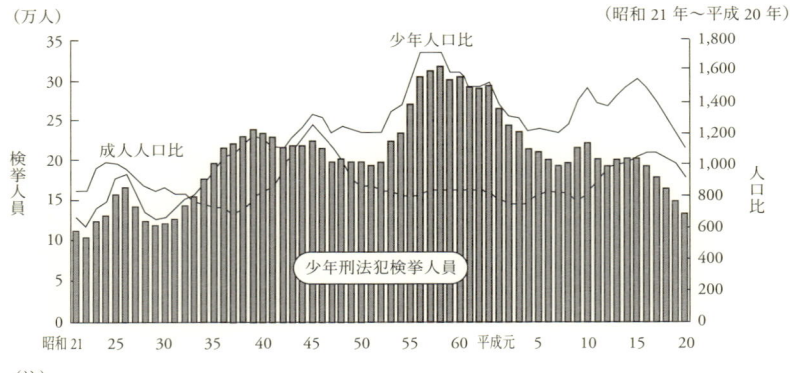

(注)
1 警察庁の統計及び総務省統計局の人口資料による。
2 触法少年の補導人員を含む。
3 昭和45年以降は、自動車運転過失致死傷等による触法少年を除く。
4 「少年人口比」は、10歳以上の少年の刑法犯検挙（補導）人員の人口比であり、「成人人口比」は、成人の刑法犯検挙人員の人口比である。

図表1-1　少年による刑法犯検挙人員・人口比の推移（平成21年度版犯罪白書より引用）

れたのが家庭内暴力で、あまりに親が子どもを構い過ぎて子どもの自立を損ない、その反動として親への暴力が出現した。しかし、そのような"過剰"の時代はバブル経済の崩壊へと結びつき、不良債権、赤字国債など先の見通しがきかない"不安"の時代に世の中は突入していった。第4の非行のピークではないかと言われている現代の非行は、1996（平成8）年から再び増加傾向が見られ、1998（平成10）年と2003（平成15）年に2つの小さなピークを迎えている。

　このように時代とともに非行も推移してきている。そこでは社会状況、経済状況、家族関係のあり方、地域や社会との関係など、さまざまなことが非行そのものに影響を与えている。「子どもは社会を映す鏡だ」とよく言われるが、非行にも同様のことが言える。この点については第2章でも取り上げたい。

2 ── 世論と非行に対するまなざし

　すでに述べてきたように，社会の動きは非行に影響するが，その非行に向ける社会のまなざしも時代とともに変遷してきている。これはそのときどきの情勢によって社会あるいは世論の非行に対する見方も変わってきていることを示しており，そのことが少年法の改正などの動きに連動している。

　戦後，旧少年法に代わって現在の少年法が1948（昭和23）年に施行された。基本的な理念は，未成年の非行少年に対しては国家が親の代わりとして育てていこうとする"国親思想"であり，国家の力で非行から少年を更生させようという考えであった。現代でもその理念は受け継がれてきているが，国家だけが非行少年へ対応するのには当然限界もあり，もはや国親思想だけで対処することが果たして望ましいかどうか疑問を投げかけられている。代表的なものとして，民間の協力を得たり，地域の理解を得たりしながら，子どもを健全に育てていこうとする動きがあり，近年はそれが活発になってきている。

　このような動きは非行のことだけにとどまらない。刑務所という受刑者の収容施設においても今や民間の職員が導入されている。これまでの刑務所では国家公務員の刑務官等が運営管理を任され受刑者の処遇に当たっていたが，社会復帰促進センターという名の刑務所（喜連川・美祢・播磨・島根あさひの全国4か所に設置されている）においては，民間の職員が登用され，官民協力のもとで運営されるようになった。

　以上のような動きは，非行や犯罪はこれまで国家レベル，あるいは特定の職種に限った領域であったはずのものが，民間レベル，国民一人一人のレベルで見直していこうという考えを反映している。2009（平成21）年に司法制度が大きく変わり，裁判員裁判が導入された。これもその一つの流れである。これまで裁判は裁判官，検察官，弁護士の法曹関係者でなされてきたが，国民の目線で，国民の意思が反映される司法を目指し，国民のなかから選ばれた裁判員が裁判官とともに裁判を行うようになった。

このような動向を見ると，従来の非行に対する社会のまなざしは大きく変わりつつあることがわかる。また，今後ますますそれは変化していくであろうが，非行臨床家はそのことに絶えず敏感でなくてはならない。

3 ― 少年法の改正の動向

近年の非行の質的な変化やそれに対する社会の視点の変化が，少年法の改正の動きとなって現れている。

その発端となったのは，1997（平成9）年に起こった神戸連続児童殺傷事件であった。この少年は14歳であったが，複数の女児をハンマーで殴打して死亡あるいは重傷を負わせた。そして，殺害した男児の頭部を切断して小学校校門前に置き，犯行声明まで出すという前代未聞の事件であった。当時の少年法では，16歳未満の少年には検察官送致の手続きを取ることができず，成人の刑事裁判を受けさせることができなかった。そのため，このような凶悪な事件であっても，家庭裁判所は少年院送致という保護処分を選択せざるをえなかった。

この事件をきっかけに，2000（平成12）年に少年法が改正され（翌年4月施行），次の3点が大きく変わった。

(a) 検察官送致の適用年齢が14歳以上となり，故意に死亡をさせた事件については，16歳以上の少年については原則的に検察官送致とすることになった。
(b) 被害者に対して，記録の謄写・閲覧，審判結果等の通知，被害者の陳述の配慮がなされるようになった。
(c) 特定の事件については，検察官が審判の手続きに関与することになった。

ところが，上記の改正後も低年齢の少年の重大事件が社会を騒がせた。そ

の代表的なものが 2003（平成 15）年の長崎幼児誘拐殺人事件や，2004（平成 16）年の佐世保で起きた同級生をカッターナイフで殺害した事件であった。いずれの加害少年も 12 歳（中学 1 年）と 11 歳（小学 6 年）という 14 歳未満の触法少年であった。当時の少年法では 14 歳未満の触法少年に対しては少年院送致ができず，保護処分としては保護観察か児童自立支援施設送致のどちらかを選択するしかなかった。結局，上記の少年はいずれも児童自立支援施設に送致された。

このような事件をきっかけに，低年齢の少年であっても非行性が高かったり，きわめて重大な事件を起こした場合には，施錠ができる施設（つまりは少年院）で矯正教育を受けさせるべきだとする世論が高まり，2007（平成 19）年の少年法改正でそれが施行されることになった。そこでの改正点は大きくは次の 4 点である。

(a) 14 歳未満の少年であっても，警察官は同人に調査できることが明記され，押収，捜索，検証，鑑定の嘱託ができるようになった。
(b) 14 歳未満の少年であっても，故意に被害者を死亡させるなどの重大事件については，警察は必ず児童相談所長に事件送致をし，児童相談所長は調査の結果，必要がないとき以外は，この事件を家庭裁判所に送致しなければならなくなった。
(c) 少年院に入所できる適用年齢がおおむね 12 歳と引き下げられた。
(d) 観護措置決定で少年鑑別所に入所している 14 歳以上の犯罪少年に対して，弁護士である国選付添人を付けることができるようになった。

以上のような少年法の改正のあり方を見ると，いくら未成年の行為であろうと，非行が重大であればそれなりに厳しく対処していくという姿勢が示されている。また，低年齢時の非行に対しても矯正施設の活用などにより適切な対応をしていくという考えが明確に打ち出された。

そもそも非行というのは，これまで一般的には思春期の一過性の問題行

動であるとのとらえ方をされてきた面がないとは言えない。子どもから大人になる過程で，これまでの自分を見失ったり，これまでとは違う自分を発見して戸惑うことも少なからずある。思わぬところで法を逸脱したり，羽目をはずしてしまう言動もあるかもしれない。従前にはそのような非行を"遊び型非行"あるいは"一過性型非行"と称していた。ただ，一部の少年のなかには何度も再犯を繰り返し，年齢とともに非行性を高め，成人になっても犯罪と縁が切れない者がいる。彼らに共通する特徴として，初発非行が小学生であるなど低年齢の頃から非行の芽を出していることが多い。そのような非行に対処するためには，早期の段階からのかかわりが重要となる。また，突如として大きな犯罪を犯してしまう"いきなり型非行"と言われるような少年のなかには，目立ちはしなかったものの，小さな問題行動を起こしていることも珍しくない。そのようなタイプの少年に対しても，表出させた問題行動を見逃さず，低年齢のうちに適切な対応をしていくことが必要である。そのことが後の非行性の高まりを防止し，社会適応の阻害要因に発展させずにすむのである。

このように見ると，ある意味では少年法の改正が，これまで見落とされていた非行臨床の盲点を補っている面もないとは言えない。ただ，その一方では，厳しく対処することだけが非行の防止につながるわけではなく，保護なのか刑罰なのかという線引き一つを取ってみても，今後の課題として残されているのが実情である。

4 ── 被害者の視点の導入

もう一つ大きな社会の動向として見逃せないのが，犯罪被害者の視点の導入である。

2000（平成12）年に刑事訴訟法が改正となり，被害者の法廷での証言時にビデオリンク方式などの被害者に対する配慮がなされるようになった。同じ年には犯罪被害者保護法が制定され，公判傍聴の配慮，記録の謄写・閲

覧，刑事和解の手続きが定められた。また，2007（平成19）年には，被害者や遺族が被告や証人に裁判で質問や求刑の意見を求められる「被害者参加制度」が刑事訴訟法に設けられ，翌年から施行されることとなった。これまで被害者は，法廷に参加することはもちろん，事件記録を読むことすら認められておらず，その意味ではまったく蚊帳の外に置かれていた。そのことを考えると，これらの法改正は画期的な前進であると言える。そして，このような犯罪被害者を巡る動きは，刑事事件だけに限らず，当然に少年事件にも波及し，被害者に記録の閲覧・謄写が認められたり，被害者意見陳述制度ができたり，審判結果通知も可能となった。また，特定の事件に限り，被害者が審判を傍聴することも認められるようになった。

　被害者の視点が導入された背景には，被害者の権利を保障し，被害者を守っていかねばならないという社会の課題があったためである。少年事件について言えば，少年が真の更生を目指すためには被害者のことを抜きにしては考えられないし，被害者の視点を導入した処遇がこれまで以上に重要と判断されたからである。

　筆者は法改正後に何度か被害者と面接する経験をしたが，これまで頭のなかだけで考えていた被害者像は，現実とはかなり違っていた。それまでは加害者である少年だけにかかわることが多かったため，被害者が何を考え，何を感じているのかを実感することは不十分であったと言える。また，財産犯を例にするならば，お金などの財産を取った者と財産を取られた者というように，少年（犯罪者）の対極に位置するものとして被害者をとらえていた。しかし，実際に被害者と出会って話を聞かせてもらうと，被害者の心情は決してそんなものではなかった。振り返ってみると，筆者はこれまで被害者を，少年（犯罪者）という加害者の視点から映った被害者としかとらえていなかった。要するに，被害者の視点に立ったありのままの被害者を正確に理解していなかったのである。諸澤（1998）は被害者学が犯罪学とどう違うのかについて，「犯罪学が犯罪（すなわち，犯罪者と被害者）についての学問であるのに対して，被害者学は，被害（すなわち，被害者と加害者）について

```
   犯罪                犯罪
 犯罪者 ⇒ 被害者    被害者 ⇄ 加害者
```

「犯罪学のパースペクティブ」　　「被害者学のパースペクティブ」

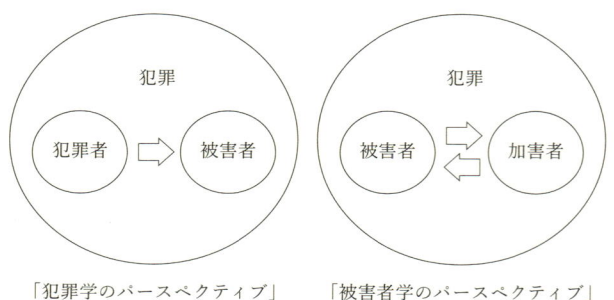

図表 1-2　「犯罪学のパースペクティブ」と「被害者学のパースペクティブ」（諸澤，1998）

の学問である」（図表 1-2 参照）と述べているが，まさにこれまで筆者が見ていた被害者は犯罪学から見た被害者であったことを思い知らされた。

このような被害者の視点の導入は，犯罪や非行をより多角的にとらえ，物事の本質を理解していくためにはなくてはならないものである。少年が心底から被害者に過ちの許しを請い，真の更生を図ろうとするためには，自分のことはもちろん，被害者のことをどこまで考えられるかにかかってくる。今や被害者を抜きにした非行臨床はありえないとさえ言える。

文献

橋本和明（2004）虐待と非行臨床．創元社．
廣井亮一（2007）司法臨床の方法．金剛出版．
井上公大（1980）非行臨床．創元社．
加藤幸雄（2003）非行臨床と司法福祉．ミネルヴァ書房．
水島恵一（1962）非行臨床心理学．新書館．
諸澤英道（1998）新版 被害者学入門．成文堂．
岡堂哲雄（1990）少年非行の心理臨床．In：岡堂哲雄編：非行の心理臨床．福村出版．
生島 浩（1998）非行臨床における心理的援助の方法．金剛出版．

第2章 つかむ技術
現代の非行少年と家族の特徴

1　現代の非行少年の特徴

　第1章で指摘したように，時代の変遷とともに，非行の認知件数が大幅に推移し，非行の質的な変化もそこに読み取れるようになった。また同時に，法的な面でも整備が加えられ，近年は加害者である少年の保護だけではなく，被害者への配慮という視点が大きくクローズアップされるようになった。
　ここでは，現代の非行少年の特徴をもう少し詳しく述べたい。
　筆者は近年の非行の内容や少年のあり方を見ていて，次の3つ，「動機のわかりにくさ」「つながりの希薄さと精神的な未熟さ」「漠然とした不安感」に非行少年の特徴が集約されるのではないかと考えている（図表2-1参照）。

1 ― 動機のわかりにくさ

　まず最初に挙げられるのが，「動機のわかりにくさ」である。これには，「後付けの動機の供述」と「動機と行為のアンバランス」の2点がその背景にあると考えられる。

① 後付けの動機の供述
　筆者は家庭裁判所において事件の動機を調査する際に，少年に対する「な

```
          ┌─────────────────┐
          │ 動機のわかりにくさ │
          │ 後付けの動機の供述 │
          │ 動機と行為のアンバランス │
          └─────────────────┘

  ┌─────────────────┐   ┌─────────────────┐
  │  精神的な未熟さ   │   │ 漠然とした不安の高さ │
  │ 人とのつながりの希薄さ │   │ 現実と非現実のあいまいさ │
  │ 年齢と比較しての発達の遅れ │ │ 生と死の境界の薄さ │
  │                 │   │ 被害と加害の交錯 │
  └─────────────────┘   └─────────────────┘
```

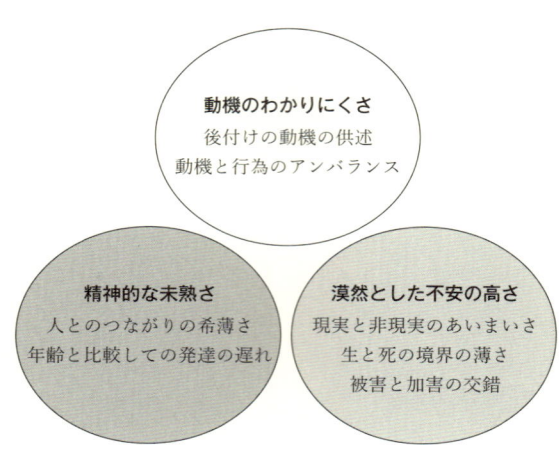

図表 2-1　現代の非行少年の特徴

ぜ？」「どうして？」という質問は極力避けるようにしてきた。動機の解明ということは、ある意味では調査官としての使命であるが、その質問を単刀直入に相手に尋ねても、その返ってきた答えが必ずしも妥当かどうかはわからない。たとえば、傷害事件を起こした少年に、「なぜ、殴ったの？」と問い、「腹が立ったから」「ムカついたから」などと言われても動機がわかったことにはならない。相手のどこに腹立ちを覚えたのか、そのムカつきはいつ頃から感じていたのか、暴力以外にそれを解消する手段はなかったのか、その日の気分との関係はなかったのか、どこまで自分の行動を客観視できていたのか、行動を起こすまで我慢をしようとしたのか、などたくさんのことを明らかにしていく必要がある。また、少年のなかには、あらかじめ尋ねられる内容を予測し、準備してきた回答を披露するだけで、その内容があまりにも表面的あるいは教科書的、模範的なことがしばしば見受けられる。筆者はそれを聞いてもどうもリアリティを感じない。そんな少年の発した言葉を鵜呑みにし、それをそのまま報告書に盛り込むわけにはいかない。そんなことをするとますます真の動機が遠のいていくばかりでなく、少年自身も本当の

自分を見失ってしまう。少年は面接でそれなりの動機を述べたとしても、こちらはそれを早わかりしようとせず、じっくり耳を傾けていく姿勢が求められる。「なぜ？」という問いは早わかりをするための常套句であるが、落とし穴にもなりやすい言葉なのである。

　そこで、筆者は非行動機を理解していく際には、過去－現在－未来の時間的経過を軸とし、それに沿って話を聞いていくように心がけてきた。先の例では、被害者を初めて知ったのはいつ頃で、その後、犯行時までどのようなかかわりがあったのか、少年の被害者への感情はどのようなもので、そこには時系列的にどのような変化があったのか、その当時の少年の生活態度や周囲の状況はどうであったか、犯行日の少年の行動や心情はいつもと違いがあったか、などを詳細に聞いていく。時には、「この日は何時に起きて、家を出たのはいつ？　そのときは普段と違ったことはあったの？　犯行現場まで行く道順は？」などと具体的に質問し、調査者の目の前にそのときの情景がありありと浮かぶようになるまで場面を再現させていく。そこまでしなければ、少年が語る動機や心情に届かないと考えるからである。そんな面接手法で非行動機を聴取していくと、少年の心の移り変わりや行動とのつながりが浮き彫りになってくる。

　しかし、最近の非行少年は、そのような聞き方をしていても、彼らの語りのなかには動機のわかりにくさがつきまとう。もう少し言うならば、動機の部分だけが他の話の流れとは違って突出し、あたかもそこだけを取って付けたように動機を語る者が多い。極端な場合になると、調査者との面接のために用意した動機を棒読みでもしているかのように話す少年もいる。犯行後に警察官や親、教師から「なぜ、こんなことになったのか説明しなさい」と動機を話すように言われ、そのときになって初めて自分の行動を振り返り、相手を納得させるためにやむをえず、それらしき合理的な理屈を付け加えたのかもしれない。実際、そうとしか考えられない場面に出くわすことが何度もあった。筆者はこれらの動機を「後付けの動機」と呼ぶことにしているが、少年は今語られたことを果たして犯行時に考えたり思ったりしてい

ただろうかと思わざるをえない。つまり，「後付けの動機」とは，犯行後に説明を求められ，後から取って付けたようにつくられた動機である。それゆえ，少年の語り口調を聴いていると，その動機のところだけが浮き上がったように筆者には感じられるのだ。ただ，このことは先に述べたような時系列に基づいた非行の経緯を聴取する面接技法を取らないと気づきにくい。単に，「なぜ？」「どうして？」と動機を聞いただけでは，真の動機には迫っていけない。時には，動機がわかりにくいと，「なぜ？」「どうして？」が連発され，面接そのものが尋問調に陥ってしまう。あるいは少年の責任追及の色彩が強くなり過ぎて，これも動機の解明には不適切となってしまう。

　いずれにせよ，「後付けの動機」になる理由としては，少年自身も自分がなぜ犯行に及んだのかを理解できていないことが大きい。現代の非行少年はどこか心と行動の連動性に一貫性が乏しく，自分でもどうしてそんな行動を取ったのかをしっかり把握していないこともある。それこそが，以下に述べる「動機と行為のアンバランス」にもつながる。

② **動機と行為のアンバランス**

　犯罪のニュースなどを見たり聞いたりすると，人はそれを犯人の動機と犯行のありようの両面からとらえるのが一般的である。ある殺人事件を例に挙げると，犯人が被害者に殺意に到達するほどの怒りや恨みを抱き，それがきっかけとなって犯行に及んだとすると，殺人の是非はともかく，それなりにわれわれは納得するものである。しかし，そこまで怒りや恨みを抱いておらずに殺人に及んだとするとどうであろうか。あるいは，まったく動機が明らかにされなかったり，あまりにも些細なことでありながら，重大な結果に至ったとすると，視聴者は何とも言えない不透明さから不安をかき立てられるに違いない。

　動機の善し悪しによって殺人の軽重を論じるつもりは毛頭ないが，人々はその行為を理解する方法として，罪を犯した人がそれに見合った心の動きをしているかどうかに着目する。つまり，重大な犯罪行為を理解するために

は，それに匹敵するほどの重大な動機がないと腑に落ちないのである。

　現代の非行を見ると，まさに腑に落ちない事件が多発している。あまりにも些細なことから信じられないほどの重大な犯行に及ぶ。決して，少年が真の動機を隠しているわけでもなく，いくら尋ね方を工夫しようともそれ以上の動機が見えてこない。端的に言えば，動機と行為のバランスが悪過ぎるのである。

　そのバランスの悪さにはさまざまな背景が考えられる。一つは病理的な原因がそこに存在している場合である。たとえば，解離性障害のように，通常は連続しているはずの意識の流れに非連続性が見られ，心と行動につながりがなくなってしまう。あるいは，発達障害のように，障害を抱える人のなかには，定型発達者とは違う物の見方や感じ方があるがために，犯行に及んだ動機が奇異に見えたり，全体を顕わにしたものではなくなり，周囲にはわかりにくくなってしまう。それ以外にもさまざまな要因が動機と行為の結び付きに影響を与え，客観的に見ると，バランスを失わせてしまう。

2 ── つながりの希薄さと精神的な未熟さ

　現代の非行少年の特徴として，筆者がもっとも注目しているものは「つながりの希薄さと精神的な未熟さ」である。これは非行現象の至るところで現れてきている。

① 万引きと"カゴダッシュ"の相違

　非行の犯罪類型のなかでも財産犯，とりわけ窃盗事件は多い。以前からも万引きは窃盗のなかでもポピュラーな犯罪である。あえてその手口を説明するまでもないが，万引きをしようとする者は店員の隙をうかがい，防犯ビデオの設置場所を確認してそれに映らないように，影に隠れてコソッと商品をカバンやポケットに入れ盗む。

　しかし，近年の万引きは少し手口が変わってきた。たとえば，コンビニな

どで商品を取ろうとすると、入り口に置いてある買い物カゴを手にして、好きな物をカゴいっぱいに入れる。その間、彼らは店員はもとより防犯ビデオの存在にもまったく無頓着でいる。それがなぜわかるかと言うと、その後に警察に捕まったりすると、そのときの防犯ビデオに撮られた映像が事件記録に添付されて後日家庭裁判所に送致されるからであり、犯行時の様子が手に取るようにわかる。万引きというと、コッソリ、密かに、というイメージであるが、この場合はそれが微塵も感じられない。少年らは商品をカゴに入れた後は、手にそのカゴを握りしめ、出口をめがけて一気に走り去る。こういう盗み方が2000年頃になってから増え出し、少年たちの間では"カゴダッシュ"と称されるようになった。実際、2007年には大阪府寝屋川市でこの手口で犯行に及び、追いかけてきた店員をナイフで殺すというコンビニ強盗殺人事件が起きている。

　では、万引きと"カゴダッシュ"の違いはどこにあるのだろうか。端的に言えば、筆者はそこに人が見えているか、見えていないかの違いにあると考えている。つまり、万引きの場合であれば、店員という人や防犯ビデオという人の目を意識して行動しているのに対し、"カゴダッシュ"の場合はそれがまったく意識されていない。正確に言えば、意識するというよりも、目に入ってこない、見えていないと言ったほうが正しい。そして、盗みが発覚した後の対応はどうかというと、万引きの場合は、被害者に悪いと感じて謝ったり、仮に悪いと心から思ってなくても反省した態度を示す。そこには、もしかして許してくれるのではないかとの思惑もあったりもする。いずれにせよ、人とのつながりを意識するがゆえに、このような対応をする。それに対して、"カゴダッシュ"のほうは人が見えていないばかりに、謝るという発想すら浮かばず、カゴを持ったまま店員の制止を聞かずに強引に逃げ去ろうとする。こうなると、刑法上はもはや窃盗ではなく強盗になる。店員の制止を振り切る際、店員が転んで怪我でもすると、強盗致傷となり、刑事事件においては一段と量刑は増す。

　これはあくまでも一例に過ぎないが、このような少年の態様を見て、筆

者は果たして少年犯罪が凶悪化したと言えるだろうかと思うのである。たしかに少年の犯行時の行動は大胆であり悪質極まりない。しかし，少年の心がすさんで悪くなっている，人格がひねくれて粗悪になっているというのとはほど遠く，単に人が見えていないというのが実態のように思えてならない。本来ならその年代になれば当然に周囲への配慮ができるはずなのに，どこかその発達が停滞しており，実年齢よりも精神的に未熟のままでいる。そのため，非常に幼稚な対応しか取れず，それが結果的には常識を逸脱した行動となってしまうと理解できないだろうか。

② 校内暴力の質的変化

　人とのつながりの希薄さが非行そのものの現象に質的な変化を生んでいることは，とりわけ集団非行に顕著に現れている。その一つが，校内暴力である。

　戦後第3の非行のピークと言われた1983年頃を振り返ると，校内暴力をはじめとする多数の共犯者がいる暴力行為等処罰ニ関スル法律違反事件や傷害事件が今と比べて割合が高かった。また，その当時は暴走族の全盛期であり，暴走行為で検挙された道路交通法違反事件や集団抗争，リンチ事件などの事案も少なくなかった。

　その頃，筆者が調査官として学校に出向くと，窓ガラスが割れ，トイレにはたばこの吸い殻が何本も放置されているのを目にしたし，校内のあちらこちらに丈の長い大きな学ランを着た茶髪でリーゼントの不良生徒たちを見かけた。

　それに比べて，今の学校の光景は穏やかである。学校の実情は外から見ているのと違っているのかもしれないが，一見するとそう見えてしまう。ヤンチャな生徒はいるにはいるのだろうが，以前のツッパリ生徒のように，他の生徒と比べてあきらかに異質で，すぐに不良生徒だとわかる存在感のある子は少ない。

　文部科学省のデータによると，全国の小中高校を対象にした生徒の問題

行動調査の結果では，2010年度は過去最多の校内暴力件数を更新しており，なかでも子どもの暴力の4件に1件は相手を負傷させて医療機関で治療を受けているという悪質化が顕著であるとのことである。これを見る限り，外から見ている穏やかな学校の光景と内にあるすさまじい実態との格差が大きいことに驚く。では，この格差はどこから生まれているのだろうか。また，今と昔の校内暴力の様変わりの背景にはどのような要因があるのだろうか。

　結論を急げば，筆者は人とのつながりの希薄さがこの格差に隠れていると考えるのである。以前の不良生徒たちは自分たちの仲間間に強い結び付きを感じていた。彼らはグループ化し，集団の凝集力，結束力を楯に教師たちと向き合った。そして，悪い意味でも良い意味でも不良生徒たちは教師との間に何らかの人間関係を求めた。一方の教師のほうも，番長と呼ばれる不良集団のリーダーとのかかわりを重視し，彼らの訴えに耳を傾けながら，教師としての立場や指導を生徒たちに理解させていった。おそらく不良生徒を抱える学校は，大なり小なりこのようなアプローチを取っていたに違いない。そして，かかわりがうまくいくと，リーダーからグループの成員に波及し，事態の沈静化が図られることになる。逆にリーダーとの対話が決別し，かかわりがうまくいかないと相手をますます怒らせてしまい，不良生徒たちが集団となって職員室に怒りをぶちまけにくるという事態に発展することもしばしばあった。

　今の学校の不良生徒はどうであろうか。そもそも不良集団というものを見かけない。せいぜい2，3人が集まる程度で，ほとんど集団化しない。これは，親密な仲間関係を築けないことが理由である。なかには集団で行動すること自体を嫌がる者も多い。集団化しなくなったことで生徒への対応が教師にとってやりやすくなったかというと，そうとは言い切れない。不良生徒は集団化しない代わりに，個別な人間関係をなかなかもちにくい者が増えた。教師はそのような生徒と一から人間関係をつくっていかねばならない。しかも，校内にいる多数の生徒一人一人に同じような時間と労力をかけなければならない。以前であれば，不良集団内の人間関係があったことから，ある一

人の生徒へのかかわりの効果が全体に波及したが，今はそうならない。そのため教師は莫大なエネルギーと時間を消費させ，生徒との関係をつくらなければいけないので，バーンアウト化しやすくなる。要するに，校内暴力の様変わりには，現代の人とのつながりの希薄さが大きく影を落としているのである。

③ 暴走族集団の消失

つながりの希薄さは暴走族の動きにも見ることができる。

そもそも暴走族は自動車やバイクのマフラーを改造し，「カミナリ族」と称されるように，大きな爆音を響かせて道路をわがもの顔で走行する。それが集団化し，1980年代はその全盛期を迎えた。多いときは100台以上もの自動車やバイクが道路を占拠し，それを見物に来る若者も後を絶たなかった。

暴走族の組織も明確で，リーダーやサブリーダー，幹部などが構成員を取りまとめ，走行する際も"特攻隊"と言われる先頭を走る者や，"ケツ持ち"と言われ，最後部に位置し追尾する警察車両を中に入れないなどの重要な役割を任される者などがいた。集団は帰属意識をはっきりさせる刺繍入りの特攻服を着て，あるいはステッカーなどを貼り付け，仲間意識を高めて行動した。家庭における愛情が満たされず，学校においても落ちこぼれ，空虚感でいっぱいの少年たちにとっては，この集団は自己存在感を確認できる場所でもあった。そして，暴走族は他の暴走族との勢力争いを繰り返し，時には暴走族は暴力団の下位組織として位置付けられ，暴力団の資金稼ぎとして利用されることも珍しくはなかった。

それに比べて，今の暴走族はかなり異質である。そもそも暴走族という集団自体が消滅しかけている。近年ではほとんど彼らの姿を見かけない。仮に爆音を出して走る者がいても，数台のレベルである。現代の若者は組織に入って集団で行動することはダサイという意識があり，上下関係などでしばられることが嫌でたまらない。このことも人とのつながりの希薄さの一つの現象である。

そんなことが暴走族の捜査にも影響を与えている。ある大きな暴走行為があると事前に察知した警察は取り締まりを実施する。以前なら，ある一人の少年の身柄を確保すると，彼にそこで撮られたビデオの映像や写真を見せるだけで，一緒に暴走していた者がどこの誰かがすぐに判明できた。しかし今は一緒に走行をしていたとしても，知らない者同士であることが多いため名前も顔もわからない。何となく暴走の噂を聞きつけて集まったそのとき限りの集団で，リーダーはもとより組織としての機能はない。横に走る者もそのときに初めて会っただけで，会話すらしていない者同士である。そのため，全員の身元の割り出しには警察は相当苦労をすると聞く。
　このように集団にしばられず，いつでも出入り自由で，ドロドロした上下関係や力関係には無縁な人間関係を，現代の非行少年は強く求めているのかもしれない。

④ 恐喝からひったくりへの移行
　つながりの希薄さが集団非行に影響を与えていることは理解しやすいが，それ以外にも非行類型に変化を及ぼしている。
　恐喝事件の推移（図表2-2）を見てみるとわかるように，一昔前に比べると急激な減少傾向が見て取れる。その原因の一つとして，金品を喝取する前の段階で因縁そのものが付けられないことが考えられる。要するに，現代の非行少年は因縁の付け方自体がわからず，恐喝をしようにもできないのである。
　以前なら，繁華街には不良少年らがたむろしており，機会をうかがい，お金が取れそうな被害者を探している光景によく出くわした。彼らは被害者を呼び止め，「眼をつけただろう」「こちらのほうを見て笑っただろう」と因縁を付ける。被害者にしてみればまったくの言いがかりであるが，いわば巧みなコミュニケーションと脅しの迫力で相手を圧倒する。そして，「2つのなかからどちらかを選べば，今度だけは勘弁してやる。1つは殴られる，もう1つは持っている金を全部出す。どちらがいい？」などと被害者をマインドコントロールし，物理的な暴力を振るわずしてお金を手に入れる。これが恐

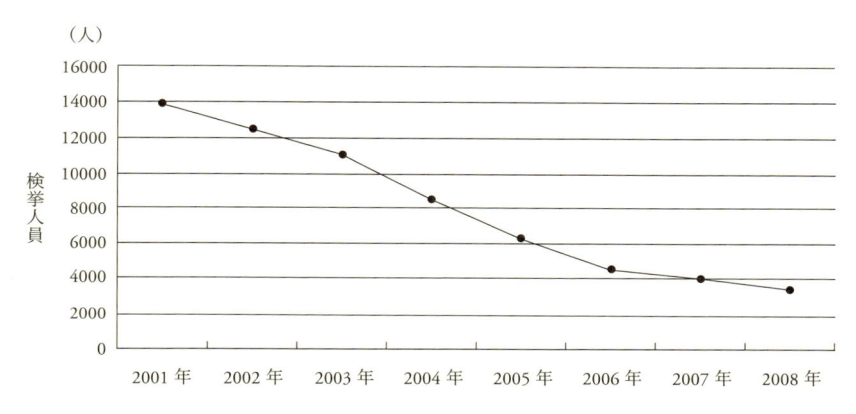

図表 2-2　少年の恐喝（街頭）事件の検挙人員の推移（平成 21 年度版警察白書より引用）

喝の一般的な手口である。

　しかし，先にも述べたように，今の非行少年は因縁が付けられない。見知らぬ人にどのように声をかけて話をすればいいのか，あるいはいつのタイミングでお金を出させる話をもちだせばいいのか皆目わからない。そのため，相手と直接のコミュニケーションをしなくてすみ，しかも手っ取り早くお金が手に入る手口に非行類型が様変わりした。それがひったくりである。

　ひったくりは加害者が一方的に被害者からバック等を盗んでいくわけであるから，そこでは相手との関係は考えなくてもいい。被害者の背後から盗んだり，暗い夜道で行うので，顔もわかりにくい。しばしば原付バイクを使うので，広範囲にわたって被害者を物色でき，疲れることもなく，いわばゲーム感覚でやれる。

　ひったくりと比べると，恐喝は手間暇がかかり，顔が割れる心配もある。ただ，その一方で，ひったくりの場合は被害者が盗まれまいとカバンを必死でつかんで抵抗し，そこを強引に取っていくとなると窃盗ではなく，強盗となってしまう。カバンの手提げが自転車のハンドルにひっかかったりして被

害者が転倒して怪我でもすると，強盗致傷となり，凶悪犯罪としてカウントされる。手口は単純でも，結果は重大になることも少なくない。

　近年のひったくりの急増に対し，自転車の前かごに防犯ネットをするようにと呼びかけたり，夜道の電灯を設置するなどの対策が講じられているが，なかなか後を絶たないのが実情である。

⑤ シングルフォーカス現象
　つながりの希薄さに関連して言えば，以前は「（誰も見ていなくても）悪いことをすればお天道様が見ている」とよく人々は口にした。目の前のつながりだけではなく，神様や仏様，自然界と人とのつながりを教えられ，そこに自分自身が生かされているという感覚で生活していたものである。精神分析的な視点からすると，超自我が機能していたと考えてもよい。あるいは，目の前に見えなくても，一人一人がつながっているという心のなかの想像力があったために，それを意識できたのかもしれない。

　別の具体的な例を示そう。「ご飯を食べ残すとお百姓さんが悲しむ」というのも昔はよく言われた。残した米粒からお百姓さんの姿を想像し，お米を作った人の気持ちを考えるようにとの教えがこの言い回しにあった。しかし，今，仮にご飯を残した子どもにこのようなことを言っても，お百姓さんの姿を思い浮かべられる子どもがいるだろうか。米粒とお百姓さんとはもはやつながらない。子どもが会ったことも見たこともない人や物とのつながりを想像し，そこに感情移入をすることは，今の時代は難しくなってきているのである。

　これらは非行少年に限らず，現代の若者や子どもに共通した特徴である。これを筆者は「シングルフォーカス現象」としてとらえている。そもそもシングルフォーカスとは発達障害関係で指摘されてきた概念で，1つの限局した部分に関心が集中してしまうために，同時に2つ以上の事柄を処理できない，あるいは物事の全体像をとらえたり，その裏側にある意図や意味を感じたり，解釈するのが困難になることである。そのようなことから生じる現象

を「シングルフォーカス現象」と名付けるのであるが，すでに述べた"カゴダッシュ"やひったくりなども現代の非行の「シングルフォーカス現象」であると言えるであろう。

　また，非行だけではなく，われわれの身近なところでもこの現象は多々見受けられる。たとえば，混み合っている電車のなかで平気で化粧をする女性や飲食をする人がいる。時にはドア付近を占領し地ベタに座って大声で談笑する学生たちを目にしたりもする。彼らはまさにシングルフォーカスでしか見ておらず，周囲にはまったく配慮がなされていない。要するに，自分や自分が関心をもつこと以外にはまったくフォーカスがされていないのである。彼らは周囲の迷惑を考えずに自分勝手な行動をする人のように見受けられがちであるが，実は先に述べた"カゴダッシュ"のところで指摘したことと同じで，他人が見えていないだけのことである。何も悪気があってこのようなことをわざとしているわけではない。誰か乗客がその行為を注意すると，すぐに行動を改める素直さも持ち合わせているが，それを指摘されるまで気づかないのが特徴である。

　このシングルフォーカスは，観点を変えれば，自分を客観視する能力が乏しい，人とのつながりが希薄なだけに他者への共感がしにくい，目の前の事象だけにとらわれ想像ができない，などの特徴があると言えるかもしれない。

3 ― 漠然とした不安感

　もう一つの大きな現代の非行の特徴として，「漠然とした不安感」が挙げられる。その不安の正体は何かを考えながら，それがどうして少年を非行に駆り立てるのかをここで述べたい。

　思春期や青年期はそれまでの学童期とは違い，自我に目覚め，今後の自分の生き方を試行錯誤していく時期である。たとえば，どの学校に進学するかという進路選択，どのような職業に就くのかという職業選択であったり，性的な関心の高まりもあって，異性とのつきあいやジェンダー・アイデンティ

ティを意識したりもする。

　しかし、ここで取り上げる「漠然とした不安感」は、そのような学業成績、進路、性といった具体的なものへの不安感とは性質を異にしている。言ってみれば、生き方への試行錯誤というよりも、生き方への躊躇やためらいと表現したほうがいいのかもしれない。

① 被害と加害の交錯

　新聞やマスコミで多くの事件報道がなされるが、それを見ている視聴者はしばしば誰が被害者で、誰が加害者なのかと混乱が生じることはないだろうか。加害者にもこれまでの不遇な生い立ちがあり、被害者としての一面が見え隠れしたり、逆に被害者にもそれなりの落ち度があったりして、被害を受けても仕方ない事情が存在することもある。

　現代の非行少年には被害者としても加害者としても身の置きどころをなくしているという特徴があるように感じられる。それゆえ、少年は被害と加害が交錯し、混沌とした状況で非行をしてしまう。これも非行少年に限らず、今の若者にも共通することかもしれない。

　たとえば、いじめの現象ではどうだろうか。筆者は小学生や中学生にしばしばインタビューをしてきた。彼らの多くは、これまでいじめたり、あるいはいじめられた経験がほとんどないにもかかわらず、自分の行為が周囲からいじめと見られるのではないかと不安がったり、逆に、自分がいじめられるのではないかと不安に感じている。言ってみれば、被害と加害の両方向のベクトルをいつも気にする生活を、今の子どもたちは強いられている。

　子どものなかには、自分の良くない行為を周囲から指摘されると、その行為が客観的にみれば指摘されて当然であるはずの事態にもかかわらず、当の本人はそれをいじめられたと受け取ってしまう者がいる。指摘する者が先輩であったり、教師であったりと、そこに立場上の力関係の要素が加わると、それをいじめと称さないで、ハラスメントという用語で被害を訴えることも最近はよくある。あるいは、モンスターペアレントやクレーマーなどの言葉

が流行したが、この被害と加害の交錯が大人側にも存在することは事実である。いつ何時被害者になるのか加害者になるのかわからないということが、漠然とした不安を喚起させる。

　それは自分の立ち位置が定まらず、どちらに立たされるのかわからない不安感である。本来なら、被害と加害の間にはもっと大きな境界があり、そうそうには領域をまたぐことはできないはずなのに、その境界が不透明に、もしくはあいまいになり過ぎている結果かもしれない。

② 生と死の境界の薄さ

　漠然とした不安感は、生と死の境界の薄さとも無関係ではない。これはおそらく現代の社会事情にも密接にかかわる問題となっている。特に、バブル経済がはじけ、リーマンショック以降の株の暴落など、何を信じて生活をしていけばいいのか、価値観が大きく揺さぶられている。「一寸先は闇」ではないが、先に何が待ち受けているのかわからない不安感はその人の生活の根本を脅かす。また、具体的なことへの不安感なら、備えをすればまだ多少とも和らげられるかもしれないが、具体性のない漠然としたことへの不安感であるだけに、対処方法も定まらない。

　現代の若者のこの不安感は、すぐにリストカットをしたり、オーバードーズをしてしまうことにも垣間見られる。彼らは決して死にたいわけではないが、生きたいという願望もそれほど強いわけではない。生と死の境に何となく足を突っ込んでいるが、中途半端過ぎて不安なのである。そこまで極端ではなくても、インターネットで自殺サイトにアクセスし、同じような仲間をつくって共感し合ったり、書き込みをするということもこの延長と考えてよいだろう。

③ 現実と非現実のあいまいさ

　漠然とした不安感は、自分の足元を見失わせ、時には現実とはかけ離れたような感覚に陥れる。

たとえば，友達と話をしていてもしっくりこなかったり，何をしても心底楽しむことができなかったりもする。目に見える光景がどうもベールに包まれたように感じ，映画を観ているような錯覚をもちだすと，解離の一つである離人症が疑われる。ただ，それほどではないにしろ，どこか実生活に自分らしさをまったく感じなかったり，自分で自分の心の動きが見えなくなってしまう。そうなると，現実と非現実の区別があいまいになり，現実や社会のルールがよく見えなくなって，それを逸脱してしまうことにもなりやすい。

要するに，「地に足をつける」ということは，不安感はありながらも一歩一歩踏みしめて前に進んでいくことである。しかし，漠然とした不安感があまりにも大きいと，その一歩が踏み込めない，あるいは踏み込んだとしても足が浮いてしまって前に進んでいる実感がもてなくなる。さらに重症になると，不安感が恐怖心となってしまい，前にも後ろにも進めず立ち往生してしまうことになる。

④ ふれあうことの恐怖

対人恐怖は以前からあったが，近年はその様相がかなり変わってきていると山田（2002）は指摘している。それによると，以前の対人恐怖は，赤面恐怖や視線恐怖などのように，大勢の前で発表するとか，誰かから見られているという心配から生まれ，それはいわば三者関係になることへの不安として理解できた。その基底には"恥"という意識が大いに作用していた。しかし，現代の対人恐怖はそれとは違い，皆の前では堂々と発言したりできるが，休憩時間やプライベートな時間に特定な仲間とつきあえないのである。そのため，どうつきあっていいのかわからないという恐怖がつねに伴う。それは要するに，親密になることへの不安や，距離が近くなることへの恐怖であると理解できる。一緒に食事をしてどのような話をすればいいのかわからない，相手から一方的に話しかけられるのはいいが，自分から何を話しかけていいのかわからないといった，ふれあうことへの恐怖がつきまとう。これはどちらかと言うと，二者関係になることへの不安であると山田は指摘する。

さて，このようなふれあうことへの対人恐怖は，幼少期から築かれてくるはずの人間関係における基底部分が十分に育っていないためであると筆者には思えてならない。この未成熟の基底部分は，どこか安心感や信頼感が欠けていたり，先行きの見えない不安感，何か得体の知れないものへの恐怖心となって現れる。先に取り上げた，人とのつながりの希薄さや発達の停滞を引き起こす「精神的な未熟さ」が，このふれあうことの恐怖を助長すると考えてもいいかもしれない。それが，人と人との距離感を喪失させ，親密になることであたかも自分の領域を侵入されてしまう不安に駆られ，恐怖となってしまう。そこにはまさに漠然とした不安感が関与している。

2　非行少年の家族の特徴

1 ── 家族関係の質的変化

　先に時代に伴った非行少年の変遷を述べたが，その背景には家族関係の変化が同時併行していることを見逃してはいけない。
　そこで今度は，時代とともに非行少年の家族がどのように変化をしてきたのかを考えてみたい。
　戦後最初の非行のピーク（1952年頃）の家族関係は，物質的な面だけでなく，死別や離婚などで単親家族の割合が多く，精神的な意味でも寂しさや満たされなさがあった。言うなれば，非行少年の家族関係は"貧困の家族関係"であった。その後の経済成長により，家族関係は貧困からは脱出したものの，第2の非行のピーク（1964年頃）では高度成長期の影響が仕事中心の父親不在を招くなど，"繁栄の陰を映す家族関係"となった。そして，日本の経済の驚異的な発展により，貧困から過剰な時代へと移行した。第3の非行のピーク（1983年頃）はいろいろなものが豊富にあり過ぎ，親の養育スタイルも過保護，過干渉となって過度な子どもへのかかわりが特徴とされ

る"過剰な家族関係"へと変化した。ところが，バブル経済の崩壊とともにその過剰は終わりを告げ，見通しがきかない時代に突入する。第4の非行のピーク（1998～2003年頃）は，"不安の家族関係"を特徴とすると言える。

これらの時代的な変遷とともに，非行少年の家族についての研究もかなり変わってきた。当初の研究では，家庭環境における人的および物的な欠損についてスポットが当てられたものが多かった。また，その後の研究の動向を概観すると，親子関係における特徴，親自身の負因等についての研究へと推移していく。やや乱暴なまとめ方をすると，これまで非行少年の家族の研究の焦点は「単親家族」「貧困家族」「葛藤家族」「不道徳家族」の4つが代表的な特徴であったと言える。

ただ，近年に至ってはそれが必ずしも当てはまらなくなってきている。いわゆる"フツウの家族関係"のなかで子どもが非行に走ってしまい，非行少年の家庭は，そうでない子どもの家庭とは違った何か特別な家族関係の特徴や事情があるとはもはや言えなくなっているように感じる。

2 ― 現代の非行少年の親のタイプ

上記のことを前提としたうえで，筆者があえて非行少年の家族の特徴を分類すると，以下の「自信欠如タイプ」「評論傍観タイプ」「責任回避タイプ」「常識欠如タイプ」が挙げられる。この4タイプはたしかに従前からも指摘はされていたものであるが，現代のものとはややニュアンスを異にしているところもある。ここではその違いを強調しながら，現代の非行少年の家族関係を考えてみたい。

① 自信欠如タイプ

このタイプの親は，子どもの問題行動を知りながら，それを指摘すると子どもから反発を招いたり，親子関係がぎくしゃくすることを懸念し，どのように振る舞えばよいのかがわからず自信がもてない。

従前にも子どもを叱れない親はいたし，子どもと親の力関係が逆転していて，子どもが良くないことをしても見て見ぬ振りをしている親がいた。しかし，現代のこのタイプの親は周囲への体裁を取り繕い，一般的な社会常識も備えているので，いけないことはいけないこととしてしっかり認識はしている。そのために，一応は子どもを注意したり叱ったりはするものの，何かそれを後押ししてくれるバックアップがないがために不安にさらされてしまう。また，子どもとの関係が切れてしまうような不安感を必要以上に抱いてしまう。

　具体的に示すと，親は門限を守らないわが子を注意するものの，叱ったことが逆効果となって，親への反発を強めたり，ますます夜遊びが酷くなるのではないかと不安を抱き，結果的には門限を緩くしたり，叱った直後に子どものご機嫌を取ってしまう。

　このタイプの親は，子どもの問題行動を知りつつ，自分自身に自信がもてないことから子どもを真正面から叱ることができない。仮に叱ったとしても，その直後に「これで良かったのか」との強い不安感や自責の念に襲われ，自分の取った言動を肯定できずにいる。

　親の自信のあり方だけを取り上げても，一昔前と今とでは大いに違っている。以前であれば，家庭のなかでは子どもとは一線を置く親の立場や権威が存在した。そのため，仮に間違った指導法であったとしても，子どもの前では親としての弱みを見せず，自分の養育姿勢を貫き通すことが必要だと考える人も多かった。「子どもは**親の背中（後姿）を見て育つ**」という言葉もよく聞かれたが，最近では立場が逆転し，「**親は子どもの背中を見て悩む**」ことが多くなっている。これは，それだけ親は子どもとのつながりが確認できないことを示しており，そこには不安が渦巻いている。親子関係が上下の関係ではなく，友達感覚のフラットな関係になったことも指摘できるかもしれない。

　いずれにせよ，親の自信の欠如は，逆に子どものほうからすると親の脆さと映り，叱られてもそれがまったく行動規制につながらないばかりか，さ

らなる逸脱に発展してしまう。現在の"不安"の時代を反映した親の姿勢がここに顕著に見受けられる。

② **評論傍観タイプ**

　このタイプの親は，親として子どもと腹を割ったかかわりが必要なことだと頭では理解しているが，親自身の不十分な自己開示のために，評論家的もしくは傍観者的となってしまう。

　具体例を挙げると，補導された子どもを警察に引き取りに行った際，「夜遊びは非行の始まりだとテレビでも言ってたし，学校の先生にも言われただろう。刑事さんからもこの際，徹底的に説教をしてやってほしい」と警察官に嘆願する親がそうである。そのような親は警察に限らず，学校でも家庭裁判所でも同様に，教師や調査官，裁判官に子どもへの指導を依頼する。しかし，親自身は自身の考えを子どもに突き付けることはなく，終始一般論や他人の話を借りて評論的にしかものを言わない。時には，「うちの子どもはまだ覚せい剤使用には至っておらず，シンナー耽溺の初期段階にいる。薬物依存そのものは重症とは言えないが，今後はどうなるかわからない」と，親としての立場よりも，あたかも評論家や傍観者の立場に近い発言をする。そこには親としての子どもへのかかわりや感情がまったく見えてこないことすらある。

　このタイプの親は子どもが問題行動を起こしているにもかかわらず，自分自身を賭けて子どもを叱ることが少ない。子どもとの間に何か媒体をつねに置いて，あくまでも間接的なかかわりしかもとうとしない。子どもを注意する場合でも，親としてどう考えるのか，親としての気持ちはどうかといったことを明言せず，誰かが言っていたことをそのまま引用したりするので，結果的には事態を遠目で眺めるような姿勢となってしまう。そのため，子どもの立場からすると，親との間に心理的な距離を感じざるをえない。

　このタイプは「自信欠如タイプ」との共通点も多いが，自分自身を子どもに関与させない点が大きな違いである。子どもという対象を自分と切り離

して批判や説教をするため，親としての役割はきわめて表面的となり，"借りてきた猫" ならぬ "借りてきた親" となってしまう。

③ 責任回避タイプ

　このタイプの親は，自分自身のことやわが子という限られた狭い範囲でしか物事を考えられず，周囲の状況を客観視できないばかりか，社会のなかでの役割などにはまったく無頓着で責任を回避してしまう。

　具体的には，集団で窃盗や傷害の事件を起こしたときの被害弁済といった対社会的な場面でしばしば見受けられる。その親は「息子は嫌々ながらについていっただけで，共犯者にやらされたも同然。ある意味では息子自身も被害者だ。ただ，裁判所での処分が重くなると困るので，頭割りの被害弁償だけはする」と言い，親は自分の子どもを過剰に庇ったり，自分自身に責任追及が及ばないような言動に終始する。

　以前の非行少年の親たちは，集団で被害弁済をしなければならない事態が発生したときなどは，全員で被害者宅に訪問しては逆に相手に失礼だと考え，親たちのなかで代表者を決めて，謝罪や示談交渉を行っていた。また，一人一人が個別に被害弁済金を持参するのではなく，代表者がまとめてそれを届けたものである。仮に，すぐにお金が用意できない親がいたとしても，誰かがそのお金を立て替え，相互に協力し合う光景をよく目にした。しかし，今の親たちは集団で行動しようとはしない。しかも自分のことだけを優先し，被害者への配慮はもちろん，加害者の親同士のつながりもあまり意識しないで行動してしまう。

　このタイプの親は，問題が生じると目先のことや自分の身を守ることばかりに目が向き，物事の本質を見極められない。時には，自分もしくはわが家さえよければいいとの狭い視野でしか思考できず，社会のなかでの役割や責任についてはまったく考えが及ばない。だからこそ，他者と連携が取れなかったり，周囲への共感が不十分となりがちで，結果的には子どもの養育に対しても十分な責任が果たせなくなる。

ところで，無責任な親は非行少年の親の一つの典型タイプとして従来からも指摘されてきた。現代の「責任回避タイプ」の親は従来のタイプと比べてどこが違うかというと，一見すると親としての責任ある行動を取っているかのように見えるところである。しかし，それはきわめて一面的，部分的なものであり，全体として見てみると十分な責任を果たさず，結果的には責任を回避しているのである。

　また，この責任回避タイプでは個人や家庭ということだけでなく，地域や学校，被害者対応など社会的な動きが必要になってくる際に問題がクローズアップされることが多い。

④ 常識欠如タイプ

　このタイプの親は，本来は親として当たり前の行動であるにもかかわらず，その常識的な判断や考えが一部欠落しているために，規範意識や言動にズレを生じさせてしまい，子どもの逸脱を修正できない。

　たとえば，常習的な家出を繰り返している子どものことを，親は「プチ家出なので，大した問題とは思っていない」「家出をしていても，携帯に連絡するとつながるので心配ない」と事態をそれほど深刻に受け止めていなかったりする。あるいは，子どもが午前1時に帰宅していても，「最近は家に早く戻ってくるので安心しています」と平気で話す親もいる。たしかに，その親にしてみれば，朝帰りや無断外泊を繰り返す子どもが午前1時に帰ることは好転の兆しととらえるかもしれないが，この親が言うほどにこれで安心とまではいかないはずである。親の感覚が常識を欠如しているとまでは言えないが，そこには微妙にズレが見られる。

　従来の常識欠如の親には，社会的な通念や価値観が常識から相当に逸脱していることが多かった。それが子どもの問題行動に悪影響を与え，非行を繰り返してしまう。これらは不道徳家庭という範疇に入れられる。犯罪性が高く，規範意識の欠如が見られる親のなかには，「若いうちは悪さをしても当たり前」といったことを裁判所に来ても平気で言う人がいた。しかし，現

代の「常識欠如タイプ」はそれほど顕著で大きな価値観や常識の逸脱は見られない。ただ，小さなズレが随所で見られ，それがしだいに大きなズレを招いてしまう。

このタイプの親の特徴として，以前のような"筋金入り"の大きな逸脱や価値観のズレはなく，"暖簾に腕押し"や"箸にも棒にもかからない"というほどあてにならない頼りない親とも異なる。一つ一つの日常感覚の微妙なズレはそれほど大きな問題にはならないが，"塵も積もれば山となる"方式で，全体として見ると随所に常識の欠如が見られることが多い。

3 ── 生活を失った現代人

上記の4タイプの親いずれにも通ずる点は，一見親らしく子どもとかかわろうとしている言動が，実際には子どもと真正面から向き合おうとしていなかったり，親子本来のかかわりに歪さがあることである。つまり，家庭や社会で親としての機能が十分に果たされていないことが共通点として挙げられる。

従前の非行少年の親は，「自信欠如タイプ」では親がまったく自信に欠けていて指導がなされずにいたり，「責任回避タイプ」では何の責任も取らず，養育に極端な無責任さがあったり，「常識欠如タイプ」では明らかに社会的な常識から逸脱している，といった際立った特徴があった。しかし，現代の親のタイプでは，子どもを叱らないわけではないが自信のなさが背景にあるため萎縮しながら叱ったり，まったく責任を回避してしまっているわけではないが部分的にしか責任を取らなかったり，大きな常識欠如はないものの，価値観や思考にズレがある。これらの特徴はよくよく見ないと明らかになってこない。決して親自身が保護者として不適格とか，人格上の大きな問題を抱えているというわけではなく，親の役割や家族の機能が部分的にしか果たせなくなっているのである。

ここで指摘する家族の機能にはさまざまなことが考えられる。もっとも

わかりやすいのが"衣""食""住"である。

以前なら母親が編み物をしたり，子どもの服の繕い物をする姿をよく見かけた。しかし，最近では衣服は使い捨て時代で，裁縫をするどころか，アイロンをあてたことのない家庭も増えている。

食事の光景も昔とずいぶん様変わりをした。家族全員が食卓を囲んで団らんをすることはほとんどなくなり，**個食**が増えた。「お袋の味」はすでに死語となり，レトルトやインスタントの食品（カップ麺などの調味料を称して**粉食**という）がそれに代わって台頭し，合間はコンビニ弁当が猛威を振るい，その繰り返しが献立メニューとなる（これを称して**固食**という）。学習塾を優先しなければならない子どもは，帰宅後一人でレンジで温め，テレビを相手に食事をする（これを**子食**あるいは**孤食**という）。たまの休日に家族が揃うと，家庭ではなくファミリーレストランに行くことになり，食材を揃えたり，調理をしたり，後片付けをするといった行為が見事に排除される。

住むことに関しても，家庭は憩いの場所とはなりえず，鍵がかけられる個室にそれぞれテレビやパソコンが備え付けられ，それぞれがそこで時間を過ごす。なかには小型冷蔵庫までが設置されているので，わざわざキッチンまで行く必要すらない。居間で1台のテレビを囲んで家族がワイワイと談笑する光景は，"昭和"の家族風景にもはやなってしまっている。

"衣""食""住"以外に，"性"も例外ではない。夫婦の営みであるセックスは子孫繁栄のための重要な家族の機能の一つであったが，子どもが欲しければ医療機関での人工授精が選択できる。家庭での性のあり方の変貌は，セックスレス夫婦の増加によく示されている。

このような面を見ると，現代人の家族の機能の崩壊は，視点を変えれば，「生活を失った」とも言えるのではなかろうか。お金を払えば何でも揃う時代で，食事もコンビニやファミリーレストランなどの外食産業でまかなえるし，教育についても学習塾などの教育産業に外注できる。だからこそ，子どもが何か問題を起こしたとしても，自分の養育上の責任と受け止めないで，学校や社会の責任ととらえてしまう。もはや躾も家庭の機能の一つではなく

なったのかもしれない。

4 ── 希薄化する親子関係

　では生活を失った現代人が直面することは何かと言えば，つながりの希薄さにほかならない。

　考えてみれば，親子関係の構築は，精神分析や心理学をはじめとする学問ですでに明らかにされているように，養育者（主に母親）による乳児への授乳やおむつ交換などの生活からスタートする。そこで目と目が合うアイコンタクトや，ほほえむとほほえみ返しがあるなどの応答性が生まれ，少しずつ情緒的な結び付きができる。

　ところが現代はそのような子育ては生活の一部になりえず，養育者にとっては生活とは切り離された作業（場合によっては苦行）でしかなくなりつつある。これはその一例である。以前なら病院の授乳室では赤ちゃんを抱いた母親同士が互いに声を掛け合い，わが子のことやちょっとした日常生活を話題にしながら会話を交わしていた。しかし，今ではそんな光景は珍しく，母親同士の会話はもとより，授乳している赤ちゃんの顔すら見ずに，片手に持った携帯の操作に熱中になっている人が多い。つまり，子育てそのものに生活の匂いや泥臭さが漂わず，果たしてそこにどれほどの親子の情緒の絡み合いがあるのかと筆者には思えてくる。

　ここで筆者が担当した傷害事件の事例を紹介したい。この親子関係には筆者が指摘している情緒のぶつかり合いがなく，つながりの希薄さが認められた。

　なお，この事例に限らず，本書で扱う事例については守秘義務の関係上，事例が特定されないように修正が加えられていることを断っておきたい。

● 面会は繰り返すが，情緒の深まりがない親子の事例

　少年は17歳の男子高校生で，傷害事件を起こして少年鑑別所に入所した。少年は母と妹の3人家族で，母子家庭ながらも経済的には比較的裕福であった。少年が少年鑑別所に入ってから，土日以外は母は毎日少年との面会を欠かさずに行っていた。筆者は当初そんな母の様子を見て，子ども思いの母親であるとの印象をもった。しかし，よくよく観察したり事情を聞くと，そうとは言えない面が露呈してきた。

　母は毎日少年に面会に行った帰りに，必ずといっていいほどショッピングに立ち寄る。最初は，少年のことを一時でも忘れたいという心境なのだろうか，ストレス発散のためだろうかとも思ったがそうでもなかった。母は面会が終わると，つい先ほどまでの面会での様子とは違い，ショッピングに夢中になる。あんなに切り替えがうまくいくのだろうかと思えるほどであった。

　一方，少年のほうにも類似の行動が見られた。母との面会には涙を流したり感情を素直に表出することがあるが，面会室から居室に行くまでの廊下でケロリとした状態に戻る。今までの面会が何だったのかと思えるほど，居室までの廊下ではケラケラと笑い，先ほどの母との面会でわき起こった感情を引きずることもない。さらに，少年に聞くと，少年鑑別所の生活のなかで，面会場面以外はほとんど母や妹のことを思い浮かべることはないとのことであった。要するに，目の前に母の姿が現存すると心にも母が想起されるが，目の前からその姿が消えてしまうと，心のなかにも母の像がなくなってしまう。

　このような対象関係は，乳児の対象関係に近い。つまり，生まれて間もない赤ん坊は誰とも対象関係をもたないが，養育者の献身的なかかわりのなかで，乳児の心に母親が宿り住む。ただ，その対象関係はまだまだ恒常化しておらず，目の前に母親がいなくなると，乳児の心のなかの母親も消えてしまう。この少年も精神分析的に考えれば，まだそんな段階での対象関係にしか到達していないのかもしれない。そして，乳幼児の対象関係からもう少し発達が進み，情緒的な関係が築かれてくると，目の前に一定期間母親が現れなくとも心の対象が灯し続けられる。ただ，その場合でも対象がまだまだ恒常化されていないので，その対象がいずれ消えてなくなると，大きな不安を覚

え，大声で泣いたりパニックに陥る。そんなかかわりの繰り返しがしばらく続けられ，より関係が深まれば，目の前に対象がいなくても，心の中の対象は恒常化され，安定した関係を維持できる。

　この事例の母は毎日面会には行くものの，少年の心には母が灯ったり消えたりする対象関係しかもてていないばかりに，それ以上の情緒関係の深まりにはなりにくかったのではなかろうか。ある面では，母自身のかかわりもどこか生活とは切り離され，少年の心に届くようなものにはなっていなかったと考えられる。

　その事件の審判が行われ，その少年は裁判官から少年院送致が言い渡された。母は決定が言い渡された直後，しかもまだ少年が審判廷から退廷していないときであるにもかかわらず，調査官である筆者に「少年院でも毎日面会には行けるのか？」と質問してきた。筆者は少年院という機関は少年鑑別所とは違って，月に1，2回の面会に限られていることを説明した。筆者はこれまでの母の面会の様子から考えさせられたことが多々あったので，「お母さんの大切な仕事は毎日面会に行くことなのだろうか？　ここで息子さんを目の前にして言うべきことは，「がんばって早く家に帰ってきて。お母さんはそれを家で待っているからね」という言葉がけではないだろうか」と発言した。つまり，母として少年にすべきことは，心に届くメッセージをいかに送るか，少年の心のなかに母としての対象をいかに灯すかということなのである。それを目指さねば，毎日面会に行ったとしても効果は期待できないと筆者は感じた。そのためにも，少年と母が今の状態を悩み抜くことが必要にも思えた。身柄を拘束されて，少年も母も困りはしているが，本当の意味で悩みはしていない。

　少年は自分の好きなことができない少年鑑別所での生活に不自由さを感じて困りはするが，「なぜこんなことになったんだろう」「親に迷惑をかけてしまって許してくれるだろうか」と悩むまでには至っていない。一方，母も家に少年がいなくて困りはするが，何が足りなかったのか，どのような対応を今後はすべきだろうかと思い悩むまでには至っていない。そうしたかかわりを経ながら，母と子のつながりが深まるのではないだろうか。ただ，誰しも一人ではこのような大きな悩みを抱えきれないことも事実である。そのとき

に誰か寄り添ってくれる存在が必要なことは言うに及ばない。この母にそんな存在が一人でもいればと考えさせられた。

5 ── 非行臨床における家族の位置付け

　この章を終えるに際して，最後に非行臨床における家族の位置付けについて述べておきたい。

　家族関係や家庭におけるさまざまな要因が少年の非行と関係し，時にはそれらの要因が非行の原因にもなっているという考え方は古くからあり，現代でもその考えは強い。「親の不適切な養育態度が子どもの問題行動を助長し，悪いことをしても叱られないで見過ごされるため，非行がエスカレートしていく」といった例はその一つである。

　非行臨床の歴史のなかでも，このように家族が諸悪の根源のような扱われ方をされ，家族が非行の原因の一つとして見られてきた。しかし，藤田（1992）が指摘するように，「原因としての家族」以外にも，「隠された被害者としての家族」と「社会復帰のための家族」があることが近年言われるようになってきた。生島（1993）もこれに基づき，「家族に〈病因〉を求める《家族を治療する》伝統的なアプローチは，学校からも地域からも非を咎められてきた家族にとって，援助どころか，かえって家族を追い詰めることになりかねない。求められるものは，家族を心理的に支え，応援しながら家族の持てる力を引き出す《家族を手立てとして援助する》アプローチである」と述べ，従来の「非行原因としての家族」という観点から「子供の非行化による被害者としての家族」，さらには「非行からの立ち直りの支援組織としての家族」へと家族援助システムを確立していくことが緊急の課題であると強調している。

　たしかに非行臨床において，少年の問題行動が家族の負因や機能の不全と絡み合っていることを実感することはよくある。しかし，そのことを単に

指摘するにとどまるだけでは臨床的とは言えない。少年を非行から立ち直らせることを目指すこと，そのなかでいかに家族がそれを支援していけるのかを考えていくことこそが非行臨床の大きな役割である。非行の原因が家族にあるとしても，そこから少年を切り離し，家庭から遠いところで少年を更生に導くのは実際的とは言えない。それよりも，低下している家族の機能を少しでも回復させ，少年の立ち直りに協力してくれる存在となってくれるように働きかけることが，何よりの少年の更生の近道である。

文献

藤田弘人（1992）犯罪・非行研究における家族の問題．In：犯罪と非行 93；26-49．
生島 浩（1993）非行少年への対応と援助——非行臨床実践ガイド．金剛出版．
山田和夫（2002）ふれあいを恐れる心理．亜紀房．

第3章
きく技術
非行臨床における面接

1 「きく」ことの意味

　人の話をきくというときの「きく」という行為は,『聞く』なのか,『聴く』なのか,はたまた『訊く』を当てるのがいいのか悩ましい。

　辞書で調べると,『聞く』は「①ききとる。耳に入れる。音声を耳に感ずる。②きいて理解する。聞き知る。③うけたまわる。教えを受ける。④あずかりきく。参与する」という意味があり,漢字の造りは「耳」と「門」（「問う」の意味）からなって,「尋ねてきく」という意味を表している。

　それに対して,『聴く』は「①よく聞く。詳しく聞き取る。〈静聴〉〈盗聴〉②聞いて受け入れる。聞き入れる。ゆるす。〈聴許〉」という意味があり,漢字は「耳」と「徳」（「まっすぐな心」の意を表す）からなって,「耳を突き出し,まっすぐな心で,よくきく」の意味となる。

　両者の大きな違いは,『聞く』は「音が聞こえる」というように,聞き手の受け身的で無意識的な行為であるのに対し,『聴く』は聞き手の主体的な行為となっている点である。

　ところで,『訊く』はどうかというと,「問う。尋ねる」という意味があり,訊問（じんもん）という言葉があるように,問いただす,取り調べるといった色彩が濃くなり,聞き手が話し手に語ってもらうがために,話し手が言葉を発して問うという行為となる。『聞く』や『聴く』がいずれも耳偏をもち「耳」という

器官を通しての行為であるのに対し、『訊く』は言偏をもち「言」という口や言葉を通しての行為である。

　このような「きく」の違いを臨床現場の面接に置き換えてみるとどうであろうか。一般にカウンセリングなどの教科書では、面接では傾聴にウエイトが置かれ、『聴く』が重視される。大学内の心理相談室や民間の相談業務を行っているカウンセリングルームでは、たいていはクライエントが任意に相談を希望して来談し、そこで話される内容は面接室内にとどめられ、そこから外に情報が出ることは基本的にはない。面接者は被面接者の話を傾聴する姿勢を全面に出し、『聴く』あるいは『聞く』に徹することになる。

　しかしながら、このことがどの臨床現場にも当てはまるかというとそうではない。筆者が勤務していた家庭裁判所の調査官の面接においては、たしかに『聴く』も重要なことではあるが、『訊く』という行為がなくてはならないものであった。そこで行われる面接では、非行をした少年や離婚など家庭内での紛争を抱えた当事者を前にして、何が原因でそれらの問題が生じ、どのような経緯で今の事態に至り、今後どのようにすればいいのかといったことを明らかにしていくことが求められる。そのためにも調査官は積極的に問いかけていき、必要な情報を少年や当事者から引き出さなければならない。だからこそ、面接では『訊く』にウエイトが置かれる。

　家庭裁判所における面接を一例にしたが、要するに、面接におけるきき方の区別は、どのような機関で、どのような役割のもと、どのような対象者に、どのような目的で面接が行われるのかによって違ってくる。特に、警察や児童相談所、家庭裁判所等における非行臨床では、「言いたくなければ言わなくてもよい」という黙秘権は保障されながらも、一般のカウンセリングのクライエントの任意性とはかなり違った状況で面接が実施される。しかし、そうであるからこそ、少年たちは自分たちの非行に直面し、そこからの更生の糸口を見いだす動きとなっていく面もある。その意味では、カウンセリング等の一般的な心理臨床と非行臨床では、「きく」のあり方はかなり違っている。

　さらに、一般的な心理臨床と非行臨床で大きく違っているところは、語

られた事実のとらえ方にある。

　たとえば，不登校を主訴に来談したクライエントのカウンセリングの場合はどうであろうか。アセスメントやケース理解のためには，そのクライエントがいつから，どれくらい学校に登校していないのかという客観的事実は重要である。しかし，それよりもそのクライエントがどうして学校に行きにくいのか，学校に行けていないことをどう感じているのか，といった主観的事実のほうがカウンセリングでは何より大切にされる。

　一方，非行臨床においてはどうかというと，その少年が傷害事件を起こして警察や家庭裁判所に出頭して面接を受ける場合，人に怪我をさせたという客観的事実がまず大前提にあり，それがなければ面接をする根拠さえなくなってしまう。逆に，少年側からすると，その客観的事実があるからこそ，自分の問題に向き合い，反省をしたり今後の方向性を考えたりできるのである。つまり，非行臨床においては，面接者にとっても被面接者にとっても，面接の前提となる客観的事実が大切であり，それをあいまいにして前には進んでいけない。その意味では，面接における事実のとらえ方の違いが臨床の中味を規定していくとも言えるかもしれない。

2　臨床面接と調査面接

　「きく」の違いが臨床のあり方に大きく影響することを上に述べたが，ここでは面接のあり方の違いをもう少し考えていきたい。

　下山（2002）は「コミュニケーションによって成立する面接には，大きく分けて調査面接と臨床面接の二種類ある」と指摘している。下山によると，「調査面接とは，専門家がクライエントに質問することで必要な情報を得るための面接」と定義され，ここでの訊く（asking）は「専門家がクライエントを指導し，管理するためのコミュニケーションが中心的役割をとることになる」。その際，面接の主体は訊く側にあり，警察官の取調べや医師の診察

図表 3-1　調査面接と臨床面接の違い

	主体	コミュニケーションの内容
調査面接 訊く (asking)	専門家	専門家がクライエントに質問することで必要な情報を得るための面接／専門家がクライエントを指導し，管理するためのコミュニケーションが中心
臨床面接 聴く (listening)	クライエント	専門家がクライエントの語りに積極的に耳を傾けることにより，主体的な語りを新たに生み出すための面接／専門家がクライエントの語りを援助するコミュニケーションが中心

下山（2002）を参照し筆者が作成

などがこれに当たる。それに対して，臨床面接は「専門家がクライエントの語りに積極的に耳を傾けることによって，クライエントの主体的な語りを新たに生み出すための面接」と定義され，ここでの聴く（listening）は，専門家とクライエントの信頼関係を基本とし，「クライエントの語りを援助することがコミュニケーションの中心的役割をとることになる」。この場合は言うまでもなく，面接の主体はクライエントであり，C・R・ロジャースのクライエント中心療法にその起源を見いだせる臨床心理学的面接がまさにこれである。なお，図表 3-1 は調査面接と臨床面接について筆者が整理をしてまとめたものである。

　この両者の面接の違いを理解するため，医師と患者の診察場面を頭に思い浮かべてみたい。医師は腹痛の患者を診察しているとき，その患者の苦しみや訴えを「そんなに痛かったのはさぞかし辛かったですねぇ」などと共感的，受容的に聴いていた（listening）だけでは医師として失格である。患者の痛みの訴えに共感することは必要であるが，何よりもまず患者に「いつからどのように痛みましたか？」「どのあたりが痛むのですか？」「どのような食べ物を食べましたか？」「腹痛以外に嘔吐や下痢などの症状はありますか？」などと訊いて（asking）いかねばならない。そのような問いかけができないならば腹痛の原因の究明はもとより，どれだけ患者の話に受容的に

なっても，その医師は患者の信頼を得ることはできないであろう。

　このことを前提にしながら，もう一度臨床面接と調査面接の違いを考えてみたい。臨床面接では，「どうぞお好きな話をしてください」というふうに，クライエントに話題の選択や面接のなかでの振る舞いをすべて委ね（ただし，自傷他害等の行為は禁止），クライエントに主体性をもたせて治療を進めていく。それに対して，調査面接では，「この点についてはどのようにお考えですか？」などと，面接者が主体的に被面接者を主導していくという面接スタイルとなる。臨床面接のほうは，面接で取り扱う内容はクライエントが判断するが，調査面接のほうは，面接者が明らかにしたいことを面接場面にもちこむ。

　だからといって，臨床面接と調査面接は水と油のように融和できないかというとそうではない。実際の臨床現場での面接ではウエイトの置き方にこそ違いはあるが，両方の面接手法を取り入れながら進められる。たとえば，臨床面接を実施して治療的なかかわりを目指していくカウンセリングの場合においてもアセスメントは重要である。目の前のクライエントが何につまずき，さまざまな症状の背景には何が原因となり，そのメカニズムはどうなっているのか，クライエントが葛藤や不安を抱える力がどれほどあり，自分で回復する能力あるいは現実吟味力がどの程度残っているのか，といったことを判断しなければならない。果たしてカウンセリングに適合するクライエントなのかどうかを検討するために，クライエントの訴えをひとまず横に置いておき，面接者が症状や家族，生活史について必要な情報を聞いていくこともある。その際は，クライエント主体の臨床面接であっても，面接の流れを止めてでも面接者がクライエントの話す内容の事実関係を確認したり，説明を求めたりする。

　このように調査面接と臨床面接というスタイルの違う面接が別個に存在するのではなく，実際のあるべき臨床では両者は融合しながらうまく共存されていくことが望ましい。先の腹痛の患者と対面する医師の例ではないが，コミュニケーションのあり方は一方通行ではなく，患者の腹痛の原因を

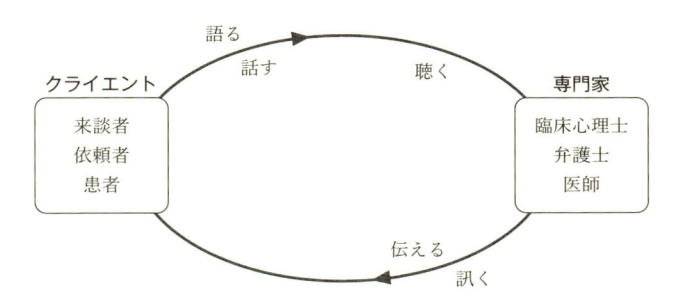

```
        語る
   ┌──────────→──────┐
クライエント   話す       聴く   専門家
 ┌─────┐                    ┌─────┐
 │来談者│                    │臨床心理士│
 │依頼者│                    │弁護士  │
 │患者 │                    │医師   │
 └─────┘                    └─────┘
         伝える
   └──────────←──────┘
            訊く
```

図表 3-2　面接における〈語る―聴く〉〈訊く―話す〉コミュニケーション（下山，2002）

探るために『訊き』，同時に患者の痛みの訴えにも共感しながら『聴く』という相互通行が必要なのである。図表 3-2 に示すように，『訊く』と『聴く』をうまく組み合わせることにより，話し手の語りが円滑になっていく。つまり，臨床面接の場合は，『聴く』ことを中心とし，『訊く』ことを補助としてコミュニケーションを進めていくのに対し，調査面接の場合は，『訊く』ことを中心とし，『聴く』ことを補助としてコミュニケーションを進めていくのである。

　『訊く』ことを中心にした面接スタイルを取っている調査官の面接は，カウンセリングなどの心理臨床の面接とは異なっている。しかし，ウエイトの違いこそあれ，『訊く』と『聴く』を巧みに織り交ぜながら，相手の話を円滑に，しかも深いところまできいていくことが求められる。

　それは何も調査官に限らず，どのような臨床現場においても，面接では面接者が自分の置かれた立場や役割を自覚しながら，『訊く』と『聴く』の両者をバランスよく使いこなしていくことが大切である。非行臨床の分野は警察署や児童相談所，家庭裁判所などの機関だけではなく，学校や教育相談などの機関でも行われている。それぞれの機関の役割や立場によって，面接のあり方はさまざまである。いずれにしても，そこでの『訊く』と『聴く』のバランスをしっかり意識することが必要である。

ところが，実際には意外とそのバランスを取ることは難しい。面接の対象者やケースの事案の内容によってもそれが当然変わってくるからである。じっくり話を聴いていく姿勢での面接が有効な場合もあるし，重要な事実を隠し本心を語ろうとしない被面接者の場合には，事実をあくまで追求する面接手法が結果的には更生の糸口をつかむきっかけとなるかもしれない。つまりは面接者が自分の役割や立場を考え，バランス感覚をもちながら，ケースに応じた話のきき方を身に付けることが大切なのである。

筆者はしばしばスーパーバイズをしていて，面接者であるバイジーが話し手である被面接者に対して共感的になり過ぎて，必要な情報が収集できていない場面に出くわすことがある。心理臨床において，初心者のカウンセリングなどは特にそうで，結果的に必要な情報が入手できていないばかりにケースの見立てができないという状態に陥ってしまう。たとえクライエント中心療法の臨床面接スタイルであったとしても，インテーク面接や心理面接で必要な情報はクライエントにしっかり『訊く』ことが大切なのである。逆に，経験の浅い調査官にしばしば見受けられるのだが，面接後の報告書の記載に関心が向けられ，情報収集ばかりに精力が注がれているため，面接中の相手の心情に配慮が行き届かなかったり，被面接者の心の叫びを面接者が受け止められなかったりもする。両者のバランスを取ることは意外に難しいが，大切な技法の一つであることは間違いない。

3　司法面接と調査面接

ところで，近年司法臨床において，特定の出来事や事実を聴き取ることに特化した面接法が注目されている。これは司法面接（Forensic Interview）と呼ばれるもので，1980年代後半よりアメリカ（NICHDプロトコルなど）やドイツ（構造面接），イギリス（様相面接）などで開発されてきた。この面接技法は，法的な証拠として採用できる質の高い供述を得ることを目的とす

る。その背景には，子どもの場合は大人よりも出来事を記憶し保持する力が弱いことや，子どもは被暗示性が高いために他者から情報が入ってくると自身の記憶とそれが混同されやすいということがある。そうであるために，面接で話された子どもの供述が証拠として採用されにくくなってしまう。また，事情を何度も聴取されることによる被面接者の二次被害を防止することも大きな目的であり，出来事から比較的早い時期に，原則として一回限りで，録画録音をして実施するのが司法面接では一般的である。

　司法面接の面接者は，あくまでも中立的な立場で被面接者と向き合い，オープン質問を基本にしながら被面接者の自発的な応答を引き出していく。以下は，NICHDプロトコルの教示や質問の形式が定められ構造化されたガイドラインである。その手順は，①導入（自己紹介やカメラの設置について説明し，「本当のことを話す」「知らないことは知らないと言ってよい」などのグラウンドルールを説明する），②ラポールの形成（好きな活動について話してもらう），③エピソード記憶の訓練（過去の出来事を思い出して話す練習をする），④本題への移行（出来事についての自由報告をしてもらう），⑤出来事の調査（オープン質問とwhen, where, what, who, howにもとづくWH質問を行う），⑥ブレイク（面接をモニターしている関係者に追加質問等の確認を取る），⑦子どもが話していることの調査（追加質問をする），⑧開示に関する情報（これまでの開示，報告について説明する），⑨クロージング（子どもから質問を受ける），⑩中立の話題（被面接者と中立の話題で会話をし，終了する）である。

　それでは，この司法面接と調査面接，あるいはカウンセリングなどの臨床面接と比べるとどこに違いがあるのだろうか。筆者はそれぞれの技法を図表3-3の通り，対比しながらまとめた。

　主な違いは，面接における目的であり，司法面接では事実確認，調査，捜査であるが，臨床面接ではカウンセリングとなり，調査面接はその中間の位置付けにある。面接者と被面接者との関係性や面接者の姿勢・表情では，司法面接は中立，淡々と，姿勢を変えずに行うのに対し，調査面接ではトーン

図表 3-3 司法面接，調査面接，臨床面接の違い

項目	司法面接	調査面接	臨床面接
目的	事実確認，調査，捜査。	事実確認，調査，判断，カウンセリング。	カウンセリング。
時期	できるだけ初期に。	面接者が必要と考えたときに。	被面接者の準備ができたときに。
面接室	暖かいが，簡素。おもちゃ等のディストラクター（注意をそらすもの）がない。	暖かいが，簡素。被面接者の年齢，面接の目的によりおもちゃを置く場合もある。	暖かく心をなごませる。おもちゃなども可。
面接者	司法面接の訓練を受けた人。心理司，福祉司。	福祉司，心理士，家裁調査官，保護観察官，鑑別所技官，臨床心理士。	カウンセラー，臨床心理士。
面接者に必要な背景知識	認知心理学，発達心理学（記憶，言語，知覚の発達），福祉，法。	臨床心理学，非行臨床学，犯罪心理学，発達心理学，福祉，法。	臨床心理学，福祉。
面接者と被面接者の関係性	暖かいが，中立，淡々と。	中立で客観的であると同時に，受容的。	親密で，時に濃厚，受容的。
面接者の声，姿勢	中立，淡々と，姿勢を変えずに行う。	中立で淡々であると同時に，トーンを合わせ共感的になることも。	トーンを合わせる，身を乗り出すことも。
面接者の表情	中立，淡々と。	中立で淡々であると同時に，親密，受容的，共感的であることも。	親密，受容的，共感的，感情を表出することも。
面接者のうなずき	できるだけしない（特定の箇所でのみすることのないように）。	大きくうなずくこともある。	大きくうなずくこともある。
面接の方法	手続きが決まっている。	手続きが決まっているが自由度はある。	自由度が高い。
質問や言葉かけ	情報を与えない，誘導しない，オープン質問を主体に，プロトコルで決められた質問を用いる。	情報提供は可能であるが，誘導はできるだけ避ける。被面接者の言葉を代弁したり，話しかけたりすることは可能。	情報提供や誘導も可能，子どもの言葉を代弁したり，話しかけたり，好ましいほうに誘導することも。
扱う情報	客観的事実が重要。	客観的事実と主観的事実がともに重要。	主観的な体験が重要。

図表 3-3　つづき

項目	司法面接	調査面接	臨床面接
ファンタジー	扱わない。客観的事実のみに焦点化。	扱う場合もあるがそれだけでは不十分。	ファンタジーも受け入れる。「ふり」や「つもり」を取り入れることも。ドール，フィギュア，おもちゃ，箱庭等。
イメージ	イメージではなく，客観的事実が重要。	客観的事実とともにイメージも扱う。	イメージも重要。
面接回数	原則として1回。	1回から数回。	数回から多数回。
記録方法	面接をすべて録画，録音。	録音，録画することもあるが，基本的には筆記。	面接終了後，筆記するのでも可。
報告書	書き起こし資料，事件があった可能性の査定のために作成。	事件についての対応や処遇についての判断のために作成。	心が傷ついているかどうか等の査定や治療のために作成。
事実についての判断・診断	面接者は報告をするだけで，事実関係について判断や診断はしない。	面接者は報告をするとともに，事実関係についても意見を述べたり，判断をする。	面接者は報告をするとともに，事実関係についても意見を述べたり，査定をする。

アメリカ児童虐待専門家協会主催「司法面接研修」の資料，
および仲真紀子作成の北海道大学「司法面接研修」の資料を参考に筆者が作成

を合わせて共感的であることもあり，臨床面接ではそれに加えて，身を乗り出し積極的に受容的，共感的な姿勢となることもある。さらに，司法面接では扱う情報は客観的事実であるが，臨床面接では主観的事実（体験）が中心となり，調査面接の場合は客観的事実と主観的事実の両方となる。さらに，事実についての判断・診断については，調査面接や臨床面接では面接者は語られた事実に対して意見を述べたり，判断・査定を行うが，司法面接では一切判断や診断はしない。

　菱川（2007）は「司法面接はレントゲン技師に例えられる」とし，「司法面接は，子どもに起きたことを，何も足さず，何も引かず，起きた通りに話してもらうことを特化した技法である。変化を起こさない，ただ思い出して

話すことができるように，適切な言語的キューを出すことに尽きる。例えるならばレントゲン技師に近く，臨床家でもない。ちょうど医師が，レントゲン技師にレントゲン写真の依頼を出すときのことを想像していただきたい。技師は，目的，部位，基本的な患者の情報を得，患部がきれいに写し出されることに専念する。レントゲン技師が診断をしないように，司法面接を実施した者が，子どもが本当のことを言っているのか，嘘を言っているのか結論は出さない」と説明している。一般的には，調査官や児童福祉司の調査面接では，得られた情報や事実から事実関係の信憑性やケースへの対応や処遇についての意見を形成する。その意味では司法面接とは違う。しかし，基本的には調査面接のスタイルを取りながらも，非行事実を認めず，果たして少年が犯した行為かどうかを明らかにする事実調査を目的とした面接をしなければならないこともある。その際には，面接者は司法面接の技法を駆使しながら淡々と被面接者から聴き取る姿勢が求められる。

　以上のように比較すると，司法面接と臨床面接には大きな開きが認められるが，調査面接はその両者の中間に位置し，司法面接の特徴も臨床面接の特徴も兼ね併せているところがあると言える。

　いずれにせよ，面接で何を明らかにしていくのかという目的に合った面接技法が採用されなければ，せっかく面接で得た情報や事実であっても質が変わってしまう。面接とは，言うまでもなく面接者と被面接者の関係から成り立っている。被面接者が一人語りのように述べているように見えても，それを語らせる面接者の姿勢や技法が大なり小なり影響している。このことは司法面接であれ，調査面接であれ，臨床面接であれ同じである。そこで語られる事実は客観的であるのか，あるいは主観的であるのかの違いはあるにせよ，被面接者の発する事実であることには違いない。そして，それを"きく"という技術で受け止める面接者がいることを何より心しておくことが重要である。

4　面接の基本的構え

　ここでは非行臨床における面接で大切にしておかなければならない面接者の基本的構えを3つ挙げたい。

1 ── 信頼関係の構築

　心理臨床においては，臨床家がクライエントと信頼関係を築くことが何より重要とされるが，それは非行臨床においても同様である。ただ，臨床面接を行う心理臨床と比較すると，調査面接にウエイトが置かれる非行臨床では，被面接者が不本意ながらも面接に臨むことも少なくなく，面接への動機付けが低い場合もあり，面接者と信頼関係を構築するには少し工夫が必要かもしれない。だからといって，調査面接においては信頼関係が築けないわけではまったくなく，深い信頼関係が事態の変容につながるし，臨床家はそれを土台に臨床活動をしていかねばならないことは言うまでもない。

　腹痛を訴える患者に対する医師のアプローチの例で述べたように，患者の苦痛に共感する臨床面接だけを繰り返す医師との間に深い信頼感は生まれない。調査面接を駆使しながら腹痛の原因は何かを迅速にして的確に見いだし，そのうえで治療をしてくれる医師にこそ，患者の信頼感が芽生える。

　非行臨床においても，非行の原因や非行に至るプロセスを共感的理解をしながら的確に読み解いてくれ，非行から更生するためには何が必要かをあれやこれやと親身になって考えてくれる面接者にこそ，信頼関係が生まれる。逆に言えば，単なる原因追及や表面的な理解だけで終わらせようとし，何ら問題の核心に迫ろうとしない面接者の姿勢があるとするならば，それは信頼関係の妨げとなるばかりでなく，少年たちの問題行動をますます悪化させてしまう。

臨床面接とは違って，調査面接においては，被面接者が言いたくないようなことまで話題にしなければならないときがある。その際，面接者は相手との信頼関係を損なう不安から，その話題に触れるのを避けるとしたならば，それは誤りである。たしかに，誰しも人に話したくない内容や，隠しておきたい事実，触れられたくない過去がある。もちろん，それを被面接者に無理矢理に話させるというのは人権侵害であろうし，望ましい方法ではない。しかし，相手の話したくない気持を尊重しながらも，面接者がなぜそのことを知りたいのかをきちんと被面接者に説明したうえで，あえてその部分に焦点を当てて共感的に聞いていく面接姿勢は，後々には互いの信頼関係をより深めることにもなる。裏を返せば，面接者が重大な核心に触れないことで，少年あるいは保護者に「話さなくてもいいのだ」という安易な感覚を抱かせてしまい，いつまで経っても問題の核心から焦点がそれて，より深刻な事態を招いてしまう危険も生じる。面接者が真実に迫るために全力で質問を投げかけ，目の前の少年や保護者が語ろうとする話に真摯な姿勢で耳を傾けようとすることにこそ，非行臨床の面接の基本的な構えがある。そのような面接者の姿勢があるからこそ，少年や保護者も無理矢理に言わされるというのではなく，そこに自らの主体性を感じ，自分にも向き合える構えができるのである。

2 ── 法律的知識の活用

筆者は，「非行とは枠から逸脱する行為である」という理解に立ち，「非行臨床とは枠の設定や枠との調整といった，枠のあり方そのものを問う心理臨床」と言っても過言ではないと思っている。その枠の一つに法律や規則がある。つまり，法律や規則を破り，触法行為や犯罪行為をすることがまさしく非行という行為なのである。その意味では，非行臨床に携わる専門家はその法律や規則を熟知していないと話にならないし，そこに無頓着でいると，少年たちが枠から逸脱しているのかどうかさえも見極められなくなる。

では，非行臨床にはどのような法律的知識がどこまで必要なのだろうか。端的に言えば，どのような機関で，どのような役割や立場のもとで臨床活動を行うかによって，法律的知識の活用の度合いが違う。ただ，もっとも基本的で最低限知っておかねばならない知識はもちろんあり，なかでも「少年」についての定義，ぐ犯の概念，少年事件の流れ，関係機関の役割や措置・処遇についての知識等は当然もっておく必要がある。そのためにも少年法，児童福祉法をはじめとして，少年院法，刑法，刑事訴訟法などの必要な条文は前もっておさえておきたい。

① 少年や児童の定義

　法には，「児童」や「少年」という表記がなされるが，厳密にはどのように定義されているのだろうか。

　「児童」については，児童福祉法 4 条に，「満 18 歳に満たない者」と定義され，満 1 歳に満たない「乳児」，満 1 歳から小学校就学の始期に達するまでの「幼児」，小学校就学の始期から満 18 歳に達するまでの「少年」と，児童を分類している。一方，少年法 2 条では少年は「20 歳に満たない者」と定義され，満 20 歳以上の「成人」とは区別している。そして，少年法 3 条においては，罪を犯した少年を「犯罪少年」，14 歳に満たないで刑罰法令に触れる行為をした少年を「触法少年」，ぐ犯事由があり，その性格または環境に照らして，将来，罪を犯し，または刑罰法令に触れる行為をする虞のある少年を「ぐ犯少年」に分類している。

　このように対象者の年齢や対象者が行った行為の内容によっても名称が異なっており，事件処理の手続きも違ってくる。

② ぐ犯の概念

　ぐ犯という概念は，犯罪とも触法とも違った少年法に規定されている概念で，成人にはないものである。また，ぐ犯少年は児童福祉法上の要保護児童（「保護者のない児童又は保護者に監護させることが不適当であると認め

られる児童」と児童福祉法6条の2第8項で定義されている）とも重なるところがあるが，厳密に言えば違う。

　ぐ犯少年とは，「その性格又は環境に照して，将来，罪を犯し，又は刑罰法令に触れる行為をする虞のある少年」（少年法3条1項3号）と定義されている。そして，ぐ犯の構成要件は，「ぐ犯事由」と「ぐ犯性」の2つからなり，ぐ犯事由とは「イ　保護者の正当な監督に服しない性癖のあること。ロ　正当な理由がなく家庭に寄り附かないこと。ハ　犯罪性のある人もしくは不道徳な人と交際し，又はいかがわしい場所に出入すること。ニ　自己又は他人の徳性を害する行為をする性癖のあること」（少年法3条1項3号）を指し，ぐ犯少年として認定するためには，このいずれか1つ以上に該当する必要がある。そして，上記に示した「その性格又は環境に照して，将来，罪を犯し，又は刑罰法令に触れる行為をする虞」という「ぐ犯性」を同時に満たしていなければ，ぐ犯は成り立たない。

　ぐ犯の概念は，窃盗や傷害といった犯罪構成要件がはっきりしている犯罪とは違って，非常にあいまいなものを含んでいるだけにわかりにくいが，少年法の立法時に福祉的観点からこれが盛り込まれ，実務上も活用されている。調査官が，ぐ犯立件をする場合もあり，筆者もこれまで数え切れないほどに審判に付すべき事由（いわゆる非行事実）を記述し，立件手続きを行ってきた。その際には必ず，少年の生活のどの部分をどう評価するのかを明記しなければならない。ぐ犯事由に該当する少年の具体的な行為はどこに存在するのか，単なる予想ではなく，現実性の伴った将来予測としてのぐ犯性をどう判断するか，ということがそこでは問われる。まさに，事実をとらえる視点がこちらに求められ，それがあいまいであると後々にさまざまな問題（たとえば，法律的には一事不再理――一度確定した判決がある場合には，その事件において再度審理をすることはないとする原則――に抵触したり，事実があいまいであるために否認を招いて，非行なしという結論になってしまうことがある）を生じさせてしまう。

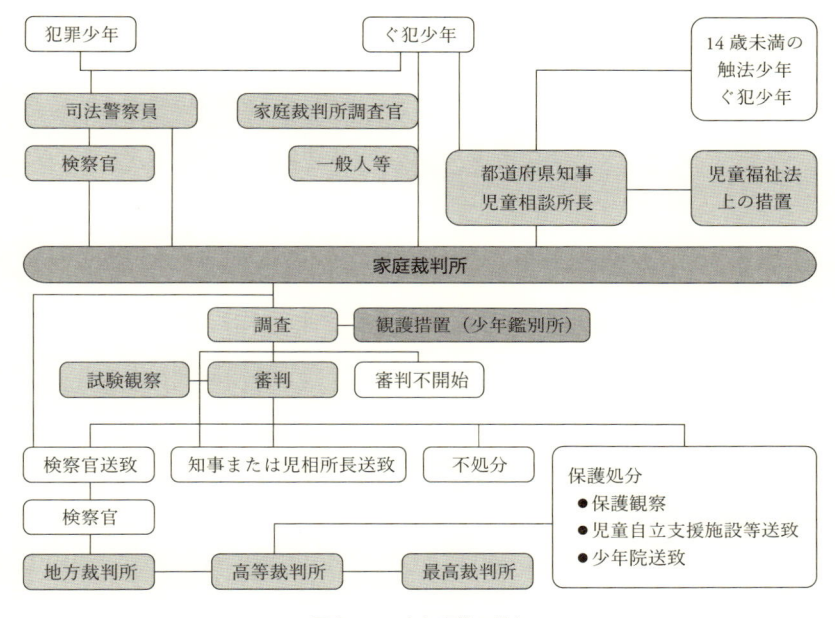

図表 3-4　少年事件の流れ

③ 少年事件の流れ

　「少年」の分類の違いは，その後の通告先や送致先を定めたり，措置や処分にかかわる重要な基準となるが，少年が事件を起こした場合にどのような処理手続きになるのかというおおよその事件の流れを頭に入れておくことが非行臨床をするうえでは欠かせない。少年事件の処理手続きを示したのが図表 3-4 である。また，非行臨床における流れを理解する際には根拠条文と照らし合わせてみることが望ましく，筆者は条文を明示した詳しい「非行相談処理系統図」（図表 3-5）を作成した。その系統図をもとに，警察署や児童相談所，家庭裁判所，少年鑑別所，少年院，保護観察所などにどのような役割や機能があるのかも把握しておきたい。
　この事件の流れを理解し，全体の系統図が頭に入っていると，見通しを

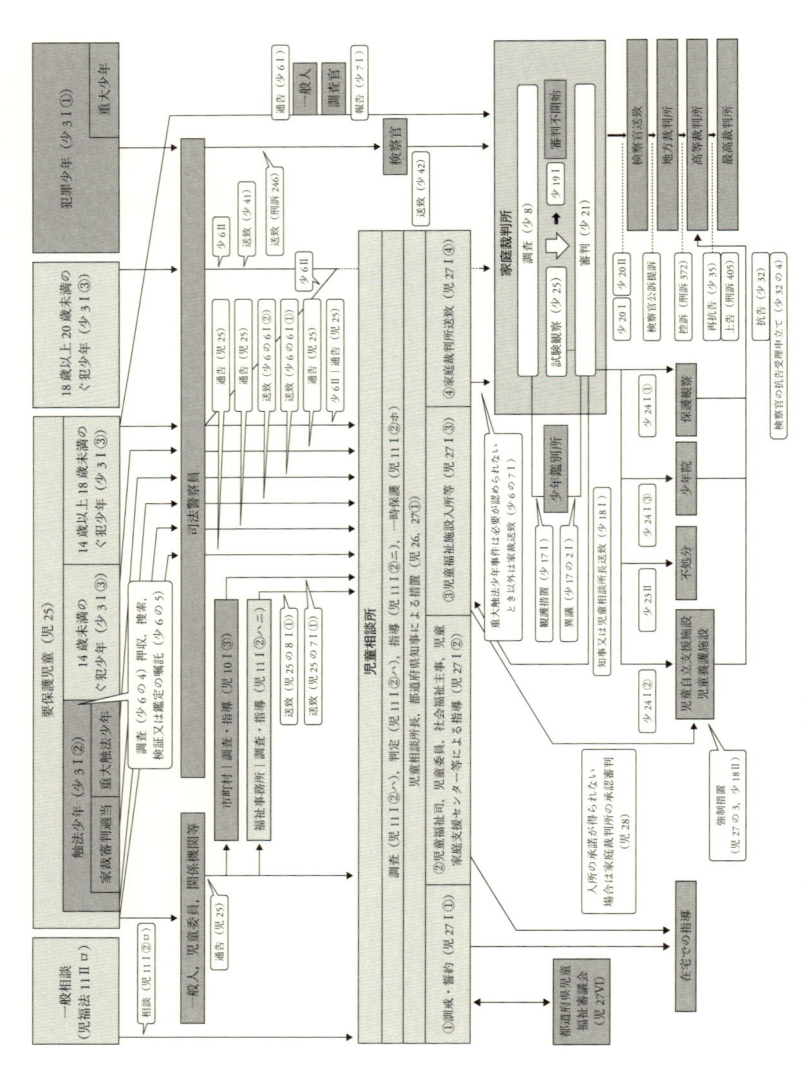

図表 3-5 非行相談処理系統図（凡例――「児」…児童福祉法、「少」…少年法、「刑訴」…刑事訴訟法）

もったケースへのかかわりができるし，少年に対してもそれを提示することで適切な援助ができる。さらに言えば，処理手続き上の時間的な流れもおさえておくとより効果的である。たとえば，警察に逮捕された場合，身柄拘束はどの程度続くのかという疑問は誰しももつだろう。逮捕状により身柄拘束できるのは48時間以内であり，引き続き身柄を拘束する場合は勾留請求を裁判所に提出し，認められれば勾留が10日間（勾留延長は10日間加算）できる。そして，少年事件であれば，勾留期間内に検察官から家庭裁判所に事件送致がなされ，家庭裁判所は心身鑑別などの必要性が認められれば，少年に観護措置決定をして少年鑑別所に入所させる。少年鑑別所には基本的には4週間（最初は2週間で，一度更新して2週間加算されるのが一般的）入所できるが，証拠調べなどが必要な場合は最大8週間まで延長ができる。

　以上のような時間的な流れを把握していると，将来のどの段階で身柄が釈放される可能性があるのか，いつ頃に家庭裁判所に送致され，いつ頃に審判が開かれるのかの見当がつきやすい。

　非行臨床では，このような法律的知識を活用することは，少年の信頼を得ることにもなる。ややオーバーな表現になるかもわからないが，しっかりとした法律的な知識を備えた専門家による助言は，それを受ける者にとっては一つの重要な行動基準になり，それ自体が枠としての機能をもつのである。

3 ── 事前準備の重要性

① 情報をもとに想像する

　面接を実施するに際して，その面接における目的やポイント，留意すべき事項がどこにあるのかをあらかじめしっかり頭に入れておくことが必要である。単に会って話を聞くだけの面接であったり，何となく情報を収集するだけのあいまいな目的の面接だとしたら，仮に面接回数や面接時間を増やしたところで意味がない。面接を有意義なものにするためには，どの面接においても事前に入念な準備をすることが大切である。それには何はともあれ，

手元にあるケースに関する記録や資料を精読し，情報を整理しておくことが必要である。

たとえば，児童相談所や家庭裁判所の場合であるなら，警察からの送致書や通告書をはじめとし，少年本人の供述調書が事件記録（これを「法律記録」と呼ぶ）として綴られていることが多い。その記録には当該事件の非行の事実の存否，送致や通告に至るようになった理由や根拠など，数多くの情報が盛り込まれている。また，少年の供述調書だけではなく，保護者や学校教諭の供述調書，共犯者がいる場合は共犯者，被害者がいる場合は被害者の供述調書なども同時に綴られていることがある。それらはケースイメージを具体化させ，これから行おうとする面接の組み立てにはとても貴重な資料となる。

また，その少年がすでに児童相談所あるいは家庭裁判所に別件で係属している場合には，児童記録あるいは少年調査記録（これを「社会記録」と呼ぶ）が存在しているはずである。それらの記録をしっかり読み込み，前回と今回の事件の違いはもとより，前件時からの時間的経過を頭に入れた非行性の進み具合，家庭環境の変化，措置や援助の効果等を検討することが必要となってくる。

ただ，学校における非行相談や保護者から相談があった児童相談所での非行相談のケースなどではほとんど資料がない。仮にそのような場合であったとしても，手元にある資料のなかからどれだけケースイメージをふくらませ，次章で述べる仮説をいかに立てるかが面接そのものに大きく影響を与える。

② 目に見えない情報を読み取る

手元にある記録や資料からできる限りの情報をつかんでおくことは，事前準備としては大切なことである。そして，その的確な情報を手に入れるためには，記録や資料の読み方に精通していなければならない。単にそれらに目を通すだけの読み方ではなく，どの情報が重要で，ケース理解につながる

箇所はどこなのか，手元にある記録や資料に盛り込まれていない情報は何で，どうすれば得られるのか等を考えながら読み進めていく。そのなかには決して目に見えるものだけがあるとは限らない。すぐにはわからないが，よく読めば，そこには貴重な情報も見えてくる場合がある。供述調書の文面にも，文章と文章，文字と文字の間にも，目には見えないけれども供述者の思いが隠されている箇所があったりする。いわゆる「行間を読む」ということは，そこには直接的には表現されていなくても，よくよく読めば見えてくる事実が存在していることを理解することなのである。

一つの実践例として，戸籍謄本から何が読み取れるかをここでは取り上げたい。心理臨床のカウンセラーはクライエントの戸籍謄本に触れることは少ないが，非行臨床においては名前や年齢，保護者の確認の必要性から戸籍謄本が記録に付けられたり，取り寄せられたりすることがよくある。

ここに仮に図表3-6の戸籍謄本があったとしよう。それを見て，この家族関係の何がわかるであろうか。

まず筆頭者の東京一郎についてであるが，その出生の事実を見ると「昭和五拾五年九月壱日」に出生し，届出が「同年九月参拾日」となっている。本来出生の届出は14日以内にしなければならないと戸籍法（第49条）に規定があり，このケースの場合はそれを超えているので，戸籍法120条により3万円以下の過料を支払っているはずである。また，通常は出産直後の母親の身体を気遣い，父親である夫が届出をするのが一般的だが，このケースにおいては母親が届出をしている。それらを総合すると，一郎の出生に際してその両親をめぐる家族関係の問題があったのではないかと推測される。

次に，一郎は花子と婚姻しているが，年齢を見ると一郎が18歳時であり，非常に早い時期に結婚をしていることも少し記憶に残しておきたい。また，その一郎は23歳時に死亡し，「推定午前参時」と記載事実があることから，死亡に際して自殺，事故などをはじめとして通常の病院での死亡とは違う何らかの出来事があったと考えられる。

図表 3-6 戸籍謄本の例

花子に関しては，「二女」と続柄が記載されているので，少なくともきょうだいは姉がいることがわかる。また，花子の父欄（「浪速哲平」とある）と母欄（「浪速俊子」とある）の両方に氏が書かれているので，花子の両親は離婚をしている事実がそこから読み取れる。両親が離婚していなければ，一郎の母欄のように，氏の明記はない（「米子」としか記載されない）。
　さらに，花子は一郎と婚姻前に，非嫡出子である美子を20歳時に産んでいる。美子の父欄は空白で，誰が実の父親なのか不詳である。一郎が父親であるとの可能性もないではないが，もしそうなら婚姻後は一郎は美子を認知するのが自然であるが，それをしていないところを見ると一郎が実の父親でない可能性が大きい。

　以上のように，一つの戸籍謄本からいろいろな家族関係や生育史が読み取れる。それをもとに記載したジェノグラム▼注が図表3-7である。単に，名前や生年月日の確認だけでなく，戸籍謄本からは目に見えないさまざまな情報が得られるのである。

③ 面接の見通しをもつ
　面接前の事前準備とは，記録を精読し，情報を整理するとともに，このケースに調査者としてどのようにかかわり，面接全体をどのような流れにもっていくのかという見通しを立て，最終的にはどのような終局を迎えるのかといった筋道をあらかじめ考えることである。
　そのためには調査者は，ケースの内容や特徴等の全体像をできるだけ把握するように努め，同時にケースの処理について必要な手順や方法等をこの段階ですでに大まかに考えておくことが望ましい。つまり，どのようなことを，どういう時期に，何のために，どのように行うのかについてのおおよその調査計画，援助方針を立てることは，非行臨床においては重要なポイントとなってくる。一般の心理臨床におけるケースの見立てとある意味では似ているが，非行臨床特有の見立てという側面もある。長期間のかかわりが予想

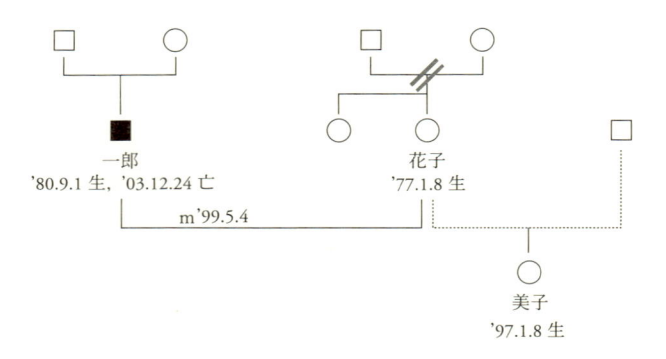

図表 3-7　戸籍から判明したジェノグラム

されるカウンセリングなどのケースとは違って，非行臨床の場合は比較的短期間のかかわりとなる場合が多い．それだけに事前準備の段階からある程度の見立てを行うことが望ましい．また，非行性が高く再犯危険性が心配される少年などはすぐに身柄を拘束したり，一時保護の手立てが必要になってくるかもしれない．面接と併行して即座の対応を図らねばならないこともしばしばあり，そのためにも非行臨床には事前準備が重要で，見立てやかかわりについての見通しをもつことが一般の心理臨床以上に求められる．

注

ジェノグラムとは，家族に対するアセスメントをする際，家族の全体像をとらえるために描かれた身分関係図である．男性が四角で，女性は丸で示され，生年月日や死亡年月日をはじめ，婚姻や離婚などの身分事項も表記される．

文献

菱川 愛（2007）司法面接．小児科臨床 60-4；831-837．
下山晴彦（2002）カウンセリング的法律相談の可能性．In：菅原郁夫・下山晴彦編：現代のエスプリ 415（21 世紀の法律相談）．至文堂．

第4章
仮説検証の技術
仮説生成・仮説検証型の面接

1　仮説生成・仮説検証型の面接技法

　前章において，非行臨床と他の心理臨床との違いの一つは，調査面接か臨床面接かという技法上の特徴があると指摘した。そこでは，『聴く』／『聞く』／『訊く』という違いがあると指摘し，調査面接においてはいかに『訊く』かに比重がかけられていると説明した。

　では，その調査面接においてはあれやこれやと時間をかけ，多くの質問をして多くの情報を集めればいいのかというと決してそうではない。また，面接が単に報告書を作成するための機械的，事務的な作業となってもいけない。そうなると，もはや臨床とはかけ離れたものになってしまう。また，少しでも質のいい情報や事実を引き出すためには，調査面接ではそれ相当の技法を身に付けなければならない。その一つがここでいう仮説を生成し検証する面接技法である。

　仮説生成・仮説検証型の面接は，面接前に得ている情報を精査し，これから面接者が取り扱おうとする問題や紛争の背景について専門的な知見から仮説を生成することから始める。これは筆者が調査官をしていたときに訓練され身に付けた面接技法であり，指導的立場になってからもその技法を教えてきた。今にして思えば，この技法は調査面接のもっとも基本となるものであった。

経験の乏しい調査官補にはまず面接技法の基礎的なことを身に付けてもらわねばならない。そこで面接に入る前に手元にある事件記録等などの情報をもとにして、なぜ少年が非行をするようになったのかを考えてもらうようにしていた。いわゆる調査仮説をあれやこれやと可能な限り思い浮かべてもらう作業を行う。そして、次には自分が立てた仮説をどうすれば検証できるのかという段階に進んでいく。どのような問いかけをしていけばいいのかを具体的に思い浮かべながら、それを面接ではどのような順番で訊いていけばいいのかを考えるのである。これがいわゆる面接（調査）計画というものである。このように綿密な計画を立てるわけだが、慣れていないとかなりの労力と時間がかかる。しかし、筆者の経験からすると、この調査仮説がしっかり立てられ、仮説を検証するための具体的な方策が練られてくると、実際の面接での話の奥行きや深まりが自ずとでき、面接での手応えが得られやすくなる。そのためにも、事前のケースイメージが豊富に描かれ、しかもそれが柔軟性をもっていることが必要で、それが実際の面接の出来不出来を左右する。

　筆者は、この仮説生成・仮説検証型の面接技法を図表4-1のように、しばしば山登りに喩える。最終的なゴールである山頂（この場合は、なぜ少年は非行をしたのかという仮説）にたどり着くためには、どのようなルートで登っていくのがいいのか、どの地点に下位目標（この場合は、最終的な仮説に行くまでに中間的に設定される仮説）を設定すればいいのかをあらかじめ決定し、いざ出発となる。なりゆきに任せての山登りは危険が大きい。しかも山の天候は変化しやすく、登山者のそのときの体調によって柔軟にルートを変更せざるをえないこともしばしばである。そのためにも、事前に幾通りものルートを想定しておく必要がある。さらに、山頂を目指して一気に険しいルートを選択するのも一つの方法かもしれないが、いつもそれで成功するとは限らないし、そこには事故などの危険もつきまとう。経験の浅い人ほど、体力に任せて強引な登り方をするものであるが、途中で息切れして目標が達成できないことも多い。面接でも実は同じことが言える。「事件を起こした理由（動機）は何ですか？」などと直接的な問いかけをして、一気に仮説を

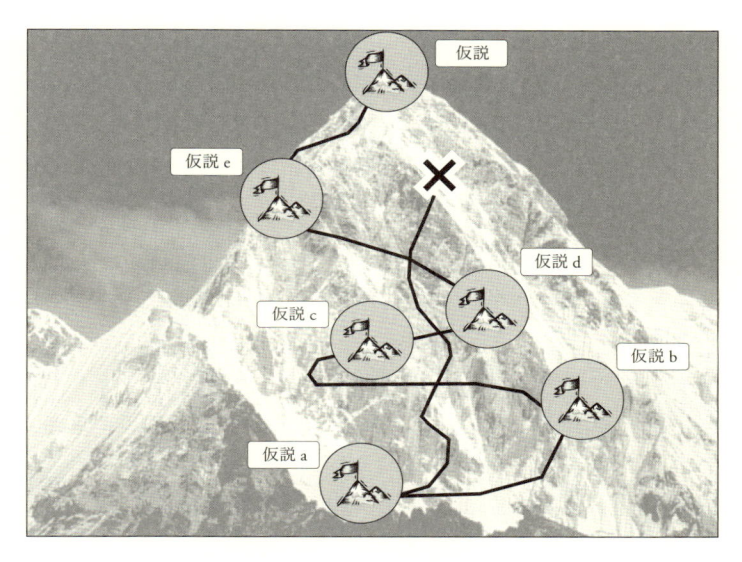

図表4-1　山登りに喩えた調査仮説と検証のルート

　検証しようとしても、腑に落ちるような回答につながらないことが多い。逆に、そのやり方では少年から反発や抵抗を招き、とても最終ゴールに行き着かないことにすぐに気づくであろう。あるいは少年から語られた内容があまりにも表面的で、核心や真実にはほど遠いものであることも少なくない。
　仮に、「少年は自分が置かれている環境ではうまくいかなかったので非行をしてしまった」という仮説を事前に立てたとしよう。それを検証しようと面接に入ったとしても無意味なことが多い。なぜなら、ほとんどの少年はその仮説が当てはまり、わざわざそれを検証して明らかにしなくてもいいからである。もし、仮説を立てるのであれば、どのような環境に置かれていたのか、それがどのように少年に影響を与えたのかを具体的に考えていくことが必要なのである。
　調査仮説を生成するコツは、思考を柔軟にし、イメージを豊富にもつこ

第4章　仮説検証の技術　｜　093

とである。心理臨床は想像力をフルに発揮させ，すばやく対処できることが要求されるが，ここでも同様のことが言える。ケースに対して豊富にイメージをもち，しかもそれを柔軟に変更や修正ができる面接者ほど，面接に奥行きや深まりが生まれる。逆に，イメージが貧困な面接者は単調な調査仮説しか思い浮かばず，検証の方法も紋切り型であったり，問題の核心に届かず周辺的なことしか訊けない面接になることが多い。

　ここで仮説生成・仮説検証型の調査面接の技法をまとめるならば，信憑性の高い的確な事実を効率的に収集していくための面接技法と言ってもよく，面接前に記録等を精読して情報を整理し，問題の核心となる調査仮説を立てることにある。その調査仮説は，面接者の専門的な知見と豊富なケースイメージのもとに立てられ，しかも変更や修正ができる柔軟さを保つものでなくてはならない。面接者は下位の調査仮説を適切な中継点に設定し，検証のルートを幾通りも想定しながら，最終的な調査仮説を検証することを目指していく。そのような調査仮説を検証していく方向性が抽象的なものから具体的なものへ，局所的なものから全体的なものへと進んでいくことが望ましい。そうなってこそ，より精度の高い調査面接となり，的確なケース理解につながるのである。

2　仮説生成・仮説検証型の面接の具体例

　次に，仮説生成・仮説検証型の面接について，具体的な例を挙げながら仮説の立て方やその検証のあり方を示していきたい。
　たとえば，図表4-2に示したような「深夜盗んだバイクを頻繁に乗り回して補導されている高校生」という一つの情報が仮に記録の一部にあったとしよう。ここから，この高校生がなぜこのように深夜に盗んだバイクを乗り回すのかという命題を，さまざまな仮説を立てることから考え始めるのである。
　仮説1のように，「この少年は学校や家庭で何か物足りなさや不満を抱い

> **調査仮説の生成と検証**
>
> - 「深夜盗んだバイクを頻繁に乗り回して補導されている高校生」
>   （仮説1）学校や家庭で何か不満があり，バイクで紛らわせている。
>   （検証1）家庭や学校での状況を聴取し，バイクへの興味や関心，バイクに乗っているときの気持ちなどを聞く。
>   （仮説2）善悪の判断ができないほどに，自分の欲求を満たそうとしやすい性格がある。
>   （検証2）初発非行や非行の反復性を聴取し，罪障感や被害弁償の有無，非行への抵抗感などを聞く。
> - 「少年は最近になって，両親が不仲となり離婚した。少年は父親に引き取られたが，その父親というのはこれまで少年に体罰を加えており，少年は父親を嫌っていた」
>   （仮説3）仮説1をより深め，両親の離婚による情緒不安定，寂しさ，孤立感，特に，虐待を加えてきた父親との関係の不安定さが非行の引き金になっている。
>   （検証3）両親の離婚等を少年はどのように認知しているのか，母親への思い，父親への感情なども聞く。

図表 4-2　仮説生成・仮説検証の一例

ており，それをバイクに乗ることで発散したり紛らわせている」と考えたとする。次に，それを検証するために，面接では家庭や学校での状況を詳しく聞き取っていくことになる。仮に，そこで少年が仮説にあるような物足りなさや不満を抱いていたとするならば，それがバイクとどのように結び付くのかを追求していくことになる。あるいは通常少年がさまざまな状況で不適応感を感じているときに取る行動パターンを把握していってもよい。バイクに乗るという行動がその一つであるかもしれない。そして，少年がバイクで不満を紛らわすとするならば，バイクへの興味や関心，バイクを運転しているときの気分などについても明らかにしていくと，仮説がより裏付けられるかもしれない。

　仮説2では，「自分の欲求を満たすためなら，善悪の判断を後回しにして，考えるよりも先にまず行動に移してしまうという少年の性格的な問題が背景にある」とした。仮説1では何か心のわだかまりがバイクに少年の行動を向

かわせたと仮定したが、仮説2では自分の欲求が抑えられないことが行動の背景として大きいと仮定したのである。そこでこのような少年の性格的な問題を明らかにするため、これまでの少年の生い立ちを聴取し、今回の行動と類似の行動がこれまでにもあったかどうか、あるいは初発非行の時期や状況、それ以降の非行の反復性を明らかにしていくのもいいかもしれない。あるいは、犯行直前にどれほど少年が逡巡したのかといった犯行への抵抗感や罪障感の程度を面接で明らかにしていくような面接計画を立てるとよい。

　ここで留意しておかねばならないのは、仮説はあくまでも仮説であり、事実とは違っている点である。そのため、仮説を検証するためにどのような問いかけを面接者がすればよいのかを事前に考え、面接に臨むことが大切なのである。すでに述べた山登りの比喩で言えば、幾通りものルートが準備され、状況に合わせた柔軟なルート選びをしていくことが理想である。仮説検証の方法も1つや2つの仮説だけではあまりにも発想が固定化し過ぎ、それを検証するための問いかけも紋切り型となりがちである。可能な限り、思い付くままに仮説を頭に描き、この仮説を検証するにはどのようなことを被面接者に問いかければいいのかを十分にシミュレーションしておくとよい。

　さて、上記の例で、仮説を考え、それを検証するためにはどのようなことを面接で聞き出せばいいのかを考えたが、実際に面接をしていると、そこに新たな情報が加わり、面接前に準備していた仮説とは違った新たな仮説が生成されていく。この例で言えば、面接において「少年の両親は最近になって不仲となり離婚した。少年は父親に引き取られたが、その父親というのはこれまで何度も少年に体罰を加えており、少年は父親を嫌っていた」という事実が加わるとどうだろうか。面接者はそのことを踏まえて、仮説1をより深め、「両親の離婚による情緒不安定や寂しさ、孤立感が少年の背景にはあった。特に、虐待を加えてきた父親との関係の不安定さが非行の引き金になった可能性もある」というように新たな仮説3を生成することになる。また、仮説3を検証するためには、両親の離婚等を少年はどのように感じていたのか、母親への思いや父親への感情などが具体的にはどのようなもので

あったかを聞いていかねばならないかもしれない。

　そのような仮説生成と仮説検証が繰り返され，しだいに少年の問題行動の核心部分に面接者が迫っていく。つまり，調査面接の技法においては，仮説検証型と仮説生成型の両方を交互に，あるいは同時に行いながら面接を進めていくことが重要なのである。

3　仮説生成・仮説検証型の面接の利点

　このような調査面接の技法の利点をここでもう一度整理しておきたい。

　1つ目の利点は，仮説生成・仮説検証型の面接手法を採ることによって，面接者が主体となり，問題の核心を追求しやすい姿勢を生むことである。腹痛の患者を診察する医師の例を思い出してもらうとわかるように，調査面接によってどこに腹痛の原因があるのかを探求する姿勢を生みやすい。その点，臨床面接においては，被面接者に主体を置くために，何かを明らかにしていくという姿勢はどちらかというと後回しになりやすい。ただ，仮説生成・仮説検証型の面接技法がすべて事実を明らかにできるというものではない。これまでにも述べたように，仮説の生成の仕方はもとより，それを検証していく方法がしっかりなされていないと事実には届かない。また，さまざまな情報が錯綜して混乱を招いてしまう危険すらある。仮説を生成し検証していくためには，あくまでも真実を明らかにしていこうとする姿勢がそこになくてはならない。腹痛の例で言うならば，単に患者の痛みの有無だけを問うのではなく，腹痛が消化器系もしくは泌尿器系，生殖器系のどこからきているものか，さらに心筋梗塞，腹部大動脈瘤の破裂，脊柱の異常，あるいはストレスによる過敏性腸症候群などの可能性はないかといった仮説を念頭に置きながら，適切に『訊く』ことによって検証していけるのである。

　もう1つの利点は，このような問題の核心を追求する面接者の姿勢こそが被面接者に自己の内面に目を向けさせたり，問題の改善を促すことにつな

がる点である。クライエント中心療法をはじめとする臨床面接では，語りたくない話題や隠しておきたい問題は，クライエントが望まなければあえて話題に取り上げられることは少ない。しかし，調査面接の場合は，被面接者が触れられたくない面もあえて面接者に問いかけられたり，話題にされる。ある意味では，被面接者が触れられたくないという面にこそ，面接では焦点が当てられるのである。非行臨床という性質上，そのような隠されたり秘められたりされる部分が明らかにされるからこそ，更生に向けた取り組みや改善に向かわせる。なかでも性非行（性犯罪）はよりその傾向が強いと言える。まだ警察に明らかになっていない余罪を自ら吐露し，自分がしてしまったことをありのままに受け入れることが，一番の更生への近道となる。

　このようなアプローチは臨床面接ではなかなかスムーズには行きにくく，調査面接のほうが面接技法としては効果がある。藤岡（2006）は性暴力の治療について，「アセスメント担当者は，一般心理臨床における傾聴や受容等の面接技法に加えて，直面化や対決の技法に長けている必要がある。被評価者の防衛を打ち破り，事実を認定し，それを本人自身と社会防衛のために役立たせるためには，司法制度の枠組みや社会的枠組みを活用し，本人の不安を引き起こすことも有用である。アセスメント担当者は，被評価者に，嘘やごまかしの効かない人，耳を傾けるに値する人として認識される必要がある」と述べているが，これは筆者の調査面接の技法にも通じるところがある。

4　3つの考案

　調査面接の仮説生成・仮説検証型の技法を行う場合に，非常に役に立つ面接技法がある。それは，ある1つの問いかけを被面接者にする際に3つの返答をあらかじめ考え，それぞれの返答に対するさらなるこちらの応答を考えるようにしておくことである。これを筆者は「3つの考案」と呼んでいる。実際にやってみるとわかるが，これはかなり熟練しないと身に付かない高度

> 例題1 ── 体調が悪い友人を食事に誘う場面
> 「食事にしましょうか」
> （回答a）………「そうしましょう」
> （応答a'）………「何が食べたいですか？」
> （回答b）………「今は食べたくないです」
> （応答b'）………「体調がまだ悪いですか？」
> （回答c）………「どうしようかな。お腹が減っているようで減ってない気分」
> （応答c'）………「軽いものなら食べられますか？」

図表4-3　例題1

なテクニックであり、まさに想像力とスピードが要求される。

　図表4-3の例題1を見てみよう。この例題は面接場面ではなく、気分のすぐれない友人の体調を気遣いながら食事に誘う日常の場面であると仮定してもらいたい。その友人の体調を気にしながら、一緒に食事に行けるかどうかを尋ねるシーンである。その際、こちらが「食事にしましょうか」と問いかける前に、相手の返答をあらかじめ3つ予想しておく。そして、それぞれの返答に対してのさらなる応答についてもあらかじめ想定しておくのである。たとえば、友人が「そうしましょう」（回答a）と食事に一緒に行くことを承諾すれば、友人の体調もかなりいいのかと感じ取り、こちらは「何が食べたいですか？」（応答a'）と次の問いかけができるようにしておく。あるいは友人が「今は食べたくないです」（回答b）と返答すると、やはりまだ体調が回復していないと受け取り、「体調がまだ悪いですか？」（応答b'）と応答する。そして、友人が「どうしようかな。お腹が減っているようで減ってない気分」（回答c）と言ったとしたなら、どの程度体調が回復しているのかを知るためにも、「軽いものなら食べられますか？」（応答c'）と尋ねる。

　このように、「食事にしましょうか」と問いかけ、その返答によって友人の体調の具合を判断し、さらに体調についてより深く切り込んでいく問いかけをする。3つの考案では、これをあらかじめ問いかける前にすでに準備し

> 例題 2 ── 共犯者の誘いに嫌と言えない少年との面接場面
>
> 「相手に気兼ねをしていつも自分の言いたいことが言えないのですか?」
> (回答 a) ………「相手にもよりけりですが……」
> (応答 a') ………「どんな相手なら言いたいことが言え,どんな相手なら言えないのか言ってみてください」
> (回答 b) ………「たまたまそのときは言えなかっただけです」
> (応答 b') ………「そのときに言えなかったのはどんな要因からだったのでしょうか?」
> (回答 c) ………「そのようにしているつもりはありませんが,そう見えるかもしれませんね」
> (応答 c') ………「あなたはこの場でも,自分の言いたいことを答えていないように私には見えます」

図表 4-4　例題 2

ておくのである。

　もう 1 つ,図表 4-4 にある例題 2 を見てみよう。これは共犯者の誘いに嫌と言えない少年との面接場面である。面接者はこの少年がどうして自分の言いたいことが言えず,誘いに追従してしまうのかを明らかにしたいと考え,「相手に気兼ねをしていつも自分の言いたいことが言えないのですか?」と問いかける。その際,少年が「相手にもよりけりですが……」(回答 a)と返答してきたとすると,どのような相手を苦手とし,逆にどのような相手なら平気で話せるのかを明らかにさせるため,「どんな相手なら言いたいことが言え,どんな相手なら言えないのか言ってみてください」(応答 a')と応答する。あるいは「たまたまそのときは言えなかっただけです」(回答 b)と言い,普段はそうでもないが,このときばかりは特殊な状況にあったことを少年が述べたとするならば,「そのときに言えなかったのはどんな要因からだったのでしょうか?」(応答 b')と,その特殊な状況に着目して質問を投げかけてもいいかもしれない。さらに,少年は何かこの面接場面でも本心を隠し,言いたいことが言えないと感じて,「そのようにしているつもりは

ありませんが，そう見えるかもしれませんね」（回答c）と返答をぼかして応答してきたとする。面接者は嫌と言えない少年の問題点を取り上げる絶好の機会だと考えて，「あなたはこの場でも，自分の言いたいことを答えていないように私には見えます」（応答c'）と応答することもできる。

　いずれの応答もどれが正しいとか間違っているというわけではない。ここで取り上げたいのは，ある問いかけをするときに必ず3つの返答を予想し，それに対する応答もそれぞれ用意しておくという技法が身に付くと面接は上達するということである。

　実際に試してみるとわかるように，面接者が先入観に凝り固まっていると，この3つの考案はなかなかスムーズにいかない。頭を柔らかくさせ，多くの仮説を考えたり修正ができるようになると，この技法は案外うまく実行できる。それが調査面接の上達につながるのである。

　ある問いかけをするとき，2つの考案なら比較的簡単に想定でき，その応答もそれほど困難ではないはずである。なぜなら，イエスかノーかの二者択一式の質問にはそれほど独自性は要求されないからである。しかし，イエスでもノーでもないもう1つの3つ目の返答を予想するのは，意外と難しい。そして，それへの応答にますます思考回路を働かせねばならないとなると，被面接者のことをよく観察したり理解していなければならない。だからこそ，3つの考案をすることによって，被面接者を一歩進んで理解できたり，被面接者の独自性を発見しやすくなるのである。

5　刑事コロンボから学ぶ

　調査面接についての技法を論じてきたが，この面接法は臨床面接とは違い，いかに的確な情報を収集し，事実にアプローチできるかということを目的としている。また，これは被面接者にやたら質問を投げかけ，何でもかんでも情報を入手する面接法とは違い，そこには"作法"とも呼んでいい技法

がある。そうでなければ，質の高い，的確な情報は手に入れにくい。ましてや，被面接者に対して土足で踏み込み，心を傷付けてしまうことになっては，臨床とはかけ離れた三流の芸能レポーターでしかなくなる。

そこで，筆者が一つのモデルとして考えているのが，映画やテレビでお馴染みの「刑事コロンボ」である。彼の事件の捜査の仕方の特徴の一つは，事件に対する深い推理に基づいた，物事の本質をとらえようとする科学的な姿勢に見て取れる。また，自分の立てた仮説をあくまでも検証していこうとする主体性が次の展開を生む。彼は単に勘が鋭いというわけでも，当てずっぽうでいい加減なわけでもない。自分で納得が得られなければ，何度も仮説を立て直し，緻密な推理を重ねて真実に一歩でも近づこうとする。その粘り強さは被疑者にとっては逆に脅威でもあり，どんどん窮地に追い詰められていくわけである。筆者が取り上げる仮説生成・仮説検証型の調査面接の技法も，コロンボの緻密さ，粘り強さに学ぶべきところが多いはずである。

そして，もう一つコロンボから学ぶべき点があるとするならば，彼の被疑者に対する共感力である。刑事と被疑者という関係ではあるが，あるときにはコロンボは被疑者に共感的で親密になっていき，あるときにはスーッと被疑者から距離を取り，客観的で冷静な刑事に戻ったりもする。これまで何度も述べてきたことであるが，コロンボの面接手法は『訊く』と『聴く』（あるいは『聞く』）を見事に織り交ぜたものであり，柔軟に立ち居振る舞いができる良さがある。だからこそ，被疑者も痛いところを突かれても，コロンボとは最終的には敵対関係にはならずに結末を迎える。

このような共感と距離の取り方は，これまでも精神療法や心理臨床において多くの先人がその重要性を指摘してきた。H・S・サリヴァン（1954）の「関与的観察」（participant observation）も然りである。また，村瀬（1995）は，「治療者は相手と同じ地平でものを見，感じる努力をしながらも，自分の半身は醒めていて，相手との関係がどう推移しているか，その関係の周りの状況はいかにあるかについて，的確に把握していることが，責任性との関連において，必要欠くべからざることである」と指摘している。そして，こ

のようなことを可能ならしめ，目の前のクライエントとしっかり向き合えるためには，あくまで事実を追求していこうとする面接者のゆるぎない姿勢が大切にされなければならない。

注

佐藤の定義を借りれば，狭義の仮説とは「経験的な事象を科学的に説明もしくは予測するための定式化された未検証の命題（または命題群）」であり，広義の仮説とは「すでにある程度分かっていることを土台（根拠）にして，まだよく分かっていないことについて実際に調べてみて明らかにするための見通しとしての仮の答え」となる（出典──佐藤郁哉（1992）『フィールドワーク（増訂版）』新曜社）。

文献

藤岡淳子（2006）性暴力の理解と治療教育．誠信書房．
村瀬嘉代子（1995）子どもと大人の心の架け橋．金剛出版．
Sullivan, H.S.（1954）The Psychiatric Interview. W.W.Norton, New York.（中井久夫・松川周悟・秋山 剛・宮崎隆吉・野口昌也・山口直彦訳（1986）精神医学的面接．みすず書房．）

第 5 章
構造化の技術
面接の構造と流れ

1　面接の構造と流れ

　前章では，調査仮説を立て，それを検証するための技術について述べたが，実際に面接を実施する際，おおまかな面接全体の流れと方向性をイメージしておくほうがよい。

　特に，家庭裁判所などでの非行臨床の面接は1回あるいは数回という短期間で終結になることが一般的である。しかも被面接者であるクライエントが主体的となって面接の流れをつくっていく臨床面接とは違って，調査面接の場合は面接者が面接の導入から終局までの流れを決めていく。調査面接にはこのような特徴があるために，ややもすると被面接者は「いろいろなことを聞かれたが，言いたいことが言えずにいつの間にか面接が終わった」「何のための面接かよくわからなかった」といった感想を抱いてしまう。

　筆者はこれまで調査官としての調査面接を繰り返してきたが，被面接者が面接後に不満感や不全感を抱かないようにするためにはどのようなことを工夫すればいいのかと考えてきた。被面接者に自由に話題を選んでもらい，「お好きなところをお話しください」といったスタイルで面接を進めたなら，限られた面接時間のなかではとても必要な情報を収集することはできない。そうかといって，こちらが被面接者のニードをまったく汲まずに面接を続けていては，被面接者にとっては意味が感じられない。

そこで，面接の流れが被面接者にもわかりやすいような技法はないものかと考えた。それが起承転結を明確にした面接であった。考えてみると，どんなに短い面接であろうと，そこには面接者と被面接者との出会い（面接の始まり）があり，最終的には別れ（面接の終わり）がある。いわば人間関係の基本原則のようなものが面接にも当然あり，そのプロセスのなかに起承転結のドラマが生起する。それを意識すると面接全体が見えやすくなり，最終的にはまとまりのよい面接になる。

　起承転結を意識した面接を続けていると，被面接者にも面接がどのような流れで推移しているのかが把握しやすくなることに気づいた。そして，面接者も被面接者もお互いに，起承転結のそれぞれの段階における中心的な課題が明確にされやすいので，話題の焦点がずれにくく，面接を終えてからも面接の流れを思い出すと，話題になったことを比較的容易に振り返ることができる。ここでいう中心的な課題とは，図表5-1に示すように，"起"では〈オリエンテーションとインフォームド・コンセント〉，"承"では〈問題の核心へのアプローチ〉，"転"では〈更生プログラムの探索〉，"結"では〈処遇に向けたアプローチ〉である。

　このようなことを踏まえて，家庭裁判所あるいは児童相談所などで行われる面接をイメージしながら，非行臨床としての調査面接のあり方を考えていきたい。

2　"起"としての面接の導入

　"起"の課題である〈オリエンテーションとインフォームド・コンセント〉では，来所してくる少年や親の様子を観察しながら，自分が所属する機関の役割や機能についてのオリエンテーションを行う。また，面接を始めるに際して，ここに来なければならなくなった契機となる事実（非行事実）の確認を行う。ここでは，面接の導入が主たる目的で，面接者と被面接者の出会い

面接の流れ

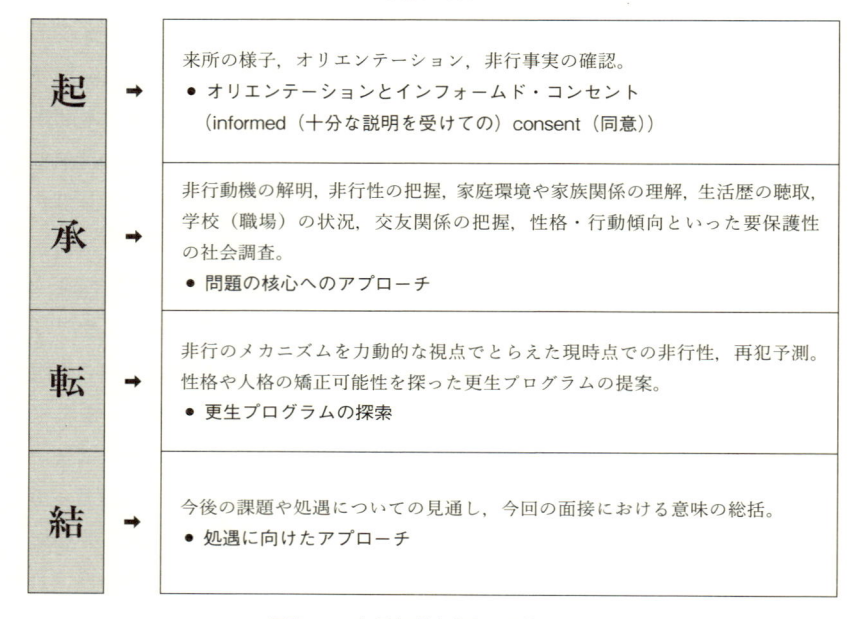

起	→	来所の様子，オリエンテーション，非行事実の確認。 ● オリエンテーションとインフォームド・コンセント 　（informed（十分な説明を受けての）consent（同意））
承	→	非行動機の解明，非行性の把握，家庭環境や家族関係の理解，生活歴の聴取，学校（職場）の状況，交友関係の把握，性格・行動傾向といった要保護性の社会調査。 ● 問題の核心へのアプローチ
転	→	非行のメカニズムを力動的な視点でとらえた現時点での非行性，再犯予測。性格や人格の矯正可能性を探った更生プログラムの提案。 ● 更生プログラムの探索
結	→	今後の課題や処遇についての見通し，今回の面接における意味の総括。 ● 処遇に向けたアプローチ

図表 5-1　起承転結を考えた面接の流れ

の瞬間であると考えてもいい。

1 ── 面接当初のオリエンテーション

　機関に呼び出された少年や保護者は，そこで何をどのように聞かれるのかという心配や不安，時には期待さえも抱いてくる。そのため，面接の導入時期に，これから行われる面接の趣旨を十分に理解させ，面接に対する不安や誤解を取り除き，被面接者自身も積極的に面接に臨むように動機付けをしなければならない。すなわち，面接者が被面接者に対し，何の目的で面接をするのか，面接にはどのような約束事があるのかなどについて，それぞれの

被面接者に応じたわかりやすい言葉で説明することが重要である。

2 ── オリエンテーションにおけるアセスメント

　面接の導入は，被面接者である少年の氏名，生年月日，住所，所属する学校名や学年といった，いわゆる人定事項から聞くのが通常である。その際も，被面接者の返答にどの程度の活気や積極性があるのかを面接者は読み取らなくてはならない。面接者はオリエンテーションを単に儀礼的な挨拶やありきたりな説明として考えるのではなく，少年の面接への意欲や動機付け，緊張や不安の程度がどのくらいあるのかを計る重要なアセスメントの位置付けとして実施すべきである。

　たとえば，機関の役割を説明する場合を考えてみたい。少年に警察や児童相談所，家庭裁判所がどう違うのかをわかりやすく伝えることが必要であるが，単に通り一遍の紋切り型の説明を行うよりも，相手の表情や理解に合わせて語りかけるように述べていくことが効果的である。オリエンテーションというと，面接者が被面接者に説明するイメージがあるが，被面接者にできるだけ話してもらうようにするのがコツである。なぜなら，それがその後の面接の予行演習ともなり，円滑な面接にもっていくためのステップとなるからである。誰しも知らない場所に面接に来て，初対面の人にスラスラと話はしにくい。舌を滑らかにするためにも，面接者は「警察と家庭裁判所は違うけど，どんなところが違うと思う？」などと質問し，被面接者にできるだけ言葉を発してもらう。そんな被面接者の話しぶりや態度，受け応えの様子から，被面接者にどの程度の知的な能力や社会性があるのか，自分がした行為に対する責任をどれほど感じ反省をしているのか，この面接での動機付けがどの程度あるのか等の判断ができる。

　このようなことは非行臨床に限ったことではなく，どの面接でも同じかもしれない。被面接者のことをより多く理解するためには，被面接者自身に語ってもらうことが，ことのほか重要なのである。

3 "承"としての面接の展開

　面接過程における"承"の課題は，〈問題の核心へのアプローチ〉である。全面接過程のなかでもいわば中心部を構成し，内容的にもケースの核心となる事実が語られる部分である。事前に考えた調査仮説をもとに，面接者は被面接者との関係を土台としながら，ケースの問題の所在を掘り下げ，明確化し，修正を加えながら正しく理解していくことが求められる。

　そのためにも，事前に考えた調査仮説をもとに，より精度の高い正確な事実を収集していく。また，仮説を検証する際に一つの事実だけではなく，複数の事実から複眼的に物事を見るように心がけたり，主観的事実と客観的事実の違いを明らかにするなどの工夫をしていく。

　ここでの面接の展開は，正確な事実を探求すること，得られた事実をより確実で明らかなものとしていくことである。面接者と被面接者が語られた事実の意味を考えていったり，事実についての受け止め方に齟齬がないかどうかを一つ一つ確かめ理解を共有していく。これらの過程を通じてお互いの信頼関係が深まる。

　具体的には，非行動機の解明，非行性の把握，家庭環境や家族関係の理解，生活歴の聴取，学校（職場）の状況，交友関係の把握，性格・行動傾向といった事項を明らかにしていく。

1 ― 非行性についての理解

① 受理の契機となった非行事実の確認

　非行事実（ぐ犯事実を含めて）は，少年がその機関に係属するに至った端緒であり，少年が有している問題が顕在化したものであると理解できる。言うなれば，心理臨床においては来談となった主訴に当たる。その意味でも，

非行事実は非行性の理解には欠かせないもっとも重要なものである。▼注

　では、その非行事実について、家庭裁判所あるいは児童相談所で少年や保護者が否認をした場合はどう対応すればいいであろうか。すでに述べたように、この非行事実はその機関に係属することになる大前提となるもので、これがなければその機関に出頭することもおそらくなかったであろう。また、それらの機関での面接では、非行事実の通告や送致などの受理があったことを前提に、プライバシーに関する事項にも質問が及ぶのである。そのため、非行事実を認めず、少年が非行をしていないということになれば、その前提が覆され、プライバシーに立ち入ることは人権侵害となる恐れもある。

　これは家庭裁判所の実務に限ったことであるが、このような非行事実の否認への対応についてここで少し触れておきたい。非行事実のなかでも中核になる部分は認めているが、その周辺の事実については認めていない一部否認のような場合は、そのまま調査を進めていくことに大きな支障はないとされる。しかし、すべての非行事実について認めない全面否認のような場合には、その部分に限って事情を聴取し、その他のプライバシーにかかわるような調査は進めず、裁判官の非行事実の存否の判断を待つことになる。

　では、児童相談所あるいは他の機関でそのような事態が発生した場合はどうすることが望ましいだろうか。児童相談所は非行事実の存否について審議する機能はもちあわせていない。そのため、その事件を家庭裁判所に送致することも十分に考えられる。ただ、すべての否認の事件に対してこのような対応をするのではなく、当然、非行事実の内容によって判断すべきである。たとえば、社会的にも重大で被害の程度も甚大といった場合では家庭裁判所での審議が妥当であろう。また、事案が比較的軽微であり、被害の程度も軽微な場合などは、そこまでの手続きを踏むかどうかはケース全体を理解しながら進めなくてはならない。

　非行事実の確認を面接当初にするもう一つの大きな理由は、面接前に立てた調査仮説との絡みも大きい。つまり、少年がなぜ非行をするに至ったのかという動機やメカニズム、非行から立ち直るためにはどのようなことが必

第5章　構造化の技術　｜　109

要かといった調査仮説の検証を面接の大きな目標にしているため，非行事実があることが大前提となる。しかし，その非行事実の存否が不確かで争っている状況においては，そもそも仮説自体が成り立たないからである。

② **非行の経緯と動機の解明**

　非行の経緯や動機を解明することは，少年の非行性や非行のメカニズムを明らかにすることとほぼ同義である。別の言い方をすると，少年にとって非行がどのような意味をもつのかを理解していく姿勢がここでは求められる。

　少年の内的要因と少年を取り巻く外的要因に注目し，それらがどのように作用して非行が発生したのかを解明していくためには，次のような事項がポイントとなる。

(a) **非行の経緯と動機を把握する**

　　非行行動に至った経緯を正確に把握し，そのような行動を取ることになった誘因や動因に着目し，非行の動機を理解していく。

(b) **非行性を理解する**

　　通告や送致をされた非行事実や未通告，未送致の非行事実など複数の事実がある場合，それらの事実の因果関係がいかなるものかを把握し，現時点での非行性を理解していく。

(c) **共犯関係や被害者との関係を明らかにする**

　　共犯者や被害者など非行場面に関与している者との人間関係を明らかにしていく。共犯者の関係においては，本件を誰が主導的に行ったのか，その関係のなかでの少年の役割や立場はどうなのか，といったことを力動的に把握していく。また，被害者との関係においては，少年はこれまで被害者をどのように認知し，そこにはどのような感情が渦巻いていたのか，そのような感情は本件後にどう変化したのか，謝罪の意向や被害弁済の状況はどうかといったことを明らかにする。

(d) 非行後の態度を把握し，再犯危険性を考える

　　非行後の少年の態度や非行そのものに対する認識，被害者への謝罪を含めた反省の様子などを明らかにし，再非行の危険性や非行性の将来予測をしていく。特に，非行の反復が見られる場合，同種非行なのか否かといった非行類型の広がりの有無，程度などにも着目していく。

2 ── 家庭環境についての理解

　少年にとっては一番身近な環境が家庭であり，特に年齢の幼い子どもの場合はその影響力は大きい。また，保護者の監護が不十分であったり，不適切であることから非行が生ずることも多く，逆に，知的障害や発達障害など器質的な負因があったとしても保護者の監護が適切になされれば，逸脱行動には至らず，健全な社会生活を送ることができる。さらに，今後の措置や処遇に当たっては，家庭との関係を抜きにしては考えられず，家庭環境の調査や保護者の養育能力のアセスメントは非常に重要である。

　このように，家庭環境についての理解で重要な事項は，家族の立場から見た少年の非行原因，あるいはそれについての家族の考え方，家族の少年に対する理解や援助の能力などを把握することである。それを踏まえたうえで，以下の点をポイントとして示したい。

① 家族成員の客観的な事実の把握

　家族成員の個々の名前，年齢，現在の学籍もしくは職業，性格，病歴などの基本的な事項について調査が必要である。また，少年の家族の生活水準を理解するためにも，収入や支出，財産などの経済状態を把握しておきたい。さらに，住居の状態，地域や近隣との関係などの情報もあると望ましい。

② 家庭の雰囲気，親子の情緒的な関係の把握

　家庭は，愛情を基盤にした情緒的安定を得る場所である一方，親密な関

係が逆にストレスや葛藤を生じやすい場所であることも理解しておくべきである。このような親子の情緒的な関係を理解することが重要で，そのためには少年に対する保護者やきょうだいの見方，愛情のかけ方について把握することになる。少年から見た親やきょうだいへの感情や認知と比べながら，相互の関係を力動的にとらえていくことになる。

また，家庭のなかで少年の居場所があるかどうか，家族員のなかでの位置関係はどうかなど家族を全体的に見渡しながら，そこでの少年のあり方を考えたい。

たとえば，父母は弟の病気に手がかかり，少年に目が行き届かず，そのために少年は愛情の代償としてチョコレートを万引きしたとすると，非行の背景には親から注目されたいといった親子関係における少年の情緒的な問題が隠されていると理解できる。

③ **親の養育態度と養育能力**

親の養育態度についてはさまざまであり，子どもを支配し服従させようとするタイプもあれば，友達のようなフラットな関係でやっていく場合もある。あるいは，子どもに無関心で，接触を拒絶する養育態度もあるかもしれない。

父母がそろっている場合は，夫婦関係が養育態度に影響することも多い。たとえば，葛藤が多く夫婦の意見が対立することが多いために，父は子どもに必要以上に厳格になり，逆に母は溺愛してしまうといった場合がそれである。

いずれにせよ，親の養育態度や養育能力は親の性格，価値観，過去の体験，夫婦関係などとも深くかかわってくるので，それらを的確にとらえることが重要である。なかには，養育の不適切さの度合いが激しく，児童虐待の範疇に入るようなケースもあり，非行問題でのかかわりであっても早急な虐待対応をしていかねばならないこともある。

3 ── 生活史についての理解

　人は誰でも発達を遂げながら現在に至っている。言うまでもないが，誕生から現在まで一足飛びに成長するわけではない。これまで少年がたどってきた生活史は，現在の少年像を理解する重要な手がかりとなる。つまり，人間を理解するためには，その人のもって生まれた器質的な素因だけでなく，周囲の環境との相互作用のなかで発達してくると考えれば，その人のこれまでの歴史に焦点を合わせていくことは理解の促進につながる。

　このような視点をもって生活史を調査するのであるが，単に少年の略歴を聞くのではなく，現在の少年像が過去の環境や出来事との関係のなかでどのように形成され，将来的にはどのように発展していくのかという観点からとらえなくてはならない。

　生活史を聴取する際のポイントを以下に述べたい。

① ライフサイクルの特徴の理解

　人間は赤ん坊として出生し，老いて死亡するまでさまざまな段階を通過する。もちろん人によって個人差は見られるが，ライフサイクルにおける共通点や課題がある。たとえば，誕生してから歩き始めるまでには，寝返りができる，ハイハイができる，つたい立ちができる，というようにそこに行くまでのプロセスが必ずある。言葉を話すようになるまでにも，まず喃語が出てきて，「パパ」「マンマ」「ブーブー」などの一単語の言葉が現れ，「パパ，好き」「マンマ，食べる」「ブーブー，赤い」という二語の単語が現れ，それがしだいに一文となっていく。ところが，発達障害をかかえる子どものなかには，極端に歩き始めや話し始めが遅れる場合がある。その際には，定型の発達に比べて，どこに，どの程度の遅れが認められるのかをしっかり押さえることが大切である。

　これ以外にも，生後2, 3歳の時期に人見知りがあったかどうか，幼児期の第一次反抗期や思春期の前半の第二次反抗期があったかどうかなどは，親

子関係や家族関係のあり方，自我形成を考えるためにも重要な指標となる。
　このように生活史におけるライフサイクルには，「出生時から乳幼児期までの状況」「小学時の状況」「中学時の状況」があり，発達という視点を重視しながら，そのときの状況やエピソードを中心に特徴をつかんでいくことになる。

② 家族状況の変化への着目
　少年の生活史には発達に即したライフサイクルがあると述べたが，家族状況もその時期によって変動していく。そのためにも，少年の生活史と併行して家族史を把握していくことはきわめて重要である。
　具体的には，「少年が出生する前の家庭史」として，両親の生活史や少年を出生するまでのいきさつなどを聞いたり，「少年が出生後，現在までの家族史」においては，病気や事故，離婚や再婚，きょうだいの誕生などはもとより，家庭内の紛争や葛藤にも焦点を当てて，少年の生活史との関連を見ていく。

③ 客観的事実の確認と主観的事実の把握
　誕生から就学，転校，卒業，結婚，離婚，転居，死別など，さまざまな資料や記録からわかる客観的事実をまず押さえておくことは言うまでもない。このような重要な出来事の事実は，生活史上の節目の役割をもったり，転機を迎えるきっかけになることが多く，それだけに正確な年月日まで明らかになる客観的な事実を収集したい。
　そのうえで，少年や保護者がそれらの事実をどのように認知し，受け止めているのかを理解していくことが必要である。一つの例を示すと，両親の離婚について，非常に悲観的に受け止める子どももいれば，案外楽観的に考えてその時期を過ごす子どももいる。つまり，同じ事実に対しても，受け止め方や感じ方がそれぞれ個々に違っているため，その主観的な事実を把握することが必要なのである。

④ ポジティブな側面への着目

　少年の生活史の調査をする場合，非行との関連を考えるあまり，生活史上のネガティブな側面ばかりに焦点を当てやすい。しかし，生活史の調査で重要なことは，その人全体を発達的な視点を交えながら総合的に理解していくことであり，ポジティブな側面にも目を向け，それを積極的に聴取していくことが大切である。そうすることによって，少年の可塑性が把握できたり，非行からの回復にどのような資源が活用できるかというかかわり方のヒントが得られる。

4 ── 学校・職場・地域についての理解

　幼児の場合，生活の主となる場所は家庭であるが，年齢が高くなるにつれ，家庭以外の学校や地域といった場所にウエイトが移っていく。また，非行の背景となる要因に，たとえば，クラスのなかでのいじめの問題，成績の不振というような学校関係のことが絡んでくることもよくある。そのため，学校関係についての情報の収集も重要な少年へのアセスメントの視点となる。

　学校関係の調査では，転入・転出を含めた在学の有無，出席日数，学業成績，学校での適応，教師や学友との関係，学校が把握している家庭環境，保護者の学校に対する態度等を聞いていくことになる。時には学校へ照会する場合もあるが，少年が在籍している学校だけでなく，すでに卒業をしている小学校や転校前に籍を置いていた学校に対しても調査をしてみると，意外な少年の一面を発見することもあり，それが複合的な観点を生み出すきっかけにもなる。とりわけ発達上の課題を抱えた少年の場合は，低年齢時の客観的な状況がアセスメントにとって有効になる。また，現在籍を置いている学校では在籍日数が経っていなかったり，不登校が続き，学校側も少年のことを十分に理解していない場合は，転校前の学校に問い合わせることは有効である。

　職場環境の調査では，出勤状況，仕事への意欲，職場での適応，上司や

同僚との関係などを聞いていくことになる。なかでも，少年がどのような職種や職場環境に適性があるのかを理解しておくと，有効な社会資源の開発にも役に立つ。

いずれにせよ，学校や職場についての調査をする場合，単に情報の収集という目的だけではなく，学校や職場が少年の更生のための社会資源となりうる可能性があるのかどうかという視点を合わせて聴取していくことが望ましい。そのためにも，少年の措置や処遇について，学校や職場の具体的な意見を聞くことも一案である。そうした連携や協力関係を築きながら，機関や学校，職場あるいは地域が一体となって少年の更生に向けた動きが取れるようにしていきたい。

5 ── 交友関係についての理解

少年にとって交友関係は，非行と密接に関係する。ギャングエイジと言われるように，小学校高学年頃になると，これまでの単独での行動とは違って群れをつくって集団で行動し始める。この時期に非行をしてしまうことも珍しくない。

交友関係についてのアセスメントでは，少年がどのような友達や仲間とつきあい，そのなかで少年はどのような存在であるのかを把握していく。なかには，暴走族への帰属意識が非常に高く，その集団を疑似家族のように思っている場合があったり，仲間と一緒に行動はするものの，どこか疎外感や孤立感を抱いている者もいる。最近では，ひきこもってしまって，一切交友関係をもたず，インターネットでの書き込みだけが唯一外部とのかかわりであるというケースもある。

思春期になると性的な発達も顕著となり，異性への関心や交際が出てくる。当然，そこには性的な関心や関係が生じてくるが，年齢相応の発達をしているのかどうかがポイントとなる。女子少年の場合には背伸びをして大人びたように見せかけ，早くから過剰に性的なものに接近したがる者もいる。

このような少年の交友関係について，保護者がどの程度把握しているのかを押さえておくことも重要な調査項目である。保護者によっては，誰とつきあっているのか友達の名前すら知らない場合があったり，少年が交際する者に対してネガティブな評価ばかりを与え，それがもとで親子関係が劣悪になっていくことさえある。

6 ── 性格・行動傾向についての理解

　少年の性格や行動傾向については，心理検査を行うなどして把握することもあるが，それ以外にも面接等をはじめとして，以下に示すようにさまざまな事柄からアプローチは可能である。

　まず，面接室内外で少年が表出した言語的あるいは非言語的なものすべてに注目していきたい。たとえば，少年の身のこなしや礼儀作法，表情，面接時の受け応えの様子，敬語の使用やしぐさなど，あらゆるものが性格や行動傾向を理解する指標となる。面接者はそれらを注意深く観察していく能力と視点を備えることが大切である。

　次に，面接のなかで語られた非行の動機や家族関係，生活史から性格や行動傾向を理解することができる。また，保護者や家族，教師など周囲からの少年の認識や評価も大いに参考になる。

　以上のようなことを手がかりとしてアセスメントを行うことになるが，その際に「知的側面」「情緒的側面」「対人関係的側面」という大きな3本柱に分けて考え，最後に「総合的な理解」としてそれらをまとめると，さまざまな事柄が整理され理解がしやすくなる。

① 知的側面の理解

　知的側面では，少年の知的な能力のありようについて把握する必要がある。単に知能指数がどの程度で，それが標準域にあるとか境界域にあるといったことだけではなく，言語的な課題ではどうか，動作的な課題ではどう

かといった知的能力を構成するさまざまな側面にも着目していきたい。また，担当者との受け応えのスピードや的確さ，言いたいことがどの程度まで表現できているのか，文字の読み書きや社会的な常識についての知識など，多くの指標がこの知的な側面に反映される。そして，知能指数が高くても，現実の生活ではそれが十分に発揮されていない人もいるし，逆に，指数は低いが社会性でそれがカバーされ，まったく知的な遅れを感じさせない人もいる。そのようなトータルなとらえ方も忘れてはならない。

② **情緒的側面の理解**

情緒的側面では，不安やストレス，葛藤などをどのように感じているのかを理解することになる。あまりにも情緒的な不安定さが顕著で，不安やストレス，葛藤などが高いと，落ち着きがない行動となったり，集中力がなくイライラしてしまいやすくなる。

情緒的側面を理解する場合，本人が自分の情緒的な問題をどのように処理しているのか，そのコントロールのありようや防衛の仕方はいかなるものかという視点でとらえていくことが大切である。たとえば，不安な状況を招かないために人に依存的になったり，不安を喚起する刺激から逃れてひきこもりといった行動を選択しやすい，といったことが明らかにされるといい。あるいは欲求や不安，ストレス，葛藤があるために，すぐに攻撃的あるいは衝動的な言動となってしまいやすいかもしれない。それらの欲求や不安をどこまで自分でコントロールして社会生活を送ることができるのかといった側面にも着目する。

③ **対人関係的側面の理解**

対人関係的側面では，周囲の者に対してどのように認知しているのか，家族や仲間を含めた他者との情緒的交流の程度，交際の範囲などを理解することになる。そのなかには，同一人物に対して，愛着や攻撃，依存などを併せもっていたり，まったく対人関係がもてず，物理的にも心理的に孤立してい

る場合も見られる。交友関係の理解とも関連するところであるが，同性と異性，同年代や年下，年上などに見られる対人関係上の偏りの有無や特徴があれば取り上げ，それがどのような要因と関連するのかも考えたい。

④ 総合的な理解

「知的側面」「情緒的側面」「対人関係的側面」の3本柱を基礎にしながら，少年の性格・行動傾向をとらえてきたが，最後にそれを総合的に理解していくことが必要である。つまり，知的側面と情緒的側面，対人関係的側面の相互のつながりや関連をここでは考えることになる。たとえば，「知的能力の低さがあるがために，他者との相互理解ができず，すぐに喧嘩になりやすい」「日常生活場面で不満や葛藤を人一倍抱きやすく，そのことが周囲に八つ当たりという形で発散されてしまうため，仲間関係においては孤立してしまう」といった理解になる。

7 ── 活用できる資源の存在

　生活史についての理解でも触れたが，非行臨床における調査では非行そのものが社会的に逸脱した行為であるだけに，面接者はどうしても少年や家庭についてのネガティブな事実ばかりに目を奪われがちとなる。しかし，少年が非行から立ち直るためのエネルギーや意欲，少年を支えたり指導する家族の力というポジティブな面に目を向けることも面接では重要である。そのような視点をもっていると，学校や職場，仲間，地域のなかで，少年の更生にとって活用できる人物や有力な資源が発見できる。

　ある事例の少年は学校内でいじめを受け不登校となり，不良仲間と親密になって非行を繰り返すようになった。この少年の口からは学校への失望，同級生からの疎外感など不満が多々述べられ，登校への意欲は微塵も感じられなかった。しかし，面接のなかでわかったことは，ある一人の教師にだけは親和感を抱き，肯定的な感情を抱いていたということだった。筆者はこの

少年にとってはこの教師の存在が登校を促す貴重な活用資源になると考えた。筆者はすぐに学校を訪問してその教師と面談し、あれやこれやと方法を互いに出し合い、最終的には少年の登校につなぎ非行からの回復にも成功した。

このように活用できる資源を面接において少しでも多く収集していくことは、少年の非行からの立ち直りを考えるうえでは非常に有効に作用する。繰り返しになるが、非行臨床においては、ポジティブな面とネガティブな面の両方に焦点を当て、適度なバランスを維持しながらケース全体を動かしていくことが重要である。非行というネガティブな事象を扱うだけに、ネガティブな面だけにスポットを当てていても未来が開けない。逆に、ネガティブな面に目を向けないで、ポジティブ過ぎる楽観志向であってもこれまたうまくいかない。いかにそのバランスを保っていくかが非行臨床の決め手となる。

4　"転"としての面接の発展

"転"としての課題は、〈更生プログラムの探索〉であり、非行のメカニズムを力動的な視点でとらえ、現時点での非行性、再犯予測、性格や人格の矯正可能性を探り、目の前の少年が非行から立ち直るためにはどのような処遇や措置が必要であるのか、更生するためのどのようなプログラムを用意すればいいのかを考えていくことになる。

面接全体の流れからすると、これまでの動機の解明や要保護性を明らかにするような前段階までのアプローチとは違い、ここでは少年の更生や今後の展望に目を向けたアプローチとなる。前段階の〈問題の核心へのアプローチ〉が過去や現在に焦点を当てているとするならば、この段階の〈更生プログラムの探索〉は未来に焦点を当てた面接と言ってもいいかもしれない。少年が非行という逸脱した方向性を軌道修正したり、これまでになかった新たな視点を発見し、これからの方向性を定めるような面接になることが理想である。まさに"転"としての方向転回の意味付けが求められる。

このことを念頭に置きながら，それぞれのケースにどのようなかかわり方が望ましいのか，またそれぞれの機関における措置や処遇がどのように選択されるべきなのかを考えていくことになる。図表3-4の少年事件の流れや図表3-5の非行相談処理系統図はそのマップとしての役割があり，面接者は少年とそれを見ながら，今いる立ち位置を確認する作業も大切である。

5　"結"としての面接の終結

　"結"としての終結の段階においては，面接を締めくくり，まとめをするとともに，次の段階への橋渡しや処遇への動機付けを行うことが目標となる。その意味では，この段階の課題は〈処遇に向けたアプローチ〉である。
　ケースによっては1回限りの面接で終局する場合もあるが，何度か面接を繰り返し，そのうえで審判や判定会議で処遇を決定していくかかわり方もある。いずれにせよ，一回一回の面接の終結は次回の面接や処遇につなげるためにも重要な位置付けとなる。
　具体的な作業として，今回の面接での目的やそこで話された内容を要約し，面接者と被面接者が再確認する。あるいは，面接でのテーマとなった問題や被面接者が訴えたかったことなどについて，面接者が理解したところをフィードバックする。このような作業を通じて，被面接者から得た情報を改めて被面接者に問い直すことによって，面接者の理解をより正確にすることができたり，被面接者自身も面接のプロセスを自覚しやすくなるのである。
　また，次の段階への橋渡しとしては，次回の面接がいつ頃行われるのか，次回はどのようなことが面接で取り上げられるのか，時には次回は調査のための面接ではなく，指導や援助の位置付けとしてのものなのか，などを説明することになる。
　少年や保護者の大きな関心事は，自分が起こしてしまった非行問題（事件）がどのような処遇になるのか，どのように家庭裁判所や児童相談所など

の機関がそれを扱うのかということである。その不安や期待を十分に汲み取らないまま、一方的に面接者が面接や援助活動を行っても効果は上がらない。面接者あるいは機関全体としての今後の処遇方針、相談援助活動の見通しがわかるように面接で説明していくことが大切である。

終結について重要なことは、非行臨床においては、他の心理臨床以上に、そこにエネルギーを費やさねばならないということである。いつ、どのようにケースが終わるか、いかに面接者（援助者）は被面接者（被援助者）と関係を切ることができるかが重要なテーマとなる。少年らが「警察（あるいは裁判所）とは縁が切れた」などとよく表現するように、非行臨床の場合は、縁が切れることが非行からの更生の証となる。その意味では、一般的なカウンセリングのプロセスにおいては、出会うこと、つながることに力点が置かれるのに対し、非行臨床では別れること、切れることに力点が置かれるべきであると言ってもいいかもしれない。別の言い方をすれば、非行臨床は"終局のあり方が問われる臨床"であるとも言える。

具体的には、自分のした行為に対してどのように責任を全うするのか、処分を受けた場合はそれをどのように受け止め、その処分から解放されるためには何をしなければいけないのかを考えることになる。少年院在院期間、保護観察の終期が定められていることはもとより、法律的に成人になれば必然的に少年保護手続きの範疇には入らなくなり、同じ犯罪行為をしても成人の刑事事件として扱われる。このことを取り上げても、非行少年へのかかわりにおけるゴールは明確でなくてはならない。逆に少年の立場からすれば、自発的に任意で受けるカウンセリングであるならともかく、児童相談所や家庭裁判所などの機関に呼び出された面接（強制的であれ任意であれ）であるだけに、永遠に終わりの設定されていないかかわりは少年への人権侵害や不利益を招いてしまう。やはりそこにも、非行臨床においての終局には特別な配慮と工夫が必要なのである。面接者と少年とが、いかに「良い別れ方」「スムーズな縁の切り方」をするのが望ましいかを協働作業として考えることが"結"としての重要な課題となる。

注

服部は，冤罪防止の視点を強調し，「少年の今後を大切にするという福祉の視点は貴重である。しかし，その前提として「事件」そのものの精確な把握がなければならないし，それは少年の要保護性の把握にとっても不可欠なことである。もしも，かかる視点を欠いた場合には，冤罪の危険があるといわなければならない」と指摘している。また，児童相談所における事件そのもののとらえ方についても見直す必要があるとし，「触法事件の解明のためには，同時に，より広い意味における「事実」の把握が必要である。これは少年事件一般についていえることであるが，少年の行為はそれ自体として存在するのではなく，少年の成育史，養育環境，性格などと複雑に絡み合って現れる。とくに触法事件は，いわゆる「思春期がらみ」の非行ではない分，その背景には少年の「育ち」をめぐる根の深い問題があり，それが触法行為に複雑に投影されていることが少なくない。したがって，触法行為の意味を理解するには，触法行為とその背景および関連事実を，総合的かつ専門的立場から把握する必要がある。福祉は事実認定には親しまないといわれることが，むしろ福祉的観点から，幅広い「事実」を総合的に把握しつつ触法行為をとらえていくことが触法事件の事実解明につながることが確認されなければならない」と述べている（出典──服部 朗（2005）「児童福祉と少年司法との協業と分業」『犯罪と非行』144）。

第 6 章
追求する技術
非行臨床における事実への接近

1 主観的事実と客観的事実

　心理臨床にはさまざまな種類があり，その技法も千差万別である。その違いの一つに，事実のとらえ方が挙げられる。

　事実については，大きく分けて，主観的事実と客観的事実の 2 種類がある。一般的に言えば，心理臨床家は目の前のクライエントの内面に焦点を当てた面接を行い，そこで語られるクライエントの主観的事実を尊重していく。カウンセリングを例に挙げるとわかりやすいが，その究極的な目標はクライエントが主観的事実を変容できるようにカウンセラーが援助することである。この場合の面接技法は臨床面接と呼ばれ，あくまでクライエントを主体とした面接の展開が図られる。それに対して，非行臨床家は，調査面接という面接技法を使って面接を主導的に進め，クライエントの主観的事実と客観的事実の両方を尊重しながら，それらをいかに取り扱うかにエネルギーを注ぐ。

　ここで，主観的事実と客観的事実について具体的に説明する。ある不登校のクライエントが「私は学校に行けていません」と語ったとする。主観的事実を重視する立場であると，何日学校に登校しているかということよりも，クライエントが思うように学校に登校できていないという心情にまず焦点を当てる。他方，客観的事実を重視する立場であると，いつ頃から不登校が始まり，今までどれだけ学校を欠席しているのかを把握することになる。

別の具体例を示すと，ある少年の生活歴を聴取していて万引きをしたときの話が出たとしよう。客観的事実を重視するならば，その出来事がいつ，どこで起こり，何を，どのように，なぜ盗んだのかということを明らかにしていく。場合によっては，少年の語ることが真実かどうかを把握するため，何らかの方法でそれを確認することもしなければならないかもしれない。しかし，主観的事実を重視するならば，万引きの事実が実際にあったかどうかや，その内容の真偽はともかくとして，少年の記憶にはそれが存在し，そのことを少年がどうとらえているのかをまず尊重していく。

　主観的事実か客観的事実かいずれの立場に身を置くにせよ，事実を追求することはたやすいことではない。例に挙げたように，実際には少年が語る事実は誰が見てもわかるという客観的事実だけではなく，その少年の記憶や感情が入り交じった主観的事実で複雑に加工されている。両者の事実が織りなすものを一つ一つ取り出し，事実とは何かをつねに問いかけながら面接を進めていく。これが非行臨床のアプローチであり，そうやって真の少年の姿をとらえていくのである。

　ところで，非行臨床が他の心理臨床に比べて，客観的事実に重きを置くのはいくつかの理由がある。

　1つ目の理由は，非行臨床においては一つの機関（たとえば，家庭裁判所という司法機関）だけでケースが終局せず，多くの機関（たとえば，警察署，少年鑑別所，少年院など）のかかわりのもとでケースが動かされていくという特徴があるためである。一つの機関の面接室だけで行われる通常の心理臨床とは違って，非行臨床の場合は複数の機関がケースの特徴や問題を共有し，連携を図らねばならない。その必然性があるからこそ，客観的事実がおろそかにできない。

　2つ目の理由は，非行臨床においては，臨床家だけではなく，裁判官や弁護士，検察官などの法律家との協働作業となることが多い。特に，法律家は仕事柄，臨床家とは違った事実のとらえ方をし，主観的事実よりもまず客観的事実を何より優先する。そのことが非行臨床における客観的事実の重視へ

と導く。

　そして，最後の理由として，客観的事実があるからこそ，かかわりが開始されるということが挙げられる。そもそも非行臨床においては少年が罪を犯した事実（これが非行事実であり，ぐ犯の場合は罪を犯す虞(おそれ)がある事実となる）を前提にかかわりが発生する。そのため，その事実が主観的事実ではなく，誰が見ても認められる客観的事実であることが求められる。そうでなければ，やってもいない事実を前提に，出頭を求められ，処分を受けるなどの不利益を招く危険が出てくるからである。

　ここでも具体例を挙げて説明したい。殺人事件を取り上げると，被疑者が被害者を殺そうという殺意があったかどうかの事実によって，殺人罪か傷害致死罪かの法律的適用が分かれる。仮に，「被害者が憎くて殺そうと思った」と被疑者が言ったとしても，それはあくまで被疑者の主観的事実でしかない。主観的事実はその人本人の物事の受け取りや感じ方であるため，場面や状況によっていかようにも変わる可能性がある。そこで，法律家はその殺意があったとする主観的事実を裏付ける証拠を収集することになる。たとえば，殺そうと思って準備した凶器の存在，犯行時に被疑者が発した「殺すぞ」といった言葉を周囲の人が聞いたという証言などであり，それがまさに客観的事実となっていく。

　非行臨床において，臨床家が法律家と協働する際，この事実のとらえ方の違いをよく理解していないと，相互理解がしにくくなってしまう。法律家から見ると，臨床家の情報はあまりにも現実から飛躍し過ぎ，信憑性に乏しく事実認定には使えないとの批判となる。逆に，臨床家からすると，法律家の判断は目に見えるものばかりを追い求め，内面の心の動きを理解しようとせず，対象者の気持ちや感情が置き去りにされているとの不満となりやすい。そこで，非行臨床でもっとも留意しなければならないことは，いかに主観的な事実と客観的な事実との折り合いやバランスをつけていくかということである。

　ただ，この2つの事実の間には明確な境界があるわけでもなく，つきつめて考えればそれこそ紙一重の位置関係にある。また，客観的事実と主観的

事実のそれぞれが独立して存在しているというより，互いに相補的な関係となっていることもある。そのことを臨床家や法律家は理解し，それを前提として事実をとらえていくことが重要なのである。そうした事実をとらえる基本的な姿勢があると，収集した数多くの主観的事実から客観的事実が見えてくるという方向性が生まれるし，逆に客観的事実から主観的事実が浮かび上がる方向性もまた生まれる。つまり，主観的事実と客観的事実の境界のあいまいさに甘んじることなく，専門家としてその両者の違いをあくまでも追求していこうとする姿勢をもっていることが真の事実へ向かう望ましい接近方法である。そのことが事実の読み間違いのない正しいケース理解や，誤解を受けない明確な報告書の作成へとつながっていく。

2　事実が語るもの

　事実のなかでも，家庭裁判所などにおいては警察署や検察庁などから送致されてきた非行事実が，少年事件においては何よりも重要視されると述べた。それは少年が家庭裁判所に係属する端緒となった出来事であり，その事実の存否が処遇を決めるうえでの大きな要素になっているからでもあると説明した。
　この非行事実は，犯行の日時，場所，少年の行動等が具体的に記述され，いわば犯罪を構成する要件が簡潔明瞭にまとめられている。そこでは少年の心情あるいは主観的事実にはそれほど触れられていないのが一般的である。しかし，筆者は客観的事実で網羅されたこの非行事実から，少年が何を思ってこの犯行場所を訪れ，そこでどのような気持ちを抱き，どのように犯行に及んだのかをイメージできることが何より大切だと考えている。さらに，その行為に至るまでには背景としてどのような少年の生活実態や生い立ちがあったのかを明らかにすることが，正確なケース理解に近づくプロセスであると考えている。

そのことに筆者が気がついたあるエピソードがあった。その事例をここで紹介したい。

● ジャングルジムでシンナーを吸っていた少年の事例

　この少年はシンナーを吸入したという毒物及び劇物取締法違反事件で家庭裁判所に係属し，筆者が調査を担当した。少年の両親は少年が小学4年のときに離婚し，少年は父親に引き取られ養育されていた。しかし，父親は仕事を理由に半ば少年のことは放任状態で，別れた母親は少年と音信不通となっていた。彼は母親へのいとおしさも強く，心のうちに寂しさや空虚さを抱えながら，日々の生活を送っていた。ただ，筆者との面接ではそんな様子を微塵も出さず，その心情を訴えることもなかった。中学2年になり，たまたま不良仲間から勧められて吸ったシンナーがやめられなくなり，その後は単独で吸入を続けた。中学3年に進級したが，しだいに学校に登校する日数も少なくなってきていた。そんな矢先，本件のシンナー吸入事件が発覚したのである。

　少年は学校を休みがちであるうえ，シンナーを再び吸入してしまう危険性も高く，おまけに家庭の監護能力も乏しいことから，施設収容の処遇も十分考えられた。ただ，面接をしてみると非常に人懐っこく，筆者としてはすぐに少年院等の施設に入れる決断ができなかった。なぜこの少年がシンナーにのめり込むのか，何か更生の糸口はないものかと考え，終局処分の決定を保留し，しばらく試験観察を実施することになった。毎週出頭して話す面接室で彼は学校での出来事，仲の良い友達の話題を多弁に語り，時には特技とするドラムを披露するため指をスティックに見立ててリズムよく机を叩くといったことが何度かあった。今から考えると，陽気で楽観的な面ばかりを筆者に見せていたのかもしれない。

　そんな試験観察が3か月ほど経ったある日のこと，彼は目をトロンとさせ，口からシンナー臭を漂わせながら筆者の前に現れた。話を聴くと，昨夕から公園にて一人でシンナーを吸っていたとのこと。これまでとは様子の違う彼との面接に筆者は戸惑いながらも，シンナー吸入のいきさつを詳しく聴

取した。そして，残っているシンナーが今もなお放置されていたならば，再び彼がそれを吸わないとも限らない。そんなことが筆者の脳裏をかすめたため，面接を早々に切り上げ，少年と一緒にシンナーを吸っていたという現場に行き，シンナー缶の回収をしようと決めた。

　裁判所から電車を乗り継ぎ，到着したのは日暮れ間近の夕刻であった。駅前の人通りの多い場所とは違い，その公園はさびれた駅裏にあった。筆者は少年とともに昨日のシンナー缶が放置されていないかしばらく探し回った。しかし，少年の記憶違いか，その発見には至らなかった。筆者は何気なく，「昨日，どんな風にシンナーをしてたの？」と尋ねてみた。すると，少年は公園のジャングルジムの一番下の鉄棒に腰かけ，背を丸めてビニール袋を口に当てる格好をしてみせた。その彼のいる光景は今でも筆者の記憶に焼き付けられているが，これまでの面接ではまったく感じ取れなかった少年の寂しさや孤独がにじみ出ていた。それには言葉で表現されるものとはまったく違うインパクトを受けたし，物悲しい公園の状況，日が沈みかけているバックの情景がまさに彼の心情を語っているようにも感じられた。筆者はその光景を目の前にしながら，果たして自分はこれまでの彼との面接でこの情景をどれだけイメージできていただろうかと思い知らされた。本件の犯罪事実からこのような彼の姿を浮かび上がらせる接近ができていただろうか，彼の内面の空虚さにどこまで迫れていたかと……。

　筆者がこの事例から教えられたことは，事実が語るものすごさであり，その迫力であった。いくら雄弁に語ろうとも，あるいは言葉を尽くしてそのことを説明しようとも，本来の事実以上のことは語れない。その事実にこそ，さまざまなことを語らしめるものが内包されているのを痛感した。

3　事実を追求すること

　事実以上のことは語れないにせよ、われわれ非行臨床家はその事実にできる限り接近し、より正確で、しかもその人の真実に届くものを明らかにしていこうとする姿勢が求められている。先の事例で言えば、「少年は〇月〇日に△△においてトルエンを含有するシンナーをビニール袋に入れて吸入した」という非行事実に、こちらの理解がどこまで近づけるかが、ケース理解への大きな分かれ道でもある。この限られた短い文章のなかに、そのときの情景、少年の言動やしぐさ、顔の表情まで浮かんでくるような事実のとらえ方が実は非行臨床をする臨床家に求められる。
　これは何も非行臨床に限ったことではなく、他の心理臨床にも通じることかもしれない。仮に、不眠を主訴としてカウンセリングを受けに来談したクライエントがいたとすると、クライエントの不眠の様子が一体どのようなものであるのかをどこまでイメージできるかが鍵となる。もしかすると、そのクライエントは目をつぶってもあれやこれやのさまざまな出来事が錯綜して脳裏に浮かび、ジグソーパズルのピースが頭のなかにばらまかれたようで眠れないのかもしれない。あるいは、現実の不安な出来事があるがために、眠ってしまうとさらなる悪夢に脅かされる恐怖心が強く、つねに神経が緊急事態に備えて戦闘態勢となり気が休まらずに眠れないのかもしれない。要するに、不眠にもクライエントそれぞれの眠れなさ、寝付かれなさがあるはずで、それを心理臨床家がどこまで理解できるかが臨床をしていくうえでは重要である。これを"共感"と呼ぶ人もいるのかもしれないが、筆者なりの言葉で置き換えるならば、まさにそれが"事実の追求"にほかならない。
　事実を追求すること、あるいは事実を追求しようとする姿勢をもつことは、クライエントというその人本人に接近していく一つの重要なプロセスでもある。

ここで少し話が横道にそれるかもしれないが，児童虐待へのアプローチについて考えてみたい。なぜなら，児童虐待への臨床には事実の追求がことさらに求められるからである。

　もはや言うまでもないことかもしれないが，児童虐待の研究が本格的に進んだのは，X線写真に見られる外傷の多くが子どもに故意に加えられたものであるとの報告がきっかけであった。C・H・ケンプほか（1962）はそれを受けて，"the battered-child syndrome"と名付け，現在で言われる児童虐待という概念をこの世に送り込んだ。児童虐待防止の進展の陰には，こうした「目に見えない虐待を目に見える虐待にした」という功績があり，それがきっかけとなって児童虐待へのアプローチが急速に広がった。家庭のなかで起こる虐待はなかなか外からは見えにくく，当事者も事実を認めたがらないこともあって，介入の時期を逃し，子どもの救出が手遅れとなってしまう。だからこそ，さまざまな角度から事実への接近を試み，五感を働かせて資料や証拠を収集して，目に見えにくい事実を目に見えるところにまでもっていく。このような事実の追求がこの臨床には必要不可欠なのである。

　これまでの心理臨床の世界にも大なり小なり，「目に見えないものを目に見えるようにする」工夫や技法が編み出されてきた。ロールシャッハテストや描画法，YG性格検査もすべてそうだと言える。そもそも心理臨床家は人の心という目に見えないものを扱う専門家であるがゆえに，それを理解できる形で提示することが使命でもある。精神分析の創始者であるS・フロイトはまさにそれを生み出した人でもあった。彼は無意識という目に見えない概念の存在を解き明かそうと，夢や言い間違い，物忘れ，失錯行為などの誰もが目に見えるものに無意識が潜んでいることを説いた。心理臨床のなかにはこの無意識そのものを認めない学派もあるが，このような事実を追求していく姿勢はどの学派にも求められる。

4 事実のもつ力

　これまで事実について述べてきたが、なぜ筆者が事実に注目し、事実を追求するかをこの章のまとめとして論じたい。
　それは端的に言えば、事実にはさまざまな事態や人を変えさせる力が備わっているからである。
　このことを非行臨床に引き付けて説明すると、少年が更生していくのは、まず自分の犯した事実をありのままに受け入れていくところからである。あるいは、自分の加害行為により被害者がどれほど傷付いているのかという事実に直面することによって、本当に申し訳ないことをしたといった真の謝罪の気持ちが生まれる。
　筆者が担当した重大事件を起こした少年も例外ではなかった。彼はやや共感力に問題が見られ、他者から自分がどう見られているかを察知する能力が弱かった。そのため、事件を起こした後も被害者の心情に思いを向けることがなかなかできないでいた。しかし、ある面接場面で、被害者が自分の心境を書いた自筆の手紙を少年に読ませたところ、予想以上に被害者に対する感情を喚起させ、それを契機に内省を深めていった。筆者が被害者の思いを代弁して少年に伝えようとしてもできなかったことが、被害者本人の手紙、あるいはそこに書かれてある直接的な被害者の語りが彼の心を少し開かせた。彼にはそれが迫力ある事実として伝わったのであろう。まさに、その事実が彼の心を動かすきっかけになった。
　このように事実にはさまざまなものを変容させていく力が備わっている。それだけに、逆に事実に圧倒され、事実に直面することを避けてしまうこともある。それなりの自我の強さが少年になければ、事実を否認したり歪曲させて受け取り、うわべの事実に触れるだけで終わってしまうかもしれない。当然、そのような少年は内省が深まりにくく、再犯の危険も高くなる。近年

では，事実をあるがままに受け止められないばかりか，その部分だけをすっかり切り離して，いわば解離させた状態でその場をやりすごそうとする少年も増えてきている。彼らに事実に直面するだけの強さが備わっているのかどうかを判断したり，事実に直面するタイミングや方法をどう見極めるのかは，非行臨床家にとっては重要な課題である。

いずれにせよ，このような事実には相当な力が備わっており，人を変容させることはもとより，人を破壊する力をも併せもっている。このことを臨床家は理解しておかねばならない。

以下に紹介するのは，家庭裁判所で筆者が担当した面会交流事件のケースである。非行臨床のケースではないが，筆者が事実のもつ力を痛感したケースで，事実が事態を急展開させ，紛争を終結させたという展開があったので，ここで取り上げたい。

● 子どもが語った事実が紛争の解決を促した面会交流事件

父と母は離婚係争中で，調停ではまとまらず，裁判で争っていた。紛争の焦点は父と同居をしている長女（小学1年）と長男（幼稚園年中）の親権者の帰属を巡る点であり，双方は自分のほうが親権者として適格であると主張した。そのことから民事鑑定（鑑定人が親権者の適格性を鑑定するもの）まで実施されるという事態に発展し，紛争は泥沼状態にあった。そんな状況のなか，母は紛争が解決するまでの間にも長女と長男に定期的に会いたいと面会交流事件が申し立てられ，筆者はその事件の調査を担当することになった。

父や母にそれぞれ個別に面接し，これまでの事情を聴いたうえ，筆者は長女と長男に会い，家庭裁判所で試行的な面会交流を実施する提案をした。父は，「子どもを置いて家を勝手に出て行った母親なので，今さら子どもに会いたいなんて虫が良すぎる」と面会交流に猛反対の主張を述べた。一方，母も「家を出たのは追い出されたようなもの。仕事を見つけ生活が落ち着いてから子どもを引き取ろうと考えていた。離婚問題に決着がつくまで時間がかかりそうなので，その間にも親子の交流を図り，子どもの成長を見守りたい」と

一歩も譲らないかたくなな態度であった。
　途中の詳しい経過は省略するとして，事態を少し和ませてくれたのは，長女も長男も筆者にとても好意をもってくれ，筆者ともっと遊びたいと言ってくれたことにある。父はそんな子どもの姿を見て，「調査官を信用するから」としぶしぶながら試行的な面会交流に応じてくれるようになった。一方，母もこれまで子どもに会うことすらできない状況から一歩前進したことで，これまでの態度を少し軟化させた。しかし，だからといって，すぐに親権者になることをあきらめるという主張にはならず，あくまでも親権をもらわねば離婚には応じかねるとの姿勢は変えなかった。
　何度か試行的な面会交流が進められるなか，ある面会交流時の一場面が事態を大きく動かした。長女は母に「お話があるの……。言っても怒らない？」と前置きし，「ほんとは（お母さんに）会いたくないの。今日も会って楽しかったけど，お父さんが嫌なんだって。約束したから仕方ないんだって」と述べた。母はこの長女の悲壮な叫びを聞いて，少なからずショックを受けた。母が後に筆者に言ったことは，「その言葉を聞いた瞬間，これ以上子どもの奪い合いをしていてはいけないと感じた」とのことだった。そして，母は長女と長男の生活場所を父宅に定め，紛争の決着を裁判所に申し出たのである。また長女は母にそのことを言った直後，父にも「もうお母さんに会わないと言ってきた」と言った。父自身も長女の意外な言葉を聞き，逆に「これでいいのか」と自問を繰り返したようである。その後，父は「本心は会わせたくないが，時間の経過とともに気持ちのカドは取れてきている」と母との和解に応じる決断をしたのである。

　この事例に見るように，子どもの真実の声が両親の心に響き，紛争の決着に至ったとも考えられる。筆者は長女や長男とかかわるなかで，母への愛着を残しながらも，父への申し訳なさもあり，純粋な気持ちで母と会っても心から楽しめず，苦悩する毎日を続けていることは側で見ていて痛々しいほど感じた。しかし，このような気持ちを抱いていることを筆者が代弁して父や母に説明しても，双方ともこれまでの態度をなかなか変えようとせず，ま

してや和解にまではとても至らなかった。にもかかわらず，最後に発した長女の言葉が父や母をこうも動かすことになったのはなぜだろうか。

　父も母も長女や長男を大切にかわいがり，この面会交流や親権についても，立場は違えど，それなりの親としての考えがあってのことだったに違いない。しかし，それはあくまでも父にとっての主観的事実，母にとっての主観的事実でしかなかった。子どものことを考えての発言ではあるが，それは父あるいは母のフィルターを通してのものでしかなかったのである。そんなときに出た長女の言葉は，父や母のフィルターのかからない，ありのままの長女の発言であった。それが，この紛争の核心を突く事実であったことに，父も母もはたと気づいたのだと言える。長女の言葉は，彼女の主観的事実ではあるが，誰もが納得できる客観的事実でもあった。それゆえに，その言葉が何よりも真実に近い言葉となり，このケース全体をピタッと言い当てる"事実"となったように筆者には思えるのである。

文献

Kempe, C.H., Silverman, F.N., Steele, B.F., Droegmuller, W. & Silver, H.K.（1962）The battered-child syndrome. Journal of the American Medical Association 181；17-24.（中尾睦宏訳（1993）幼児虐待症候群．イマーゴ 4-6.）

第7章
かかわる技術
非行臨床における枠の活用

1　枠の意味とその活用

1── 枠が意味するもの

　われわれ人間は社会で生きていくうえでは，他の人と歩調を合わせ，他の人の領域を無闇に侵害してはいけないことになっている。自由とは何をしても構わないというものではなく，ある一定の枠のなかで初めて手に入れられるものであり，それは責任と対比された概念でもある。

　そのような視点からすると，非行とは社会規範を逸脱したり，法を犯す行為であり，枠からはみ出すことにほかならない。そして，非行からの更生とは，枠からはみ出さないように行いを修正することと理解できる。その意味では非行臨床とはまさに"枠の臨床"と言ってもいい。

　ここでは非行臨床における枠の意味を考えてみたい。

　枠には，大きく分けて，「外面的な枠」と「内面的な枠」の2つがある。前者は外在的あるいは物理的なもの，後者は内在的あるいは心理的なものと区別できる。刑務所では模範囚であったが，出所するとすぐに再犯をしてしまうといった場合を考えてみよう。この模範囚は高い塀に囲まれて物理的にも悪いことができない環境では不法な行為はしないが，内面的な枠が備わっていないばかりに，社会に出て物理的な外の枠がなくなるとすぐに逸脱して

しまう。逆に，こんなことは考えられないだろうか。誰も見ておらず，絶対に犯行が露呈しないことが保証された状況に置かれても，われわれはおそらく人を殺すことはしないはずである。これは，人間的にやっていいこといけないことの区別が自分のなかでできており，法律に抵触する，あるいは警察に捕まるといった外面的な枠がなくても，自らを律する内面的な枠が備わっていることを示している。

　実際のところ，さまざまな場面で外面的な枠と内面的な枠を調整しながら，われわれは社会生活を営んでいる。また，乳幼児から子どもへ，子どもから大人へと成長するに伴い，それらの枠を広げたり狭めたりと調節しながら発達していく。非行少年の場合は，その枠との調節がうまくいかずに行動がはみ出してしまったととらえてもいいかもしれない。そもそも思春期・青年期はこれまでの発達段階とは違って，急速にこの枠の変容を求められる時期であり，自我との調整がうまく図れずに枠から逸脱しやすい。思春期危機はこうした状況のなかから生じ，社会との摩擦を感じやすくさせる。しかし，もう少し年齢が進み青年期の後期あたりにさしかかると，自我と枠の調整ができるようになり，非行に限って言うならば一般的には収束を迎える。「一過性の非行」がまさにこれである。

　そのような枠を非行少年のなかにどのように育てていき，枠を活用させながら，いかに行動のコントロールを図るかが非行臨床における重要な課題である。時にはやむをえずに身柄を拘束し，少年院のような社会から隔離された施設で一定期間教育を施すことが必要になる場合もある。あるいは，施設は施設であっても児童自立支援施設のような施錠のできない開放されたところで，内面的な枠との調整を図る能力を育てる処遇選択もあろう。さらには，在宅処遇の場合などでは，非行臨床家と少年が約束事を取り決め，その信頼関係のもとで約束の履行を求め，内面の枠を意識させ育てていく方法もある。いずれにせよ，非行臨床における枠の意識や枠の活用は重要なテーマと言える。

2 ── 法としての枠の活用

　法が行動の重要な準拠枠となることは，われわれの日常的な行動を見ても自ずと明らかである。心理臨床，とりわけ非行臨床においても法という枠はことさら重要である。そうであるがゆえに非行臨床家はこの法律に対する豊富な知識や規範に対する正しい認識が必要なのである。

　逆に，法としての枠の意識が臨床家に備わっていないと，少年が逸脱をしているかどうかの判断さえできない。再犯を繰り返す少年を目の前にして，非行をする少年の気持ちだけに焦点を当てていたのではなかなか行動が収まらない。内面的な枠が不十分だとするならば，行動に抑制をかけるためにも外面的な枠を提示し，身柄拘束の法的措置を執ることを検討せねばならない。あるいは，図表3-4や図表3-5の少年事件の流れや非行相談処理系統図を用いて，少年法の手続きの説明を行い，自らが置かれている状況を教えてやり，今後予想される方向性をあらかじめ示してやることも必要かもしれない。なかには14歳未満で罪を犯しても触法少年として取り扱われるのだから，自分は家庭裁判所には事件が回されないと高をくくっている子もいる。たしかに，14歳未満であれば児童相談所に事件が優先的に行くことは間違いない。しかし，それは児童相談所に先議権があるだけのことで，家庭裁判所に送致すべきだと児童相談所が判断すれば，事件は家庭裁判所に回る。意外にこのことを知らない者が多い。こういったことをしっかり理解させたうえで，何をどうしなければならないかを少年に考えさせていかなければならない。

　非行臨床家に法律的な知識や感覚が乏しい場合，ケースへのかかわりがあまりに一面的となったり，全体のバランスを欠いたものとなってしまいやすい。その結果，他の非行臨床家や法律家との連携のチャンスをなくしてしまうことにもなりかねない。

　その具体例としてこんなことが考えられる。非常に重大な事件を起こし，被害程度が深刻で社会的にも反響を呼んだケースにおいて，臨床家は少年が面接で深い反省ができていると判断し，法律的な量刑を考慮せずにあまりに

も軽い処遇で終局したとしたらどうであろうか。また，事件を複数の共犯者とともに起こし，責任性という面では共犯者と差があると言えるだけの事情がないにもかかわらず，その共犯者よりもかなり重い（あるいはかなり軽い）処遇をしたとするとどうであろうか。社会常識や公平さの観点から見て当然そのような処遇に疑問が出されるであろう。もちろん個々の家庭環境や性格等が考慮され，少年事件においてはたとえ同じような非行を犯しても処分が変わってくることは当然ありうる。しかし，あまりにもそのバランスを失してしまうと不具合が生じてくる。まず市井の人々による裁判所という司法機関への不信がわき上がったり，法秩序の乱れにつながる。あるいは，少年側にすれば，法律をどこまで守ればよくて，どこまで守らなくていいのかという基準がわからなくなり，結果的にはますます枠の逸脱を促進させてしまいかねない。

公的機関での非行臨床においては，逮捕や勾留などの身柄拘束，各種の照会や呼出状の送付などすべてのことが法律に則って行われる。そうであるからこそ，このような人権やプライバシーにかかわる重大なことまでが公権力のもとに実行される。もし担当者の私的な考えだけで権力を行使したとするならば，それは人権侵害以外の何物でもない。この意味からも，枠には"行動を規定する機能"だけでなく，枠によって守られる"保護する機能"があることがわかる。少年を大切にするからこそ，定められた法律に基づいて権力を公使し，枠によって保護するのであり，法律を知らずに，あるいは法律を無視して権力を使うことがあってはならない。そのためにも，非行臨床家は法という枠を身に付けなければならない。

3 ── 組織としての枠の活用

非行臨床に携わる機関は公的な機関，私的な機関を合わせると実に多種多様である。それぞれの機関での役割や責任があり，同じ機関に所属したとしても，家庭裁判所での裁判官，調査官，書記官，事務官などのように，職

種の違いによっても役割や責任は違う。

　警察署や家庭裁判所，保護観察所においては，出頭を拒否する少年に対して，逮捕状や同行状，引致状などにより強制力をもって出頭させるという公権力の行使が認められている。しかし，児童相談所にはそのようなことができない。また，少年院や少年鑑別所は，施錠ができる閉鎖施設となっているが，児童福祉施設である児童自立支援施設や一時保護所には施錠が許されていない。

　このように非行臨床の機関がもっている枠には強弱がある。また，機関としての役割の違いがあるので，枠自体の性質も当然違ってくる。そこで大切なことは，臨床活動をする際に自らの機関がもっている枠を最大限に活かしていくことである。一例を挙げるとするならば，児童相談所は家庭裁判所のように強制力がない機関であり，その意味では外面的な枠が弱いところかもしれない。しかし，少年や保護者の来談の意欲を喚起させ，福祉サービスを提供する機関としての高い信頼性のもとに，内面的な枠を強固にしたかかわりが家庭裁判所以上にできるかもしれない。その機関のもつ枠をフルに活用しながら業務を遂行していくことが大切なのである。

　さらに言うならば，一つの機関での枠だけを考えていたのでは不十分で，機関同士が連携を図り，それぞれのもっている枠を相互に活かしながらの取り組みが必要なのである。

　非行臨床では，一つの機関でのかかわりだけでケースが終局することがほとんどない。少年が事件を起こすと，警察署などの捜査機関，家庭裁判所などの司法機関，児童相談所などの福祉機関，少年鑑別所や少年院，保護観察所などの矯正・保護機関，学校などの教育機関，児童自立支援センターなどのNPO団体というように，多くの機関が一人の少年にかかわる。それぞれがもっている枠をどの段階のどの時期に少年に提供するのか，互いの連携のもとでどのようなことを効果的に行っていけばいいのかを考えていくことになる。

　少年院から仮退院してきて保護観察になった少年を考えてみればわかる

ように，社会から隔離された枠のしっかりした少年院という施設から，急に何の制約もかからない枠の自由な生活に変わっても果たしてうまくいくか心配が残る。そのため，少年が社会生活を健全に送れるように保護観察所が見守り，遵守事項を取り決め，月2回保護司のもとに来訪をすることを義務付けたりする。このいわゆる二号観察という保護観察は，少年院という強固な枠から保護観察という比較的緩やかな枠への移行を提供することなのである。つまり，少年院と保護観察所の枠の違いを活かしながら，途切れのない連携をしていこうと意図したものである。そして，少年の生活が円滑に行かず，保護観察中に指導が守れずに望ましくない行動が続くと，やはり強固な枠のなかでの処遇がもう一度必要と判断され，再び少年院に戻される手続きが取られることもある。要するに，自らの機関がもっている枠を最大限に活用するとともに，他の機関のもっている枠をうまく活かしながら，少年を枠のなかに適用させ更生を目指そうとするのである。

4 ── 治療構造としての枠の活用

　これまで主に法としての枠，あるいは機関における役割としての枠について述べてきたが，枠にはこれ以外にもいろいろな考え方がある。

　その代表的なものとして，心理臨床の観点から見た治療構造としての枠がある。

　治療構造という概念は，小此木（1960）がR・エクステインの構造論的思考に触発されて提案した概念である。小此木は治療構造を「治療者と患者の交流を規定するさまざまな要因と条件が構造化されたもの」と定義し，精神分析療法に限定されることなく，「精神療法一般の中で欠くことのできない基本的な構成要因である」と述べた。つまり，どのような精神療法であっても，何らかの治療構造が意識的に，また意識せずとも規定され，その枠組みのなかで展開されるものであるとしたのである。そして，土居（1961）も精神療法の「構造」と「過程」という2つの側面に着目し，精神療法には「有

形無形何らかの規則が存在しており，その規則によってこそ精神療法の実際の進行が可能となる」と指摘し，その規則を構造と呼び，その重要性を強調した。

　精神療法をはじめとし，カウンセリングなどの心理臨床においても，治療者とクライエントが治療契約を結び，面接の頻度，時間，場所，料金などを取り決め，治療を進めていくうえでの約束事を定める。この治療構造があるからこそ，約束を破ったり，無断でキャンセルしたり，時間に遅れるといったことがはっきりする。いわば，このクライエントの行動化▼注（acting out）が行動化としての意味をもつのは治療構造という前提があるからにほかならない。

　非行臨床ではまさにその行動化が治療の対象となるのである。つまり，面接外での行動，しかも枠から逸脱した非行という行動を行動化として取り扱うことになる。そうであるからこそ，非行臨床における治療構造としての枠は他の心理臨床以上にしっかりしていなくてはならない。

　ところで，枠には先にも述べたように"保護する機能"があり，クライエントだけではなく臨床家も守ってくれるのである。枠を簡単に崩しては少年を十分に保護しきれないばかりか，非行臨床家の身も持ち崩してしまう。それを考える材料として，少年と非行臨床家との約束事を取り上げてみたい。約束事を取り決める際には，それを遵守しなかった場合の対応まで十分に話し合うことが必要で，安易に決めてしまったばかりに，後々困った事態に発展し収拾がつかなくなったケースをよく見かける。

　仮に少年によって約束が反故にされたとしよう。その際，臨床家は単なる口約束だからと約束違反を放置していたとするならば，今後も少年は同じような約束違反を繰り返し，枠に収まらない行動を続けるかもしれない。さらに，臨床家に対しても，約束を破っても申し訳なさすら感じず，互いの信頼関係を薄れさせる。そうならないためにも少年と約束事を取り決める場合は面接で相当に時間をかけて話し合い，その内容を具体的に定めるように心がけたい。当然，最初からできもしない約束事はいくら少年から口にしたとしても取り上げないほうがいいだろう。また，「真面目になる」「悪いことは

しない」といったことを約束事として少年は述べることも多いが，これは当たり前のこととして約束に入れるべきではないだろう。そして，約束事が守られなかった場合にはどのような対応をこちらがするか，逆に，約束事が守られている場合にこちらが予定する対応もあらかじめ決めておく。実際に，約束事が守れなかったときは予告通りに法的措置を含めた厳しい対応をする。仮に，そこまでしなかった場合でも，少なくとも約束違反を放置せず，少年にその問題を突き付けるようにすることが大切である。

約束事一つにしても，他の心理臨床とは違う非行臨床の特徴があるが，これも枠という視点からとらえられることである。

2　動機付けの乏しいケースへの対応

1 ── 動機付けの乏しいケースとは

これまで非行と枠との関係について論じてきたが，枠組みが乏しいということに関連して言うならば，自分と他者（あるいは社会）との関係を客観視できていなかったり，自分の内にある規範や節度がしっかりもてていないと内省力が低下してしまう。枠組みがそれなりにできているところでは，エネルギーが保たれ意欲をなくすことは少ないが，枠組みがないところではそこからさまざまな問題が派生する。勉強や仕事の目標があり，日課としての段取りが組まれている場合は作業意欲は落ちないが，それが明確でないときは困難なことを後回しにするなど作業意欲が下がってしまう。つまり，枠組みと動機付けのあり方には密な関係がある。実際，枠組みのあり方が問題となる非行臨床のケースには，動機付けが乏しかったり，動機付けのあり方に問題が見られるケースが多い。

そこで，動機付けが乏しいケースとはどういったものであるのかを少し立ち止まって考えてみたい。

筆者がこれまで出会った動機付けの乏しいケースとは次のようなものである。本来なら少年あるいはその保護者が警察や裁判所の呼出しに応じなければいけないのにその気がない。彼らのなかにはその必要性や責任性を感じずにいる人もいる。そのため，何度呼出しをしても連絡もせずに不出頭を繰り返してしまう。あるいは，自分のした行為でありながら責任を誰かになすりつけ，自分自身の非を認めようとしなかったり，自分の問題を改善しようと思わなかったり，問題の責任の所在に直面すらしようとしない場合もある。自分の行為がいけないことだとの認識がないために，被害者への配慮に欠け，罪障感がわかず再犯を繰り返してしまう。非行臨床家とのかかわりに消極的で，約束を交わしても表面的で，それを遵守しようとしない。逆に，臨床家に依存的になり過ぎ，自ら主体的になって行動する姿勢に欠ける場合もある。少年ばかりでなく，保護者のなかにも少年の置かれている現状を認識せず，放任の養育姿勢を続けるといった動機付けの乏しいケースも少なくない。
　以上のような例は，ほんの一例である。非行臨床では，動機付けの乏しいケースは決して珍しいわけではなく，このようなケースにどのように対応していくのかがしばしば問われる。

2 ── 動機付けの乏しいケースへの対応と工夫

　動機付けの乏しい事例を詳細に分析していくと，その背景にはいくつかの共通する要因が抽出できる。その要因は一つとは限らず，複数の要因が重複していたり相互に絡み合ったりして，加速度を付けて動機付けを低下させる。
　ここではそれらを「法律的な要因」「当事者の要因」「非行臨床家の要因」「組織的な要因」の4つに分けて説明することにし，同時にそれら動機付けの乏しいケースへの対応の工夫を考えていきたい。

① 法律的な要因
　少年や保護者のなかには，非行臨床家から呼出しがあっても出頭しなかっ

たり，その臨床家との約束を履行しなくても平気であったりする者もいる。そのような少年や保護者の態度や発言を見ていくと，そもそも法律を知らないことが大きな要因と考えられることが少なくない。

たとえば，児童相談所の呼出しに出頭しない少年や保護者を考えてみよう。児童相談所は家庭裁判所とは違って，呼出しにせよ，措置決定にせよ，強制力をもって行うことはできない。家庭裁判所の場合は，少年が不出頭を重ねれば，必要に応じて同行状を発布して強制的に裁判所に連れてくることもできるが，児童相談所はあくまで任意の出頭となる。しかし，そのことだけを見ると，不出頭を繰り返せば，逃げ得のような感覚で，児童相談所に行かなくてすむかのように思うかもしれない。しかし，法律的には事案の悪質さや児童の非行性の程度，保護者の監護能力や家庭環境などを考慮し，事件を児童相談所から家庭裁判所に送致する場合がある。このことを少年や保護者に説明し，自分の置かれている状況を客観的に把握させたり，先を見通した対応ができるように促すことが望まれる。単に法律を知らないことから動機付けがもてなかったという場合も少なくなく，しっかり法律的な枠組みを示すようなアプローチを非行臨床家が取らなくてはならない。任意で主体的に来談する他の心理臨床と非行臨床はこの点で大きな違いがある。

これ以外にも法律的な観点からの動機付けの乏しさが垣間見られる場合を挙げよう。その一つに，非行臨床家が事件の内容や事案の軽重をあまり重視せずにケースにかかわり，少年や保護者にもそのことが動機付けの乏しさにつながってしまう場合がある。その典型が，ぐ犯事件と犯罪（触法）事件における対応のあり方で，臨床家があまりその違いを意識せず漫然と対応していると，後々に少年らの動機付けに影響を与える。たとえば，深夜徘徊や不純異性交遊などで将来罪を犯す虞があるときはぐ犯として扱われるが，少年がすでに罪を犯している場合には犯罪あるいは触法として警察で事件が取り扱われる。ぐ犯と犯罪（触法）の関係は，ぐ犯性が現に顕在化したのが犯罪（触法）行為なのであるから，理屈から言えば，非行の深度にも違いが認められる。当然，両者の区別を認識した取り組みや対応がなされなければな

らないが，実務的にはあいまいなことがよくある。また，少年や保護者の側もそこをあまり区別せず，犯罪にまで至っているにもかかわらず，生活態度が少し乱れた程度の認識しかもっていない場合も散見される。その意味でも，ぐ犯の段階か犯罪にまで至った段階かの区別は重要である。

　また，さまざまな非行を扱う公的機関がどのような役割をする機関で，他の関係機関とどのような違いがあるのかを少年や保護者が理解していない場合も，動機付けの乏しさに影響する。彼らは警察署や児童相談所，家庭裁判所，少年鑑別所，少年院，保護観察所の区別がよくわからず，自分が今置かれている立場さえわかっていないことがある。児童相談所という機関を"相談所"という名称が付いているために，相談したい人，あるいは悩んでいる人が行くところと認識し，自分はその必要性がないからと出頭に消極的になる人もないわけではない。また，児童相談所の役割はもとより，そこで働く児童福祉司なり児童心理司の職種の区別もわからぬまま面接をしている子どももいる。そんな状況では彼らは面接をする意味すらわかっておらず，動機付けを高めようにも高まらない。

　少年や保護者だけでなく，非行臨床家自身も法律を知らないばかりに事の重大性が認識できなかったり，事態を軽視してしまい，そのことが少年や保護者の動機付けの乏しさに影響することがあることをしっかり頭にとどめておくべきである。

　さて，このような動機付けが乏しい少年や保護者に対して，非行臨床家は法律的な枠組みや機関としての役割，他の機関との関係を説明することが何より効果的である。時には，図表3-4や図表3-5の少年事件の流れや非行相談処理系統図を活用するなどして，視覚的にわかりやすく提示しながら，少年が現在置かれている状況を明らかにし，どのような措置や手続きがあるかという説明をしていくのも良いかもしれない。

　C・トロッター（2006）は，意欲に欠けるクライエントにかかわるワーカーの役割として，1つは法律的あるいは監視的役割が重要で，もう1つは援助的，治療的あるいは問題解決的役割が重要であると指摘している。そし

て，この二重の役割に折り合いを付けることは，意欲に欠けるクライエントへの働きかけのなかでももっとも重要であると述べ，「有能なワーカーは社会統制と福祉的機能のバランスを上手く保ったアプローチができるように見える。調査結果によると，この両者のバランスを保ったアプローチが，非自発的なクライエントに最大の効果を発揮する」としている。さらに，「クライエントは担当ワーカーが援助者なのか調査者なのか──味方か敵か──を見極めようとするであろう。しかし，もしクライエントが，ワーカーは援助者と調査者の両方だと考えれば，クライエントはさらによくなろう。同様に児童保護ワーカーが，自分たちが援助者と調査者の二重の役割を担っていることをクライエントに説明すれば，良い結果に繋がる」と論じている。非行臨床ではしばしば動機付けの乏しい当事者への援助を考えていかねばならないが，福祉的あるいは心理的側面だけではなく，法律的な側面も見据えながら社会の監督者としての役割を担った援助方法を駆使していくことが求められる。そのためにも，非行臨床家がこれらの法律をしっかり身に付けておくことがまず大前提となる。

　そして，法的な枠の一つで，今後はますます身に付けていかねばならないものとして，被害者の視点を取り入れた対応が挙げられる。近年，刑事事件手続きや少年事件手続きのなかに，被害者の権利を保護する事項が多く盛り込まれるようになった。刑事事件では被害者の裁判への参加制度が導入され，少年事件においては，記録の謄写・閲覧はもとより，被害者の意見陳述，さらには審判の傍聴も可能になった。非行や犯罪の臨床に携わる際には，今や被害者の視点を抜きには対応できないということを，非行臨床家としては熟知しておかねばならない。加害少年の臨床ばかりに目を向けるのではなく，被害者の心情を理解した，包括的な非行臨床がこれからのあるべき非行臨床の姿である。そのためには，被害者への謝罪や反省が適切になされるような贖罪教育の実施を考えなくてはならない。非行からの真の更生は，そのような被害者の視点なしでは実現は不可能とさえ言える。

② 当事者の要因

ここでは，当事者側が動機付けの乏しさの原因となっている要因を考えてみたい。

(ⅰ) 不安の高さと防衛的態度

少年や保護者が，公的な機関に呼ばれて出頭することに不安を抱くことはむしろ当然である。そこで何を聞かれるのだろうかなどと強い緊張感さえ伴う。特に，少年自身は自分が行った行為について叱られたり罰せられるのではないかという不安を過剰に抱きやすい。時にはまだ警察にも発覚していない余罪を追求されたり，やってもいないことまで疑われるのではないかと心配する者もいるかもしれない。保護者の場合も，自分の養育態度の問題を指摘されるかもしれない，家庭内の秘密を暴露させられるのではないかなどと，不安や抵抗を多かれ少なかれもつ。

それらの不安が防衛的態度となって現れたり，出頭する気持ちが失せたり，真実や本心を語らず，周辺的あるいは表面的な態度で面接を受動的に受けがちとなる。

このような少年や保護者に対して，非行臨床家は彼らの不安な気持ちを十分に受け止めるとともに，機関の役割や彼らの置かれている立場を丁寧に説明して理解を促し，まずは信頼関係を構築していくことから始めるのが基本である。

(ⅱ) 被害意識の強さと根底にある無力感

少年のなかには，加害者でありながら被害意識を強くもっていることが少なくない。「警察に呼ばれ十分に説教されたのに，なぜまた家庭裁判所にも出頭しなければならないのか」といった不満もその一つである。なかには，事件そのものが立件されたことに納得がいかなかったり，これまでの警察や学校の対応に不信感を抱いていたりすると，なおさら被害感は高まる。劣悪な家庭環境に身を置かれ，十分な愛情をかけられずに育った少年などは，

「どうしてオレだけ？」と卑屈な気持ちになったり，親や周囲を恨んでしまいがちとなり，窮地に追い込まれたときに一気に被害感が大きくふくれあがることもある。

　保護者の立場に立つと，少年とは違った意味での被害感が存在し，問題行動を繰り返すわが子に迷惑のかけられどおしで，本件での謝罪や被害弁済に翻弄され，地域でも肩身の狭い思いをしているというような気持ちを抱きやすい。

　このような少年や保護者の心の根底にある被害感と同列にあるのが無力感である。期待をしても事態が好転しないといった恨み辛みが，「頑張っても報われない」「期待をしてももはや無駄」といったあきらめとなる。この無力感こそが動機付けの乏しさを加速させていく。

(ⅲ) 依存性の強さと悩みを抱えられないこと

　動機付けの乏しい当事者のなかには，さまざまな問題をこちらに丸投げして解決を図ってもらおうとしたり，当初は機関や非行臨床家に大きな期待を抱いていたものの，自分の思い通りに事が運ばないと急速に意欲をなくす人がいる。そこに共通する特徴は，主体性の乏しさであったり，依存性の強さである。

　自分では問題解決が困難であると思い込んで他者任せになりがちとなる人に限って，即時的な解決を求めたり，期待通りにならないとすぐにあきらめ，依存できる別の援助者を探し求める。言い方を換えると，自己のなかに悩みを抱えられず，悩みが発生するとその葛藤に耐えきれず，悩みを自己の外にすぐに放り投げてしまう人であるとも言える。そのため，外から見ると無責任なようにも思え，さほど"困り感"を感じていないように受け取られる。

　人が困難を克服して成長するためには，ある程度の葛藤に耐えられるだけの力が備わらなければならない。そのためには適度に依存が満たされていることが必要条件である。ところが，過度な依存を求める人は，自分を見失

うほどに主体性なく身を委ねてしまう。そうであるがゆえに，困難の克服どころか，事態の硬直化を招いてしまう。非行臨床家はこのことを理解したうえで，当事者の依存をどこまで引き受けどこまで引き受けないのかを考えておかなくてはならない。

(iv) 知的あるいは発達の遅れや不適切な養育から生じる価値観の歪み

　知的あるいは発達の遅れがあるため，物事に適切に取り組めなかったり，問題解決が不十分となって失敗経験を重ねてしまう場合がある。おそらくそのような人は過去にも同じような挫折感を何度も重ね，劣等感を蓄積してきたのであろう。しだいに前向きに取り組む姿勢が少なくなり，新しいことや困難なことにチャレンジする意欲さえ喪失してしまう。

　このような人に対して，非行臨床家としては具体的で見通しのよい援助計画を提示し，実現できる目標を土台にしながらスモールステップを心がけることが大切である。

　また，知的あるいは発達の遅れはないものの，保護者から不適切な養育がなされ，道徳や性モラルを十分に教えられずに育てられた少年に出会うことがある。彼らは時として歪な価値観を身に付け，偏った物事への認知をしやすい。さらには，逸脱行為をしてもそれが社会の規範から外れているという認識すらもちにくい少年もいる。

　C・トロッター（2006）は，クライエントの社会適応を促進するための援助者の方法を次の4つ挙げている。(a) クライエントへのかかわりの際に起きた肯定的，あるいは向社会的なコメントや行動を特定すること。(b) 可能なかぎり，それらのコメントや行動に報酬を与えること。その際，ほめることが一番よく行われる。(c) 向社会的な表現と行為をモデリングすること。(d) 反社会的，犯罪志向的なコメントや行動に対決していくこと。これらのことは，知的あるいは発達の遅れのある人，あるいは価値観の歪みのある人への対応には非常に有効である。

(ⅴ) 家族力動の影響

　動機付けの乏しいケースにおいては，少年にそれが顕著に現れたり，あるいは保護者のほうに動機付けが極端に乏しかったり，あるいは少年も保護者も双方が動機付けに欠けていたりとさまざまである。概して言えることは，その動機付けの乏しさは家族間で波及しやすく，相乗効果を生んでしまいやすいということであろう。

　具体的には，当初少年は非行臨床家との面接を嫌がってはいなかったが，保護者の消極的な姿勢を見ると，継続して来所する意欲がわかなくなり，ついには出頭しなくなったという事例がある。それとは逆に，なかなか動機付けが上がらず，生活を改善しようとする意欲さえ感じられないわが子を見て，保護者自身もやる気をなくしていく場合もある。

　このように一方の動機付けのあり方が他方の動機付けに影響を与え，家族全員が方向性を見失い，事態を変えることもできないまま成り行き任せの姿勢を維持せざるをえないケースが非行臨床には多い。

③ 非行臨床家の要因

　当事者の要因に対して，非行臨床家の要因も当事者の動機付けを乏しくさせる重要な要因になる。

(ⅰ) 面接力の貧困さとケース理解の浅さ

　まず最初に挙げられるのが，非行臨床家の職務を遂行するうえでの能力の問題である。臨床家は当事者との面接を通じて，さまざまな情報を得たり，そこからケースの見立てや方針を立てていく。言うまでもないが，そこでの面接力は何より重要である。それが不十分であると，当事者は自分のことを理解されていないと不全感をもち，極端な場合は「あの人には何を言っても無駄」と動機付けが一気に低下してしまう。臨床家に面接力が備わっていると，相手への深い共感ができたり，何が欠け，何が必要かというポイントをいち早くつかむこともできる。そうなると，当然，当事者との信頼関係も築

きやすくなり，問題解決をしていくために当事者側の協力も得やすくなる。

　動機付けが乏しくなるときというのは，期待するように臨床家が動いてくれないといった当事者の不信感があったり，当事者と臨床家とのズレが生じている場合が多い。その際，やはり臨床家の面接力がそれらの問題や課題をその場で取り上げたり，ズレに気づいて修正することを可能にする。

　つまりは面接力があって初めて深いケースへの理解が生まれるが，逆に面接力が貧困であればケース理解も浅くなり，適切な対処や援助にはつながりにくくなる。面接力を付けるための訓練については，第11章の「育てる技術」を参照いただきたいが，面接力が動機付けの乏しさと関係することを何より理解しておくべきである。

(ⅱ) 初回面接の不十分さと不明確な援助方針

　面接力について取り上げたが，なかでも初回面接はことのほか重要である。初回面接は当事者と非行臨床家が出会う場であり，そこには主訴となる事件や課題が凝縮されてもちこまれる。

　また，初めてその機関を来所する少年や保護者は，その機関がどのような役割をするのか，そこで働く職種がどのような仕事をし，今から自分たちにどのようにかかわろうとするのかがわかっていないことが多い。初回面接では，そのことを進んで取り上げ，臨床家は面接への導入を行う。近年，医療現場では「インフォームド・コンセント」が当然と見なされ，専門家としての説明責任が問われる時代である。非行臨床においてもそれは同様で，これから行われる面接ではどのような目的で，何を明らかにしていこうとするのかを明確にすることが大切である。その際，紋切り型のオリエンテーションを行うのではなく，相手の能力や理解度に合わせた説明が要求され，臨床家はそれを行いながら同時に当事者の反応や状況から当事者についてのアセスメントをしていくのである。C・トロッター（2006）は，「ワーカーの役割とクライエントの役割について，頻繁に明確かつ正直に話し合うこと」が有効な働きかけとなることを指摘しており，「クライエントになろうとする

人は，ワーカーがどのようにして援助するのか，またそのプロセスにおいて，クライエントに何が求められているのかを理解し，それを受け入れたときだけ，クライエントになるのである」と述べている。まさにそのことが初回面接で取り上げられなければならない。

　役割や関係があいまいなまま面接が継続されれば，いつしかボタンの掛け違いが生まれ，当事者の動機付けも低下してしまう。

　さらに，初回面接で重要なことは，今後の目標や援助方針を明確にしておくことである。1回限りの面接で終局する場合はともかく，継続した面接が実施される場合，何をゴールに，今後はどのようなプランでやっていくのかを当事者と臨床家の間で共有しておくことが，動機付けを低下させないためには欠かせない。臨床家が不明確な援助方針のまま漫然とかかわりを続けていると，当事者のほうも方向性を見失ってしまう。初回面接には来所したが，次回の面接からは不出頭を続けてしまうケースには，この点での不十分さがある。それを防止するためにも，初回面接では援助方針等にも焦点を当てた取り組みが必要である。

(ⅲ) 狭い知識とワンパターンで不自由な発想

　さまざまな問題を抱えたケースに適切に対処していくためには，非行臨床家には幅広い知識や豊富で自由な発想がなくてはならない。たとえば，虐待が子どもにどのような影響を与えるのか，発達障害を抱えた子どもの特性が生活をしていくうえでどのような躓きとなって体験されるのかといった児童虐待や発達障害の知識は，非行相談をしていくうえでは欠かせない（詳しくは第8章と第9章を参照いただきたい）。また非行臨床家は，犯罪被害者がどのような心理に陥りやすいのかといったことを理解しておかなければ，少年に十分な反省を促したり，適切な措置を決めることができなくなる。

　非行臨床家に限らず，臨床家全般に言えることかもしれないが，臨床をしていくためには裾野の広い知識や経験が求められる。そのためにはさまざまな人間関係諸科学に精通しておくことである。もちろん自分が得意とする

特定な理論や技法も大切であるが，それに固執するのではなく，いつでもそこから自由になれ，場面場面に応じた豊富な発想ができるようになっていくことが求められる。どのケースに対してもワンパターンな対応しかできないようでは，少年や保護者の新鮮な考えや発想の転換を引き出せないばかりか，彼らの動機付けを消失させてしまいかねない。

(iv) 変化を活かしきれない

　ケースへのかかわりを続けていくとき，少年が問題行動を再発したり，非行を繰り返してしまう場合がある。一定の構造や枠組みのなかでは収まらずに逸脱行動として表出させたり，非行臨床家との約束を守らなかったりすることもあるかもしれない。このような行動化は，他の心理臨床よりも非行臨床のほうがはるかに多い。そこに非行臨床は"枠の臨床"と筆者が考える理由があるが，それに適切に対応しなければならないのである。

　また，少年に限らず，突然に両親が離婚をしてしまうなど，家族関係においても何らかの変化が生じて，これまでとは違う関係性のもとでケースが動くことも少なくない。思いもよらぬ突飛な出来事により，家族そのものの危機を招くことすらある。

　このような変化は何も否定的にばかりとらえる必要はなく，これまで動機付けの乏しいケースの場合は，この変化をうまく活かすことによって動機付けが高まることもある。

　具体例を挙げると，それまでたびたび不出頭を繰り返したり，出頭してきても面接ではきわめて表層的な話しかしない少年がいた。あるとき，その少年は再非行をして警察に補導されたが，それをきっかけにし，臨床家はこの再非行という行動を取り上げ，規則正しい生活が急務の課題であると指摘した。さらに，「真面目になる」といくら頭で考えたとしても行動につなげなければ何も効果はないと指摘し，具体的な行動として少年に日課表を付けるように指導した。おそらく再非行がなければ，日課表を付けることを少年に求めても実現しなかったであろうが，再非行という変化をうまく取り上げ

ながら，それを実践に活かしたと言える。

　ところが逆に，変化があっても，臨床家がその変化を活かしきれないことにより，これまで以上に当事者の動機付けの低下を促進させてしまうことも往々にしてある。先の具体例で言えば，再非行をしていても担当者がそのことをきちんと取り上げなければ，ますます少年の頭のなかでの「真面目になる」という考えと現実の行動がちぐはぐになってしまう。臨床家が変化を見落としてしまうと，少年自身も変化を変化として認めようとせず，成り行き任せで転がり落ちるのを防ぎようがなくなる。少年は「こうなったら少年院でもどこでも行ってやる」と開き直り，保護者も「あの子にはもう何をやっても通じない」とあきらめの姿勢をさらに強めてしまう。

(v) 変化を呼び起こせない

　ケースによっては，長期間かかわりを続けていても，根底に動機付けの乏しさがあるためか，ほとんど変化が起こらないという場合もある。その際，すでに記述したような非行臨床家の援助方針が適切であったかどうか，面接等のかかわりが単調ではないか，変化を見逃していないかどうか等をチェックし，ケースを動かせない要因の発見に努めなければならない。

　W・R・ミラー＆S・ロルニック（2002）は，人が変化をするためには，「readiness（準備ができている）」「willingness（やる気がある）」「ability（できる）」の3要素が必要であると述べている。また，「行動が，心に深く抱いている価値観と矛盾することに気がついた時，変わるのは行動である」と指摘し，「変化への第一歩は「両価的状態になる」ことである。矛盾が拡大すると，初めて両価的性が強くなる。そこで矛盾が拡大し続ければ，変化の方向へと両価性が解決される可能性がある」と述べている。つまり，あることが本人の心のなかに収まりきれず，それがこれまでの価値観との間で矛盾が起きてきて（アンビバレンツという両価的状態となる），それが拡大すればするほど，変化が生まれるというのである。これは「動機付け面接法（Motivational Interviewing）」と言われる面接法である。非行臨床においても，

このような変化を促すための技法が必要で，少年や保護者の矛盾をどう取り上げていくかが重要である。

また，当事者への矛盾だけではなく，臨床家自らへの矛盾にも注意を向けなければならない。たとえば，「これだけ回数を重ねて面接をしていても，家族関係は一向に変わらない」といった矛盾に臨床家が早く気づくことによって，「いつもは母親に来所してもらっているが，次回は父親にも来てもらおう」といった発想の転換が起こるかもしれない。

要するに，自分自身に目を向け，自分の内面にある考えや気持ちが現状の矛盾とどのようにつながっているかを把握する。自分は懸命に少年や家族とかかわっているつもりなのに，彼らは少しも事態を改善しようとしないのはなぜなのかということを，臨床家は客観的な視座から見つめ直すことが大切である。村瀬嘉代子はケースカンファレンスでしばしば「一人称や二人称の視点だけでなく，三人称で物事を見ることの重要性」を指摘しているが，このような姿勢が，物事を率直に受け止め，自分のなかに生じた自己矛盾と向き合わせてくれる。そして，そのことこそが次には担当者の変化として現れ，新たな変化を生むきっかけとなるのである。

変化を呼び起こす一つの方法として，少年の置かれている環境を変えるということも時には考えなくてはならない。今まで住んでいた家から別の場所に転居させ家庭環境を変える，仕事や職場を変えたり転校をしたりするなど職場環境，学校環境を変える，遊び相手や遊び場所などの交遊環境を変えるなど，さまざまな変え方がある。極端なことを言えば，児童相談所に一時保護をしたり，少年鑑別所に身柄を拘束することも環境の変化の一つかもしれない。もちろん自由を拘束する手続きであるため，それ相当の正当な理由と適正な手続きが必要なことは言うまでもないが，このようなことが膠着した事態を打開し，新たな変化を生むきっかけになることはしばしばある。

一時保護をした場合の例をここに挙げよう。少年にとって一時保護所は家庭とは違う窮屈で不自由な環境である。いくら施錠がなされないとはいえ，拘束感があることは疑いもない事実であろう。しかし，そこに身を置くこと

によって，自己を冷静に，かつ客観的に見つめ直す機会になることもたしかにある。また，一時的にせよ，親や家族と生活を別にすることによって，親子分離や自立を促進することも少なからずある。欲求の赴くままに行動したり，家出状態を続けている少年にとっては，一時保護所での生活は堅苦しく，このまま家に帰れずに施設に行くのかと不安でいっぱいであるが，そのような矛盾が自己を振り返らせることにもつながる。

(vi) 終局を見逃してしまう

　最後に，非行臨床家の要因として，ケースの終局を見逃してしまうことが動機付けの乏しさの要因になることを取り上げたい。

　少年の生活状況もかなり改善され，問題行動もしばらく出現していない状態が続いても，担当者はもう少し様子を見ようとかかわりを無用に続けたとしよう。そうすると，彼は努力をしても臨床家に評価されないという不満をもつだけでなく，いつまで来所しなければならないのかという将来への不安さえ頭をよぎらせるかもしれない。結果的にはそのことが意欲の低下を招き，生活の乱れや問題行動の再発になってしまう。

　ケース担当をする臨床家の心理としては，「ここまで良くなったのだからもう少し……」と欲張った気持ちをもちやすいものである。特に，当事者との関係が良好であったり，これまで順調に展開してきたケースにはそんな状況が生じやすい。しかし，かかわりを延長するかどうかはあくまでも援助目標とのからみでとらえなくてはならない。すでに当初考えた目標に到達しているのであれば，それ以上継続することは望ましくないばかりか，逆にそのことが動機付けの低下を招いてしまい，事態を悪化させてしまう。ケースが求める援助とは何かという視点から，継続する場合は新たに別の必要とされる援助目標の設定が欠かせないし，それに向けた具体的な方策が用意されなければならない。

　一方，ケースが良好に終局するのではなく，問題行動が繰り返されたり，多くの問題が噴出して一向に事態が収まらない場合もある。このような場合

もどのような措置や手段を図ってケースを終局させるのが妥当かを見定めないと、事態の悪化は止められない。たとえば、在宅での処遇を続けることはこれ以上は無理と判断して、一旦は一時保護所あるいは少年鑑別所に入所させ、そのなかでの様子を見極めながら再度在宅処遇を選択するのか、施設収容に踏み込むのかを検討してもいいかもしれない。児童相談所の場合であれば、事案の重大さや非行性の深刻さを考慮し、もはや児童相談所での指導よりも家庭裁判所の審判に付すことが相当であると考え、児童相談所でのかかわりを終局とし、家庭裁判所に事件送致をすることも考えられる。

　このケースの終局の問題は、どの段階で、どのような判断を下すのかという重要なテーマである。第5章でも触れたように、「警察（あるいは裁判所）とは縁が切れた」などと少年たちは表現するが、非行臨床においてはこちらと縁が切れることが非行からの更生の証となる。そのためにも、少年へのかかわりにおけるゴールは明確でなくてはならない。出口のないトンネルのなかを進むかのようになっている展望のない少年にとっては、終わりを提示しない非行臨床家のかかわりはますます不安を喚起させる。そのことが動機付けの乏しさを招いてしまうのである。

④ **組織的な要因**

　これまで非行臨床家の要因のことを述べてきたが、ここではもう少し視野を広げて、非行臨床家が所属する組織の要因について取り上げたい。実際のところ、ある一人の非行臨床家の問題というより、組織全体のあり方や動きによって、当事者の動機付けが左右されることもよくある。

　公的な機関においては、あるケースが受理され、担当する非行臨床家が決められ、多くの場合はその者にケース進行が委ねられる。しかし、その臨床家も組織の一員である以上、その機関の方針のもとに業務が遂行され、個別的な面接という形は取るにせよ、それはあくまで組織としての枠のもとで行われている。

　非行臨床は"枠の臨床"と述べたが、ここでも組織としての枠をどのよ

うに考えていくかが実に重要なこととなる。これは個別の非行臨床家の枠よりもさらに強固な枠でもあり，それらは当事者だけでなく非行臨床家の行動をも規定することになる。言うまでもなく，この組織的な枠も他の枠と同様に"行動を規定する機能"だけでなく，"保護する機能"も同時に備えもっており，非行臨床を枠で守ってもいる。

　では，組織的な要因において，なぜ当事者の動機付けが乏しくなるのかについて取り上げたい。

　たとえば，共犯者がいる事件の個々の対応の違いがあまりにも大き過ぎるときの問題がわかりやすい。ある少年と別の共犯少年とで，担当者のかかわりが大きく違っていると，少年同士の間で不公平感や不平等感を抱いてしまう。その違いに合理的な説明ができればまだしも，単なる担当者の個別的な考えだけの違いであるとしたら納得が得にくくなる。そうなると，担当者の属人的な問題というよりも，組織としてのあり方の問題に発展する。なかには，「友達（共犯少年）は1回だけの出頭ですんだので，自分もそれでいいかと思って，以後の呼出しには出頭しなかった」と自分勝手に解釈する状況さえ生まれるかもしれない。

　共犯者との関係でなくても，前件と本件の関係においても似たようなことが生じる。「前件では途中から児童相談所に行かなくても担当者からの連絡は何もなかったし，いつのまにかそれで終わった。だから，今回の呼出しにも行かなくてもすむと思った」と考え，今回は不出頭を繰り返していたとしたらどうだろうか。これは前件の機関としての終局のあり方が後件の処理に影響しており，機関全体として終局のあり方を考え直さなくてはならない。

　筆者はすべてのケースへのかかわりを一律に統一すべきと主張するつもりは毛頭ない。事案の内容や程度，あるいは個別な家庭の状況や少年自身の資質などの違いによって，臨床家のかかわりはさまざまであっていいと考えている。また，臨床家の個性を活かしたかかわりが臨床をするうえでは欠かせない武器になることも否定しない。しかし，そのような個別性を尊重しながらも，組織全体としてどのようにかかわるのかについて一貫性がなければ，

機関としての役割が不十分となってしまう。その一貫性こそが組織の枠をしっかりしたものにしていくのであり、またそれがあるからこそ、個々の非行臨床家が行ったかかわりが果たして適切で妥当なものであったか、終局についての時期や内容はこれで良かったのかといった判断ができる。

　この組織的な運用は他の機関と連携していくうえでも欠かせない。非行臨床においては一つの機関でかかわりが完結することはまずないと述べたが、機関としての役割と限界をそれぞれの機関が互いに補い合いながら対処していくのが非行臨床のしくみである。言ってみれば、それぞれの機関が自分たちの枠を明確にもち、他の機関の枠との調整を適切に図っていってこそ、本来の連携が生まれる。

注
そもそも精神分析では、クライエントは思ったことを何でも言葉にして話すことが治療原則とされ、それを行動に表出することは認めなかったことから、「行動化」と称されている。

文献
土居健郎（1961）精神療法と精神分析．金子書房．
小此木啓吾（1960）精神分析療法の操作構造論的研究．精神分析研究 7-7 ; 17-18.
Trotter, C. (2006) Working with Involuntary Clients : A Guide to Practice. 2nd Ed. Allen & Unwin Australia Pty. Ltd.（清水隆則監訳（2007）援助を求めないクライエントへの対応．明石書店．）
Miller, W.R. & Rollnick, S. (2002) Motivational Interviewing : Preparing People for Change. 2nd Ed. The Guilford Press. New York.（松島義博・後藤 恵訳（2007）動機づけ面接法――基礎・実践編．星和書店．）

第8章
つなげる技術 I
虐待と非行との関連

1　非行とのつながりを見抜く

　非行という事象は，ある一つの要因が直接に作用して発生するものではなく，いくつかの複数の要因が絡み合い，その相互作用のなかから生まれてくるものである。たとえば，劣悪な家庭環境があったとしても，それが直接に非行に結び付くわけではない。経済的な貧困や両親の離婚や無関心な養育態度などのさまざまな要因が絡み合うなかで，学校でも友達とうまくつきあえなかったり，生活全般にイライラ感が募ってきて，ついには暴力行為をしてしまう。このように，非行に至るプロセスはさまざまな要因が複雑に絡まって生じていると理解すべきである。

　その大きな要因の一つとして，虐待や発達障害が挙げられる。ただし，虐待も発達障害もそれだけでは決して非行と直接に結び付くようなことはない。虐待の場合を考えると，虐待を受けた子どもがすべて非行をしてしまうわけではない。虐待を受けても，健全に育つ子どもも大勢いる。あるいは，非行という反社会的な方向に出てしまう場合もあれば，不登校や摂食障害など非社会的な方向に向いてしまうこともある。その方向性の違いは，もちろん子ども自身の資質によるところが大きいのであるが，それ以外にも多くの要因が絡み合い，その方向性を決めていく。そのように考えると，虐待と非行との因果関係は，図表8-1のように，一元的な見方ではなく，多元的な見方で

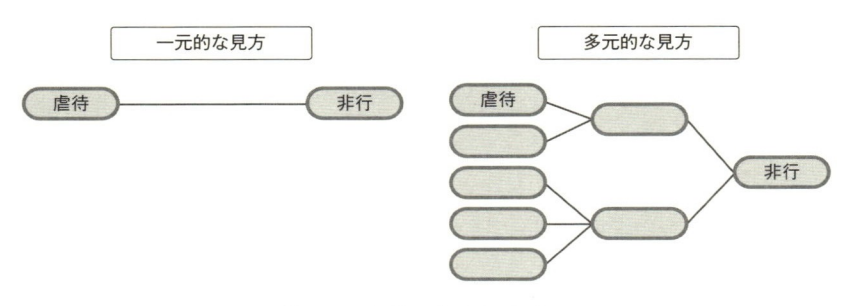

図表 8-1　一元的な見方と多元的な見方

とらえていくことが必要である。

　そして、もう一つ非行のとらえ方で重要なことは、さまざまな事象と非行との関連を見ていく際に、非行を招き入れる要因ばかりに目を向けないで、非行に歯止めを効かせる要因をも見落とさないでおくことである。

　ここでも虐待と非行を例に取り上げることにしよう。家庭においては虐待という深刻な要因をその子が抱えていたとしても、学校で心の支えとなってくれる教師の存在があったり、あるいは学業成績がよく周囲から一目置かれ本人のプライドもそれなりに高いという場合などは、非行に向かわせるスピードを低下させたり、非行に向かわせる方向性そのものを別のものにシフトさせるかもしれない。

　要するに、非行に至るリスク要因だけではなく、リスクを低下させる補償要因の存在にも着目していくことが重要なのである。図表 8-2 に示したように、非行という事象をリスク要因と補償要因とのバランスのなかでとらえていくことであり、双方にバランスが保てている間は非行は発生しないか、発生したとしてもそれほど深刻なものにはならない。しかし、リスク要因があるなかで、補償要因が低下した（あるいは消失した）際に双方のバランスが壊れ、非行が一気に顕在化してしまう。

　虐待のみならず発達障害についても、これと同じことが言える。発達障

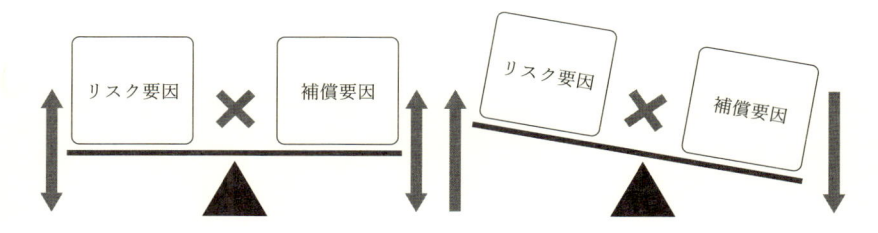

図表 8-2　リスク要因と補償要因

害があること自体が非行に直接結び付くことはない。発達障害が仮にあったとしても，早期の段階から適切な支援がなされ，その人なりの発達のスピードが保障されている環境においては，大きなストレスを抱かず，枠から逸脱せずに生活を営むことができるだろう。しかし，障害があることに本人はもとより周囲も気づかず，なぜみんなに溶け込めないのだろうかと孤立感や疎外感を抱き，その不満や葛藤をずっとため込んできたとするならば，思春期になってそれが非行という形で表出しやすくなる。

　いずれにせよ，非行も虐待も発達障害も，本来はまったく異質な事象でありながらも，それぞれがお互いを引き寄せやすい性質があるために，何かあることをきっかけに互いの距離を近付けてしまう。そうなると，磁石がどちらともなく引き寄せ合うように，ピタッと結び付く。それは一見すると，両者が直線的に結び付くような錯覚を生じ，虐待を受けた子どもは非行に走る，発達障害をもった子どもは事件を起こす，といったとんでもない誤解や偏見を生んでしまう。

　そのような間違った理解をしないためにも，この章では虐待と非行との関連，次章では発達障害と非行との関連を取り上げ，虐待あるいは発達障害が非行とどのようになった場合に引き寄せ合ってしまうのか，あるいはどのような結び付きをしてしまうのかを考えていきたい。そのつながりをしっかり読み解く技術こそが非行臨床には必要である。さらに，そのようなつなが

りを見抜くことによって、少年や保護者にどのようにかかわっていけばいいのかという対応も示したい。しばしば結び付いた事象同士は雪だるま式に事態の深刻化を招いてしまいやすいが、つながりを一つ一つ解きほぐしていくことによって、それぞれの事象に応じた対応ができるはずである。

2　虐待から非行へと向かうメカニズム

　虐待と非行はいわば旧友のように昔から両者には結び付きがあったように思われている。「あんな育て方をされては、子どもが悪くなるのは当たり前!」というように、虐待といった不適切な環境で子どもを育てていると、その子は大きくなって非行に走ってしまうのも無理はないと言われることが多い。まさしくこの言葉は、虐待が非行を誘発するということを意味している。
　しかし、時代によって非行のあり方そのものも変化してきたので、最近はそのような理解では不十分となった。たしかに以前なら非行少年の家庭には単親家庭や貧困家庭が多く、十分なしつけや愛情がかけられていないことが素行の悪さとなってしまうという図式で理解できた。しかし、最近は普通の家庭に生まれ育った子も非行をしてしまう。虐待と非行というのがどうも以前ほど直接的に結び付かなくなってきたのである。そのため、より踏み込んだ虐待と非行のメカニズムの解明が求められるようになった。
　その一つの成果が解離やトラウマという視点を用いた非行の理解である。解離やトラウマという概念は虐待をはじめとする研究から進歩してきた。その概念を非行というものに当てはめると、これまで理解しにくかった行動の意味が読めてくることも少なくない。たとえば、身体的虐待の影響による解離があり、犯行時にはどこか意識の連続性が損なわれ、相手の痛みが感じ取れずに重大事件にまで発展してしまったという事例もある。
　筆者(2004)は『虐待と非行臨床』(創元社)を刊行し、そのなかで虐待から非行に向かうメカニズムを図表8-3のように示した。すでに述べたよう

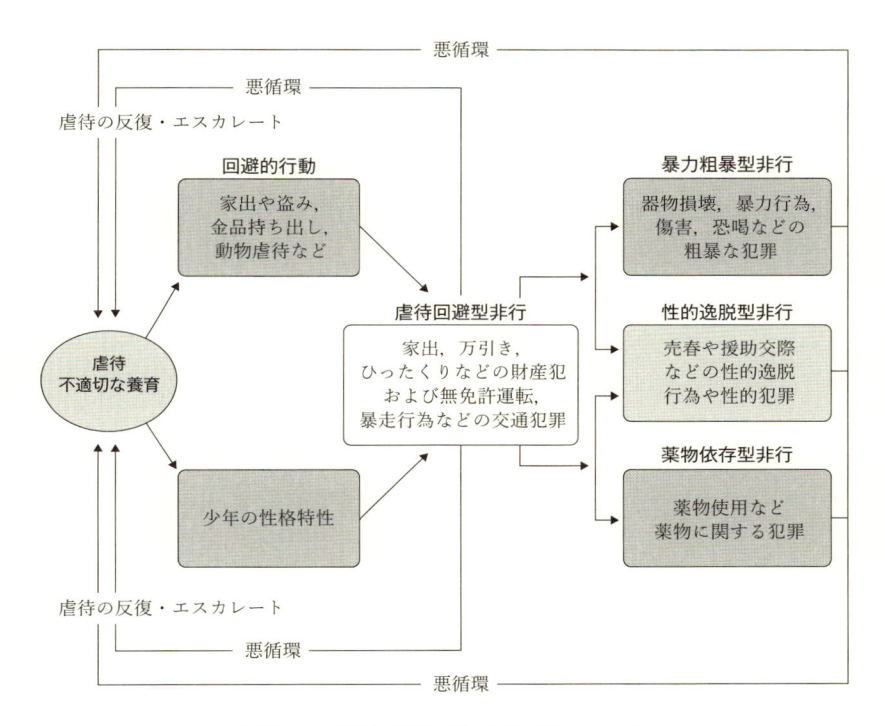

図表 8-3　虐待と非行のメカニズム（橋本，2004）

に，虐待を受けた子どもすべてが非行に走るわけではなく，その子どもの資質や性格特性によっても大きく左右される。つまり，被虐待児の一部の者が思春期に非行などの問題行動を起こしてしまうのである。そのメカニズムを以下に説明したい。

3　回避的行動の意味

　虐待から非行に向かうメカニズムを考える際に，筆者がまず着目したの

は「回避的行動」である。この行動は，虐待を受けた子どもが虐待から逃れようとする行動のことである。虐待が子どもにとっては心身ともに耐え難いことであるので，子どもがこの行動を選択することは誰しも理解できるのではないだろうか。

　回避的行動の典型には，家を出ることが挙げられ，早いと就学前の子どもにもそれが見受けられる。それ以外の行動としては，金銭の持ち出しや万引きなどの盗みがこれに当たり，時にはペットや小動物をいじめたりすることもある。これらの家出，盗み，動物虐待は非行という範疇でくくられやすいが，虐待から逃れるための，いわば適応行動なのである。盗みを例に挙げると，過酷で辛い虐待のことを一時でも忘れるために，欲しいものを手に入れて自分を慰めようとしたり，食事を与えられていないネグレクトを受けている子どもが，空腹を満たすためにスーパーでやむなく食料品を盗んだりする。これを果たして非行と言えるだろうか。なかには，「盗みがばれたときに，先生や周りの大人はなぜ盗んだのかと理由をきっと聞いてくるだろう。もしかするとその機会に虐待のことを言い出せるかもしれない」と考え，盗みをあえてしたという子もいた。このケースなどは，救助サインとして盗みという行動を選択したと言える。

　ところが，この回避的行動のことを，親は非行（問題行動）と見てしまいがちである。彼らは自分自身の虐待や養育の不適切さを認めようとしないがゆえに，虐待を回避するこのような子どもの行動を非行としてとらえがちとなる。それが後には親子間での大きなボタンの掛け違いに発展していく。

4　虐待から発展する非行の類型

　回避的行動は虐待から逃れる適応行動であるが，家出を繰り返し，盗みなどを反復しているうちに，虐待を回避する本来の行動の意味がしだいに薄れ，家出や夜遊び，盗みという行動自体にウエイトが置かれるようになる。

そうなると，もはやその行動は不適応の要素が強くなり，非行という色彩を帯びた行動に移行していく。これを筆者は「虐待回避型非行」と名付けた。

少年によっては，「虐待回避型非行」を反復する者もいるが，それが「暴力粗暴型非行」もしくは「性的逸脱型非行」「薬物依存型非行」というように，非行の特徴が明白になったタイプに発展する場合もある。

さて，ここでのもう一つの着目点は，非行が反復されると，それに対する親側の対応もますます厳しくなっていくことである。つまり，非行性が高くなるほど虐待がエスカレートし，より非行性を増していくという悪循環に陥ってしまう。虐待も非行も激しくなり，親子関係が調整不能に陥ってしまうケースに，このような悪循環がしばしば見られる。

5　被害と加害の逆転現象

虐待と非行が絡み合っている親子関係を調整しようとする場合，そこに大きく立ちはだかるのが「被害と加害の逆転現象」である。図表 8-4 に示したように，虐待の場合と非行の場合で，親子の被害－加害の関係が見事に逆転してしまう。これを筆者は「被害と加害の逆転現象」と名付けた。つまり，虐待の場合は被害の立場にあるのは言うまでもなく少年であり，加害の立場にあるのは親である。しかし，これが非行という局面になってくると，加害の立場に少年が立たされ，被害の立場に親が取って代わり，それが見事に逆転してしまう。そのため，少年の非行の背景には親の虐待が関係しているといくら説明しようとも，親のほうは自分が被害者であるとの主張や態度で凝り固まり，虐待に対する振り返りはもとより，少年を非難する態度に終始してしまいがちとなる。こうなると，親子関係の修復どころではなくなる。

たしかに，非行少年の親は，自分の子どもがした行動の後始末をしなくてはならない場面もあるであろう。時には多額な損害賠償を迫られたり，警察や学校に呼ばれて注意を受けることもあるかもしれない。そう考えると，

	被害の立場	加害の立場
虐待の場合	少年	親
非行の場合	親	少年

図表 8-4　親子間における「被害と加害の逆転現象」

親が被害の立場に立つのは無理もないことかもしれない。ただ，その点は理解できるが，少年だけに責任を押し付けるのではなく，自分自身の養育の責任も幾分かはあったことを認めてもよさそうなものなのに，虐待のある親の場合は自分が被害者であるとの立場を主張し譲らない。

　この親子間における「被害と加害の逆転現象」とは違い，もう一つ別の意味の逆転現象がある。それは同一人物における「被害と加害の逆転現象」である。

　過去に被害者（あるいは加害者）となったものがその後に加害者（あるいは被害者）となってしまうことであり，身体的虐待を受けた被虐待児が思春期になって暴力行為を繰り返す非行少年になるというのがその典型である。また，虐待を受けて育った者が自分の子どもにも虐待をしてしまうという世代間伝達も「被害と加害の逆転」の一つの典型である。さらに，児童虐待ばかりに限らず，児童虐待の被害者が結婚をして配偶者虐待の加害者になったり，配偶者虐待の被害者（あるいは加害者）が高齢者虐待の加害者（あるいは被害者）となることもしばしば見られる。いずれの場合も同一人物における逆転現象が簡単に起きてしまう。

　この逆転現象が生じやすい理由はいくつか考えられる。まず暴力を受けた者は無力化を抱きやすく，そこからエンパワーメントする手段として暴力を使用するので，被害と加害の逆転が容易に生じてしまうことが考えられる。また，被害状況がトラウマ体験となっている場合であれば，それを克服しよ

うとするがために，その状況が何度も再現化されやすくなることもある。さらに，被害を受けた者は何事にも過敏になったり不信を抱きやすく，その後の安定した人間関係を築きにくくなり，それが加害行為へと拍車をかけることもある。あるいは，親からの暴力の恐怖はコントロールしにくいが，自分が他者に振るう暴力はコントロールが効くため，片っ端から暴力を振るうことで現実の親からの暴力の恐怖心を本人なりにどうにかしてコントロールしようとしているという見方もできる（これは"マスタリー（mastery）"という心理機制にあたる）。もちろん，過去の自分になされた被害行為を学習したり，その加害者に同一視をするために，今度は自分が加害者になってしまいやすいという一面もあるかもしれない。

　虐待を受け非行に走った子どもは，虐待を受けた恨みを一方で抱きながら，その一方では親に甘えたい，愛されたいといった愛着をもっている。この恨みと愛着が渾然一体となっているのが被虐待児に共通した心の構造であり，恨みと愛着の境界はほとんどないに等しい。あれほどひどい暴力を振るわれているにもかかわらず，親から離れずにしがみつこうとしたり，今までさんざん親への恨み辛みを言っていたのに，親からちょっと甘い言葉をかけられると，途端に愛着モードに切り替えたりする。そのようなことをしなければさらなる被害を受けるので，子どもなりの処世術で事態を乗り切ろうとしているのであろう。しかし，そのことがかえって彼らの心の傷を深めたり，出口のないトンネルへと突き進んでしまう。要するに，恨みと愛着の境界の乏しさが新たな悲劇を生み，そのことも加害と被害の混在を招いてしまう。

　いずれにせよ，「被害と加害の逆転現象」が親子関係をより複雑化させていることはたしかである。

　以上のように，虐待と非行のメカニズムや「被害と加害の逆転現象」を論じてきたが，もっとも重要な視点は，非行という現象のなかに虐待がどのように現れているのかを丁寧に見ていくことである。仮に，粗暴な少年の暴力を取り上げても，過去の親からの身体的虐待の学習だけが関係しているとは限らない。もしかすると，少年は暴力の被害の辛さを誰よりも知っている

がゆえに，他者を攻撃するときにその暴力を使用するのかもしれない。あるいは，すでに述べたエンパワーメントの手段としての暴力なのか，マスタリーとしての暴力なのか，といったことをケースに沿って見ていくことが必要なのである。

6　親子関係の修復に向けてのポイント

　虐待と非行の悪循環があったり，「被害と加害の逆転」が認められる親子関係をいかに修復していくかは，非常に難しい問題である。そもそも親に自分の行為を虐待として率直に認めさせること自体が難しいのに，その親の行為が子どもの非行と結び付いているなどと理解させることはなおさらである。逆に親のほうから「子どものした非行の原因は自分にあるとでも言うのか」と大きな反発を招いてしまう。

　そこで，筆者はこれまで家庭裁判所の実務のうえで，このような親子関係を修復するポイントを以下の3点にしぼり，虐待からの回復と非行の克服への足がかりにしようとしてきた。

1 ── 回避的行動に着目すること

　最初のポイントは，先の虐待から非行に向かうメカニズムで述べたように，虐待を受けた子どもの「回避的行動」に着目することである。なぜならば，被害と加害の逆転現象が生じている親子間では，虐待と非行のつながりがあることをいくら説明しても納得が得られないばかりか，抵抗に遭うだけである。そこで，「回避的行動」としての家出や盗みを取り上げ，そのことを親あるいは子どもとじっくり考えていくことからスタートするのである。この「回避的行動」は親の虐待を回避するための適応行動であるが，そこから非行へと発展していく，いわば虐待と非行が交差する分岐点の意味もあり，

ここから親子間のボタンの掛け違いも生じている。だからこそ，この行動を取り上げる意味が大きい。

親は子どもの「回避的行動」を非行（問題行動）と当初は見ることが多いものの，面接で時間をかけてそのときの様子を聞いていくと，「あのときに一発殴ったので，一晩帰ってこなかった」「その頃は仕事が忙しくて，構ってやれていなかった」などと振り返り，虐待と非行との接点がぼんやりと見出せることも少なくない。親も子どもも「回避的行動」に立ち戻ることで，虐待と非行の結び付きが意識化しやすくなる。そして，それを土台にして，非行と虐待とのつながりを一つ一つ紐解いていくように話を聞いていくのがコツである。

2 ── 悪循環を断ち切ること

次のポイントは，悪循環の断絶である。虐待と非行は両者の間で悪循環に陥ると，互いにエスカレートしてしまい，事態がますます深刻化してしまいがちである。どこかでその悪循環を断ち切るような介入が必要となる。

そのためにはまず，悪循環となっているメカニズムを読み解かねばならない。「親が殴るから，子どもは家出をする。そして，家出から戻れば，再び親から殴られるので，子どもは再度家を出て，家出が長期化する」というのは，その一例である。そのメカニズムを読み解き，悪循環が生じていることを親にも少年にも納得させたうえで，「今度，家出から帰っても絶対に手は出してはいけない」と親に約束させ，その条件のもとで，少年にも家出をしないことを守らせるといった介入ができる。要するに，悪循環がどのように起こっているかを読み取り，それをいかに断ち切るかが重要なポイントである。

3 ── 責任を明確にして和解を図ること

 最後のポイントとしては、親子関係の修復の大きな障壁となっている「被害と加害の逆転現象」をいかに解消させるかである。しかし、一足飛びに逆転現象を除去するのは困難で、親子間での和解の道は険しい。本来はどちらが被害者でどちらが加害者かといった責任追及の姿勢から降りてしまうことが一番望ましいのであるが、実際に親や子どもがそのようになるのは容易ではない。

 そこで、筆者はそれを段階的に行うべきであると考え、とにかく最初は虐待は親の責任、非行は少年の責任というように、まずは両者の責任の明確化を図ることに努めてきた。たしかに、親の不適切な養育態度が非行の一因になっていることは筆者自身も感じており、非行の責任がすべて少年にあるとは思っていない。しかし、その責任の一端を最初から親に受け入れさせることは、虐待と絡んでいるケースの場合は現実的には難しい。そこで、一旦は虐待は親に、非行は少年にと、責任の明確化を図るほうが次の和解のステップに移行しやすいと考えたのである。別の言い方をすれば、両者の立場や責任を一旦は明確に分け、「アレはアレ、コレはコレ」というように違いをはっきりさせるからこそ、その後に両者がつながれることに気づいたのである。虐待も非行も事が重大であるだけに、両者をあいまいなまま取り扱ったのでは埒があかず、両者が融合することは決してありえない。特に、事態が複雑で深刻化している場合などは、「被害と加害の逆転現象」を簡単に解消させることはほとんど不可能である。

 以上のように、一旦は責任の明確化を図る過程を通して、ようやく次の段階で、親は「お前も悪かったが、俺も悪かった」といった感覚をもつものである。そのことによって、少年も自己の行った非行への責任をより一層受け止めることができる。ただ、それには時間的な猶予を見ておかねばならない。実際のケースにおいては、家庭裁判所で筆者に上記のような指摘を受けても親は一切自分の非を認めようとしなかったが、子どもが少年院で何か月

も頑張っている姿を見て，ようやく「俺にも責任があった」と親が口にしたことがあった。そこまで行きつくにも長い時間とプロセスが必要で，一足飛びの和解などありえない。

文献
橋本和明（2004）虐待と非行臨床．創元社．

第9章
つなげる技術 II
発達障害と非行との関連

1 発達障害が非行へと向かうメカニズム

　ここ数年間で発達障害についての関心が高まり，法律の改正などもあってさまざまな支援が進んできている。しかし，重大事件を起こした少年が発達障害であるとの報道がなされると，発達障害者は非行をしてしまうと勘違いをしたり偏見を抱いてしまいやすい。まだまだ正確な発達障害への理解に至っていないことを痛感するが，ここでは発達障害が非行に向かうとしたらどのようなメカニズムがあるのかを述べていきたい。

　まず大前提として考えなければならないのは，発達障害が直接的に非行には結び付かないということである。ただ，障害があるために環境に適応できず，周囲の理解や支援が得られぬまま孤立し，疎外感を感じてしまうことはしばしば認められる。それが直接的ではないものの，結果的には不適応行動を誘発してしまい，非行となって現れる。これが発達障害が非行に向かう1番目のメカニズムである。

　広汎性発達障害の場合，彼らはコミュニケーションが円滑にいかずに対人関係に支障をきたすハンディキャップを背負っている。また，他者への共感的な理解が不十分であるために，対人相互間の微妙な調整が図れず，家族や仲間とのズレが生じてしまいやすい。思春期になって自分に意識が向き始めると，そんなことが本人にとって周囲から見ている以上に大きな被害感と

なってしまう。この被害感こそが非行へと向かわせる要因になりやすい。ただ、これは発達障害者に限ったことではなく、定型発達者にも同様のメカニズムが大なり小なり当てはまるのであるが、その頻度や程度に大きな違いがあるのかもしれない。

2番目のメカニズムは、発達障害の特性があるがために、そのことが一定の枠からはみ出す行動となり、それが修正できないまま非行という社会問題にまで発展してしまう場合である。

たとえば、こだわりや常同性の強い特性がある広汎性発達障害者は、物事を柔軟に考えることが苦手であるため、ある観念や行動様式に陥ってしまうと、そこから抜け出せなくなる。それが社会的に望ましくないことであったりすると、本人が意図しなくても周囲からは不適当な行動であると見なされてしまう。具体例を挙げると、通学に利用する列車では必ず同じ車両の特定のシートに座らなければ落ち着かないという広汎性発達障害者がいた。そのシートに見知らぬ人が先に座っていたので押しのけようとしたところ口論になったのである。これまでにも同様のことが何度かあり、そのときはたまたま相手がシートを譲ってくれたり、あるいは口論だけで事態が収拾していたが、このときだけはパニックになって暴力事件にまで発展することになった。

このように発達障害の特性からうまく周囲の環境に適応できずに逸脱してしまうことがある。なかには相当な被害感があるために、根深い非行に進んでいくケースもないとは言えない。不注意と衝動性の強いADHD（注意欠陥多動性障害）の男児の例では、ミスを連発しいつも周囲を困らせていた。そのため、彼の自尊感情はかなり揺さぶられ、みんなから恨まれているとの被害感さえ抱いていた。あるとき、教室で同級生数人が雑談をしていた際、偶然に教室に入ってきた彼が自分の名前を同級生らが口にしているのを聞き、悪口を言っていたと思い込み（実際には彼の名前だけではなく、他の生徒の名前も出され、学級活動の役割についての話題であった）、怒りが抑えきれずに暴力に至ったのである。

ところで，発達障害を抱える人すべてがこのような被害感やストレスをもつわけではない。周囲のサポートが円滑に行き，生活がスムーズに送れている場合などは，それほど被害感やストレスは抱かなくてすむ。しかし，障害の特性があるために，生活のどこかにつまずきを感じたり，周囲とうまくつきあえなかったりすることが起こりやすい。乳児期や学童期であれば，親や家族，学校の協力が得られやすく，それなりに生活がこなせたとしても，思春期に入るとこれまでとは違う別の意味での乗り越えにくさも出てくる。たとえば，就学においては，これまでの初等教育とは違った学習形態となり，大学に至ってはカリキュラムの選択，レポートや論文の作成など丸暗記での学習とは違うオリジナリティが求められる。交友関係においても，これまでのクラス仲間とは違い，個別的で親密なつきあいが活発となる。なかでも異性関係では距離感やプライバシー感覚が求められ，心身両面で性という課題が押し寄せてきて，そのコントロールも求められる。思春期は好む好まざるにかかわらず自分自身を見つめる時期であり，人との違いに直面させられるのである。発達障害者はそのような思春期の大きな課題を目の前にして混乱しやすく，これまで以上のストレス状況となりやすい。

2　"枠"からの逸脱

非行という行動はすでに第7章で述べたように，"枠"からの逸脱であると考えられる。非行という行動は善悪といった価値観が入ってきやすいが，まず行動そのものに着目し，どのように"枠"から逸脱しているのかを見ることが重要である。

そのような視点は，発達障害者の非行の場合は，定型発達者以上に必要である。図表9-1に示すように，通常は成長に合わせて自ずと枠が広がり，それが社会性を身に付けることでもある。しかし，発達障害がある場合は，そこに大きなつまずきが発生する。自分の成長に見合った枠の広がりとはなら

図表 9-1 バランスのよい自我と枠の関係

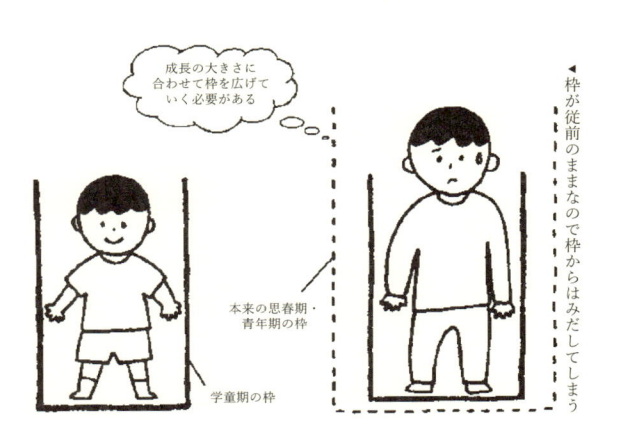

図表 9-2 従前の枠を使用する反復固着型

ず,これまでと同じ枠のなかでいつまでも停滞したり,突然にこれまでとは違う枠をもちこんでくるために,等身大の自分を見失ってしまう。この例は広汎性発達障害の場合に多く見られ,筆者(2009)は前者の枠からの逸脱を「反復固着型」(図表 9-2),後者の逸脱を「自我肥大型」(図表 9-3)と名付

図表9-3　枠からはみだす自我肥大型

図表9-4　全体の枠への意識がない部分関心型

けた。さらに，ADHDの場合は，目の前の枠の意識はありながらも全体の枠にまで気を配ることができず，結果的には枠をはみだしてしまう。この枠からの逸脱を筆者（2010）は「部分関心型」（図表9-4）と呼び，彼らは逸脱とわかると後悔や反省はするが，すぐまた同じ逸脱を繰り返し，失敗を学

習しにくいと指摘した。

　これらのことを比喩的に説明すると、「反復固着型」では、小学6年の生徒が小学1年時に着ていた制服を非常に窮屈に今も着ているようなものである。「自我肥大型」では、小学校6年の生徒が大人の背広を羽織って、いかにも大人びた振る舞いをするのに似ている。「部分関心型」では、自分の制服と思い込んで着たところ、それは友達の制服であったことに喩えられる。制服に書いてある名前や自分が脱いだ場所などをよく確かめもせずに着てしまい、しかもサイズの違いに目が向かずに平気で別のことに夢中になっているのが、この「部分関心型」の特徴であろう。いずれのタイプも自分と枠との不適合が問題となってくるが、これが服ではなく、社会の常識や規則、法律となると事態は深刻である。

　まず「反復固着型」非行の場合ではどうだろうか。たとえば、学童期以前なら女の子に近寄って、親しみの表現として身体接触をしたとしてもさほど大きな問題にならない。しかし、青年期になってそれをしてしまうと強制わいせつや痴漢と見られるかもしれない。彼らのなかには一度身に付けた習慣やパターンを場面や状況に応じて修正することができず、年齢が大きくなっても従来の枠（この場合なら女の子への身体接触は許容されるとの認識）のまま行動するため枠を逸脱する。

　次に「自我肥大型」非行のことを考えてみたい。高校生になるとこれまでとは違う友達づきあいをしなければならないと思い込み、たまたま同級生から「菓子を万引きしてほしい」とちょっかいをかけられ窃盗をした例がある。彼は、「親友とは困っている友人を助けるもの」という認識がどこかでインプットされ、万引きが良くないことだと承知はしていたものの、親友になるために実行に及んだ。高校生になると、これまでの自分とは違うのだという過剰な意識が働き、単なる友達ではなく親友をつくらねばとの焦りもあった。その裏にあるのは、自分を大きく見せたいというふくれあがった思いであり、それが落とし穴となってしまったのである。

　最後に「部分関心型」非行についてである。自分が落とした財布をたま

たま拾った人を見て，盗んだと誤解し，その人に暴力を振るった例がある。これなどは，その場の状況（たとえば，拾った相手は財布を手にして彼に声をかけようとしていたなど）にまったく関心を向けず，財布とそれを手にしている相手だけを見て，盗んだという考えに直結させてしまっている。その思い込みが衝動的な暴力の大きな原因である。

　以上のように，発達障害者の行動は自分に合ったサイズの枠をなかなか手に入れにくい。そして，枠との不適合を起こして逸脱し，それが触法行為にまで至ってしまう。これは彼らの発達障害という特性によるところが大きいが，そのことを十分に理解したうえで，彼らの枠をどのように広げていくのか（「反復固着型」の場合），あるいは自分にサイズに見合った枠に修正していくのか（「自我肥大型」の場合），枠全体を把握できる見通しのよいものにしていくのか（「部分関心型」の場合）が課題となる。

3　二次障害としての非行

　枠との関係から発達障害者が非行に陥ってしまいやすいメカニズムを述べたが，何より重要な視点はやはり彼らの日常生活場面における生きにくさに焦点を当てることであり，ストレスや被害感をどう処理していくかを考えていくことが先決である。そこがうまくいかないと，非行への引き金（あるいは非行の反復）になったり，事態を深刻化させていく。要するに，一次障害としての発達障害が二次障害としての非行となってしまう。

　早くから発達障害と診断され，その特性が行動面にどのように現れるのかを周囲に理解され，スムーズに生活を送るように支援されてきたケースにおいては，非行に至る場合は比較的少ない。なぜならば，本人の特性の強さや年齢によってそれなりの枠が調整されているからである。本人自身も周囲の理解があるために，自分を必要以上に大きく（あるいは，小さく）感じなくてすむし，過剰なストレスや不安を抱かなくてもよいという面もある。

ところが，発達障害であることに本人も周囲も気づかず，つまずきの原因が皆目わからぬままであったとするとどうであろうか。学童期まではまだしも思春期になってくると，そのストレスや不安が自分でも抱えきれないほどに大きくふくれあがり，一挙に爆発してしまう。もうすでにそのときは，それまでの周囲の叱責や非難の蓄積によって孤立感や疎外感が渦巻き，自己イメージは底をついてしまっている。なかには多動性や衝動性があったりすると，それが親の怒りを買うこととなり，虐待といった逆境的環境に置かれてしまうこともあり，その場合などはなおさらである。

　筆者が担当した広汎性発達障害の少年は，その特性がそれほど際立っていなかったため，周りからは「ちょっと変わった子」という程度の認識しかもたれなかった。本人なりに周囲との違和感を感じながらも，中学時まで大きな逸脱がないまま過ごしてきた。しかし，高校生になると，趣味や気心の合う者たちばかりが休憩時間に集まったり，クラブ活動仲間で意気投合するが，彼には気持ちが通じ合う友人は一人もできなかった。彼は人殺しなどの残酷な光景を描写するというマニアックな趣味をもっていたが，それには誰も関心を示さなかった。家族も彼にはあまり干渉せず，家庭内でも彼は孤立していった。そんななかで，彼は過去の重大な犯罪を犯した事件を詳細に調べ，ある人物と自分を重ね合わせ，いつか自分も大きな事件を起こしたいと空想をふくらませた。この少年は先の「自我肥大型」にほかならず，等身大の自分や現実を見失ってしまった。もし彼の特性や心情を理解する者が身近にいれば，それほどまでに大きな不安やストレスを抱かずにすんだはずで，そこまで極端にマニアックな趣味に埋没しなくてもよかったのかもしれない。

4　発達障害が非行に向かうケースへのかかわりのポイント

　発達障害が非行に向かうケースのメカニズムを正しく理解し支援していくために，非常に基本的ではあるが重要な点をここに挙げたい。

1 ── ありのままを受け入れる

　発達障害者は，その特性があるがゆえに，共通した一般感覚や常識的なものの見方と少しかけはなれたとらえ方をしやすい。われわれにとって思いも寄らぬところに関心を向けたり，それが状況いかんにかかわらず行動につながってしまうことも珍しくはない。このことを理解せずに，こちら側の思い込みや経験だけで彼らを理解していこうとすると，そこに大きなズレや誤解を生じさせてしまう。先にも述べたように，非行という事象にはどうしても善悪の判断やさまさまな価値観が付随するため，それが事の本質を見失わせてしまいがちとなる。まずはありのままを見つめ，ありのままを受け入れる姿勢で臨むことが重要である。

　女性の下着を盗むケースを例に挙げよう。一般的には，このような非行は性犯罪に分類され，犯人は盗んだ下着で女性を想起し，マスターベーションなどで性的満足を得ているなどと一般的には理解されやすい。しかし，実際にあった発達障害者の下着盗の例では，マスターベーションはもとより，下着から女性を思い浮かべることもなかった。性的な関心はまったくなかったわけではないだろうが，彼が向けていた関心は女性という対象ではなくもっぱら下着の形や色であり，それを標本のように収集することが下着盗の大きな目的であった。

　このように，発達障害者のケースでは，臨床家の勝手な思い込みや経験で判断すると彼らの真の姿が遠のき，適切な対応には届かないことを，これまで筆者は何度も経験してきた。まずは先入観や思い込みはおいておき，彼らがどこに関心をもち，どのような思考が行動に駆り立てているのかを，ありのままに見つめることが何より大切である。

2 ── コミュニケーション力をアップさせる

　次に大切なポイントは，臨床家のコミュニケーション力を高めることであ

る。ここでのコミュニケーション力とは，単に言葉の問題だけではなく，発達障害者にどのようにかかわり，どうつながっていくかという能力を総称したものと理解されたい。そこでは言葉をどのように使用するかというコミュニケーションの能力が問われるとともに，言葉を越えた人間関係をいかに築いていくかがポイントになる。彼らに通じる言葉をこちらがどのように発信し，返ってきた言葉をどれだけしっかり受け止めるかという，ある意味では人間理解の基本がそこにある。

　少し話は脱線するが，発達障害が近年になってこんなにも着目され，発達障害を抱える人が増えているように思うのは，現代人の関係の希薄さと無縁ではなかろうと筆者は考えている。つまり，昔と比べて，人間関係が希薄になったからこそ，発達障害者が逆に浮き上がったように見えてしまうのではないだろうか。筆者の小学生時代を振り返ってみると，やはり周囲に溶け込めず，今から思うと発達障害ではなかっただろうかと思える子がいた。その子は多少集団のなかでは奇異な存在であったが，みんなは彼とうまくつきあっていた。パニックになったときなどはみんなは深入りをせずに彼を一人にさせておき，タイミングを見計らって，また彼を仲間に入れた。こんなことは当時どの本にも書かれていたわけでもないが自然にしていた。今の子どもたちは果たしてこんな風にするだろうか。子どもに余裕がないこともあり，その子がパニックになると遊びが邪魔されるので，最初からその子だけ仲間に入れない。あるいは，自分とは違った異星人のような目でシラッと見ている。こんな現状をときどき見聞きすると，現代人の関係の希薄さを痛感してしまう。

　そのような社会であるからこそ，発達障害者を理解するためにはこちらのコミュニケーション力がなおさら必要である。学校で「廊下を走るな」と注意するよりも，「廊下は歩きなさい」と言ったほうが言葉を字義通りに受け取ってしまう彼らには通じやすい。これはほんの一例にすぎないが，ちょっとしたコミュニケーションの工夫一つで，相手にそれが届くかどうかが変わる。わかりやすく，具体的であること，これもかかわる際の基本である。ま

た，ほめ方一つ取り上げても，「あなたは優しいね」といつもいつもワンパターンなほめ言葉を使用していたのでは，ほめられた相手は嬉しく感じない。その人のことをよく観察し，具体的で，しかもタイミングよく，「あなたはみんなが嫌がるトイレの掃除を今日も自分から引き受けてくれ，優しい人だと思ったよ」と言われたほうがほめられたという実感がわく。発達障害者に肯定的評価を与えることが重要とどの教科書にも書かれているが，それを実践するためには，彼らとかかわるこちら側の鋭い観察力と人間関係力，あるいは豊富な語彙力などが要求される。

　いずれにせよ，その基底にあるのは彼らを理解していこうとする姿勢であり，それこそが臨床家のコミュニケーション力を自然に高めてくれるはずである。逆に言えば，相手との距離を置いて，対象を客観的に眺めているだけのかかわりでは，臨床家のコミュニケーション力はいつまでも向上しない。

3 ── 生活全体をもう一度見直す

　非行をした発達障害者にかかわるもう一つのポイントは，生活全体をもう一度見直すことである。生活障害と言われる発達障害においては，どこかに生活のつまずきが隠されており，本人なりの苦悩がある。ほかの人は当たり前のようにできることでも，彼らは何度も失敗してしまう。そのストレスが高じたり，周囲との歩調が合わずに被害感を募らせ，非行という行動にシフトチェンジさせてしまう。そこで，彼らの生活のどこに負荷がかかっているかを知り，それを除去するように努めることが肝心である。

　発達障害者が非行をした場合，すぐにその問題行動の原因を探求し，行動を改善させる方法にばかり関心が向けられる。たしかに，それも大切であるが，案外その人がどのような生活を送り，生活のリズムや日課はどのようなものかということに着目すると，思わぬヒントが隠されていることがよくある。こうした生活全体を見渡すアプローチも頭に入れておきたい。

　ある発達障害児のケースでは，すぐにパニックになり，辺り構わず暴力

を振るったり、自分を傷つけるというこだわり行動が強かった。その子にかかわる担当者は、その暴力行為や自傷行為をいかに止めさせるかが差し迫った問題となっていた。担当者は彼の行為が他者や自身をどれだけ傷付けるかを何度も何度も説き聞かせた。また、パニックになったときの対処法として、みんなから離れて一人で頭を冷やす方法を身に付けさせようともした。しかし、それだけでは彼の問題行動はなかなか消失しなかった。そこで問題行動以外の生活場面に目を向けて考えたところ、いくつかの思い当たるところが出てきた。そのいくつかは、ゲームに夢中で夜間眠りにつくのが遅くなり、その生活リズムの変調が気分の変動につながっていること、新学期を迎えてクラス替えがあり、これまでのように集団になじめず緊張が強かったこと、担任教諭とも十分な意思疎通ができなかったことなどであった。それらは問題行動と直接の因果関係がないにせよ、生活全体をよりスムーズにさせるために、それらの改善に努めたところ、意外にも効果を生み、パニックや暴力は減少した。

　自閉症児が不安場面や見通しがもてないときにこだわり行動が増えるように、問題行動の反復もそれに類似したところがある。先のマニアックな趣味や空想に没頭した少年もたしかにそうであった。逆に、生活全体に快適さやスムーズさが戻ると、反復される非行の回数が減ったり、問題行動が消失する。だからこそ、生活全体の見直しは大切である。

　生活全体を見直すアプローチを心がけるなかに、問題行動とのつながりが何となく見えてきたり、ちょっとした生活の工夫が意外につまずきを乗り越えさせてくれたりもする。パニックになって暴力や自傷を繰り返す先のケースでは、少しでも環境が変わると予想されるときは事前にその不安を具体化させ、その場面に応じた対処法をチャート式で理解させるようにした。そして、パニックになりかけたときのいくつかの対処方法をあらかじめ用意し、少なくとも暴力行為、自傷行為という行動には向かわせないようにした。また、大きな気分変調を起こさないように、1か月の生活リズム表を付けさせ、体調と気分の変化との関係を自覚させたり、日課を明確にするなどの工

夫も行った。それが問題行動の防止にもつながった。

　上記以外の生活全体を見直すことの長所として，身近に問題解決のヒントがころがっていることが挙げられる。発達障害の特性があっても，やり方次第ではずいぶん生活を送りやすくさせるし，ストレスを低減させることもできる。発達障害者の場合，日常のちょっとしたつまずきが大きな問題に発展してしまうが，逆に身近なところにその改善のコツが隠されていることも忘れてはならない。

文献

橋本和明（2009）触法行為をしてしまう発達障害者への支援．In：橋本和明編：発達障害と思春期・青年期——生きにくさへの理解と支援．明石書店．

橋本和明（2010）非行との関係を考える．In：田中康雄編：発達障害の理解と支援を考える（『臨床心理学』増刊第2号）．金剛出版．

第 10 章
伝える技術
報告の書き方と活用

1 非行臨床における記録の意義

　心理臨床における報告にはさまざまな形式や内容がある。カウンセリングを代表とする心理療法の記録には，インテーク記録，ケース記録，面接記録などがあり，それぞれの使用目的が違い，その記述内容や記述方法にも違いが見られる。これらは病院でいうところのカルテの位置付けに近いとも考えられるが，カルテと違った側面も有している。
　一般的に，心理臨床における記録にはクライエントについての情報の整理，症状についての見立て，治療方針などが記載され，心理臨床家とのかかわりの状況が残されている。それは非行臨床における記録とどこが違うのだろうか。また，その記録の取り扱われ方に差違があるのかどうか。この章では，そのような一般の心理臨床の記録とは違う非行臨床の記録に焦点を当て，報告の書き方や活用のあり方を論じることにしたい。
　まず，非行を取り扱う機関が共有することになっている「少年調査記録」（一般的には「社会記録」と呼ばれている）について取り上げてみたい。少年調査記録とは，事件を起こした少年が家庭裁判所に係属すると，その少年ごとに戸籍謄本，学校照会書などの各種照会書回答，少年調査票，鑑別結果通知書，保護観察成績報告書等の書類が綴られていくことになっており，それがファイルとなっている記録のことを指す。そして，その少年調査記録は

通常家庭裁判所に保管されているが、少年が保護処分などを受けると、それを管轄する関係機関に記録が移管されることになり、保護観察所、少年院、児童相談所、児童自立支援施設などに送られる。

また、社会記録にはそれぞれの関与した機関がその少年の状態やかかわりについて報告したものが綴られる。その報告書や記録の形式や内容は、それぞれの関係機関によってさまざまであるが、一般的には少年調査記録は一人の少年の事件捜査段階から裁判所の審理段階、保護観察所や少年院などの処遇段階などの状況をすべて記録化し、少年がこれまでどのような推移で現在に至ったのかがわかるようにされている。そして、その記録は、成人になって処遇がすべて終了し、記録の保存期間が経過した後に焼却される。

まず、この少年調査記録の意義について考えてみたい。

この少年調査記録が一般の心理臨床の記録と大きく違っているのは、一つの機関だけの記録ではなく、それがさまざまな関係機関で活用され、書き足されていくという点にある。これは、ある一人の少年に関する情報を一元化させることを目的とした「情報の共有と活用」という大きな意義がある。そうでなければ、仮に前件が係属していた場合でも、そのときに得た情報が残ってなければ、また最初から少年に関する情報を収集しなくてはならない。それはあまりにも非効率的であると同時に、調査者にも被調査者にも負担がかかり過ぎてしまう。

このように情報を一か所に集め、少年にかかわる関係機関や専門家が情報の伝達をしながら、少年に対する「総合的なケース理解の促進」を図ることが2番目の大きな意義である。これはさまざまな関係機関や専門家の視点による評価や意見を取り入れながら、ケース理解を多角的に行うという目的がある。

そして、3番目の意義は「情報の管理」である。少年事件は言うまでもなく秘密主義を採り、非公開を原則としている。そのため、少年に関する情報が部外者に漏れないように十分な配慮をしなければならない。そのためにも、情報をできるだけ集中させ、それを一括管理することが問題を防止させる。

そのような管理的な目的もこの少年調査記録には存在する。ただ，このことは一般の心理臨床についても当てはまり，記録の形式を統一したり，その保管や持ち出しについて厳密に管理されているのは，情報が安易に流出しないようにするためである。

さらに言えば，その情報の管理は情報の開示という問題とセットで考えなくてはならない。今や当事者あるいは被害者からの開示請求があれば可能な範囲で認められるようになっており，どのような情報も非公開とすることは，逆に権利の侵害を招く危険もはらんでいる。必要な情報は開示していくという基本姿勢はいわば当然であるが，そのためにもその情報を管理することが必要になってくる。

2　書くことの意味

前章までは，面接やケース理解についての技術を取り上げてきたが，ここでは報告の書き方の技術を考えていきたい。それは面接技法ともケース理解とも違った側面があることは容易に推測できよう。では，そもそも「書く」という行為にはどのような意味があるのだろうか。特に，臨床家にとって，記録を書く，報告にまとめるといったことがなぜ必要なのだろうか。先に，記録の意義としては「情報の共有と活用」「総合的なケース理解の促進」「情報の管理」があると指摘したが，「書く」という行為はそれ以上の意味を付与してくれる。

筆者はこれまで多くの少年事件を担当し，重大少年事件の場合はA4で100枚以上の報告を短期間で書き上げたことが何度かあった。また，成人の情状鑑定を引き受けた際には，多数回の被告人との面接で得られた情報をもとにやはり分厚い鑑定書を書いたこともあった。いずれの作業も完成するまでは，どの情報をどこに，どのように記載するのか，どの事実を根拠に自分の意見をどのように形成させていくのかということで苦労した。ああでもな

いこうでもないと頭のなかが混乱し，何度も箇条書きで項目を立て，最初は荒削りで文章化し，しだいに推敲を重ねた。通常はこのような過程を経て，比較的整った報告に仕上げていく。つまり，「書く」ということは，自分の頭のなかを整理する試みであることがわかる。もっと言うならば，「書く」ことは，さまざまな事実や体験を自分なりに振り返り，考えを再構成し，評価することなのである。

　そして，「書く」ことは，文字にすることによって，目に見えないものを目に見えるものにさせる行為であるとも言える。そのため，日記にせよ，卒業文集にせよ，遺言にせよ，「書く」ということは心に刻んだり，証拠にするといった"残す"という行為でもあり，"伝える"という機能も内包している。

　「書く」ことには以上のような意味があるが，心理臨床，特に非行臨床において，その記録や報告がより活用されるためにはいかなる書き方が求められるかを次に考えてみたい。

3　報告の書き方についての留意点

　非行臨床における報告の書き方についての留意点をここで挙げてみたい。ただ，関係機関によっても報告の形式や内容に特徴があるので一概にこれが望ましいとは言えないが，さまざまな職種の非行臨床の専門家がその記録を見て，少年の理解や処遇に有効活用できることを前提として以下にまとめた。

1 ── 共通言語の使用

　まず第一に心がけなければならないのは，共通言語の使用である。これは異国間での報告ならともかく，同じわが国での日本語による報告なら当然行われているのではないかと不思議に思うかもしれない。しかし，意外にも報

告の内容に，報告者個人だけが使用する言葉が記述されていたり，その関係機関の内部にしか通じない用語が出てきたりということがしばしば見られる。

その記録や報告が自分のためだけに活用されるものなら，それでも構わない。しかし，非行臨床における記録は多くの関係機関に移管され，活用されなければならない。その連携の重要性を考えると，共通言語を使用せずに独りよがりな言葉を使用することは避けるべきである。

共通言語が適切に使用されていない例の一つに，専門用語の羅列がきわめて多い報告がある。報告を活用する者同士がその用語を共有して使用していたなら何ら問題はない。たとえば，医師の記載したカルテが医療関係者の間だけで活用されるものであれば，専門用語を使用したほうがむしろ理解しやすい。しかし，非行臨床の報告は法律家，心理臨床家，ケースワーカー，医師等さまざまな職種の専門家が活用する。その際には"伝える"ことを主眼にした報告の記載が求められる。専門用語の羅列は互いに専門領域を異にする者にとっては，理解の抵抗にもなり極力使用しないのが望ましい。仮に使用したとしても注釈を付けるなどの工夫をしなければならない。

ここに，よく報告で使用される用語を取り上げてみよう。ある非行臨床家が，「少年はコンプレックスから犯行に及んだ」と記載したとしよう。コンプレックスは日常用語にもなっているので報告者のある程度の意図は読み手に通じなくもない。しかし，厳密にはコンプレックスの概念をもっとわかりやすく，平易な言葉で明記すべきである。また，別の例では，「彼女にふられたことでトラウマに陥った」などと記述したとしよう。このトラウマという用語も日本語では心の傷，あるいは心的外傷と訳され，もはや日常用語になっている節もないではない。ただ，この言葉も厳密には専門用語であり，その本来の意味するところをあいまいにしたまま使用すると，誤った理解を促し，正確さに欠ける報告となってしまう。このように専門用語と日常用語の区別を明確にしながら，できるだけ専門用語を使用せずに，一般用語で記述する努力が非行臨床家に求められる。実際，そのような意識で報告を書いていると，専門用語を一般用語に変換する際に，思いの外，自分自身のケー

ス理解が深まったりすることがある。

2 ── 記述視点の統一

　心理臨床におけるインテーク記録やケース記録を読むと，その記述が誰の視点から書かれてあるのか読み手が混乱してしまうことがしばしばある。
　たとえば，主訴の記述では，「夜が眠れず不安である。くよくよしやすい自分の性格を変えたい」といったクライエントの話を直接話法で書き，所見のところでは「クライエントの話に寄り添い，それを土台として安心できる対人関係の構築を目指していきたい」と臨床家を主語として記載している。同じ一つの報告書でありながら，主語が違っていたり，直接話法，間接話法の形式が混同されていたりと書きっぷりがさまざまである。そのため，読み手としてはその箇所箇所で主語を探し，拠って立つところを変えて読まなければならない。このように記述視点が統一されていないことが，読み手の混乱を招いたり，時には記述内容を誤解して受けとられることもある。
　そこで，非行臨床の報告書の記述に際して，可能な限り，視点を一定にして書いていくのが望ましい。ただ，その際，被調査者（被面接者）の視点からの報告，調査者（面接者）の視点からの報告，調査者（面接者）を超えた第三者の視点からの報告と3通りの形式がある。
　まず第1に被調査者（被面接者）の視点からの報告はどのようなものかと言うと，警察署や検察庁での供述調書のスタイルがそれに当たる。いわゆる陳述形式と言われるものである。この記述はあくまでも被調査者の一人称の視点で一貫して書かれる。そのため，その報告書では被調査者の考えや意見が反映されやすく，法律的な要件調査の報告，証拠としての活用には適している。しかし，あくまでも被調査者の一人称としての記述であるため，それを調査者なり第三者がどう評価するのかといったことは，その形式で盛り込むのは不向きである。
　次に，調査者（面接者）の視点からの報告では，評価にどちらかという

- 被調査者（被面接者）の視点
  —私は被害者が言いがかりをつけてきたので殴った。
- 調査者（面接者）の視点
  —少年（被調査者）は言いがかりをつけてきたと感じたので殴った。
- 調査者（面接者）を超えた第三者の視点
  —少年（被調査者）は「被害者が言いがかりをつけてきたので」（少年）殴った。

図表 10-1　それぞれの視点の違いによる記述のあり方

と力点が置かれてしまい，場合によっては連想や発想が誘発され過ぎ，やや調査者の主観的な観点が強い報告となってしまう。捜査報告書や状況報告書，あるいは成績報告書などの記述にはこの形式が適している。

　もう1つの形式は，被調査者（被面接者）の視点でもなく，また調査者（面接者）の視点にもとどまらない第三者の視点からの報告がある。筆者はこれがもっとも非行臨床には適した形式ではないかと考えている。筆者はこの形式を「神の視点からの報告」と呼んでいる。なぜなら，単なる第三者というよりも，一人称にも二人称にもなり，かつ三人称にもなりえるという，それこそ神の位置からとらえた報告という面があるからである。この形式の長所は，主観と客観の両面を記述できることであったり，事実と評価を区別して表しやすい点にある。

　図表 10-1 の例示にあるように，被調査者の視点であれば，被調査者が述べたことをそのまま「私は被害者が言いがかりをつけてきたので殴った」と記述するが，仮に被害者の言い分では言いがかりをつけたという事実はなく，少年の一方的な暴力であったとするならば，この表記では不十分である。また，調査者の視点として，「少年（被調査者）は言いがかりをつけてきたと感じたので殴った」と記述してしまうと，調査者の主観や評価が優勢となってしまう。その点，調査者を超えた第三者の視点（神の視点）では，「少年

(被調査者)は「被害者が言いがかりをつけてきたので」(少年),殴った」と記述し,少年が発言した内容と調査者の視点を明確に区別し,殴った事実は揺らがないが,その理由を少年の言い分を示して評価することもできる形式となっている。このように,誰の発言なのか,どこがその情報源なのかを明確にすることにより,一人称にも二人称にもなれ,しかもそれを神の位置に近い"メタ"という第三者の視点で書くことがここでは可能となる。

　報告をする場合,いずれの形式の視点で書くのかはその目的によって違うが,記述視点が統一されていることが重要である。

3 ── 一貫性のある報告

　非行臨床を行う機関によっては,一つの報告書に専門や立場が違う職種の報告が同じ記録に綴られていることがある。児童相談所の児童記録には,ワーカーとしての児童福祉司の社会診断の報告や,児童心理司としての心理診断としての報告,医師の医学診断としての報告,一時保護における保育士等による行動観察による行動診断としての報告などがある。あるいは少年鑑別所における鑑別結果通知書では,法務教官による行動観察,法務技官による心理診断などがある。

　先の「記述視点の統一」は,報告者が同一である場合の報告記載の留意点であったが,ここで取り上げるのは報告者が複数いる際の留意点である。それぞれの立場によって記述内容が違っているのは,立場や専門が違っているうえ,目の付けどころが違うので当然であると思うかもしれない。しかし,筆者はその場合にも報告に一貫性が担保されなければならないと考えている。その理由は端的に言えば,同一の対象者に向けられた報告であるからである。もちろん,同一の対象者であっても,相反する考えや価値観,態度が見受けられ,矛盾したところがあるのは筆者も了解するところであるが,そのことも踏まえたうえで,より総合的で一貫した記述内容が求められる。

　要するに,同一の対象者へ向けられた社会診断,心理診断,医学診断,行

動診断が立体的で多面的であることは望ましい。しかも，それを踏まえた総合的な記述が報告のどこかでまとめられ，報告そのものが一貫性をもったものでなければならない。それぞれの専門家が対象者の一部を切り取っただけの報告となり，それを継ぎ足しただけのまとまりのないものでは，報告のあり方としては不十分である。

　報告書の所見では，特に全体を網羅した総合的な観点からの記述が必要で，そこでの一貫性は読み手に理解と納得を与える。

4 ── 事実と評価の区別

　これも「記述視点の統一」のところで触れたが，報告では事実と評価の区別を明確にすることが大切である。記述視点が定まらなかったり，ぶれたりすると，記載内容が事実あったことなのか，被調査者の考えによるものなのか，調査者側の思い込みや評価なのかと訳がわからなくなる。

　これは主観的事実と客観的事実の区別にも通じる問題であり，事実を記述する際に報告者はそこに敏感にならなければならない。特に，物事を判断したり診断する場合，この両者の使い分けが精密でないと，望ましい判断や診断にはつながらない。

　ある子どもが発達障害であるかどうかを母親から生活歴を聴取しながら考えていく面接場面を考えてみたい。調査者が「お子さんの小さい頃はどんな子だったか？」と問いかけ，母親が「この子の養育はたいへんだった」と回答したとしよう。この養育のたいへんさだけを取り上げ，発達障害児の養育の難しさと結び付けるのは早わかりもいいところである。なぜなら，子どもを養育することはどの母親でもたいへんなことであり，何も発達障害であろうがなかろうが同じである。そこで，調査者は養育がたいへんであったというエピソードを母親に話してもらったところ，母親が「よく迷子になった」と言ったとする。たしかに，関心があちこちに向き，刺激のある方向にすぐに注意を取られてしまう多動の子どもや，身体接触を嫌がり，手をつな

ぐのを嫌がる自閉傾向のある子ども，あるいは共通感覚が乏しく，他者の視点が入らずに自分の世界に没頭しやすい子どもの場合，知らぬ間に親の元を離れて迷子になることがよくある。しかし，母親が子どもに無関心であったり，放任気味の養育をされているネグレクトの子どもも迷子になるエピソードは多い。そこで，もっと調査者は突っ込んで迷子になったエピソードを詳しく聞いていく。すると，母親は，「いつも2時間以上，子どもを探し回り，ようやく見つけ出すのがつねだった。それなのに，子どもを見つけたときはいつも子どもは顔色一つ変えずに平気な様子をして，泣きも怒りもしない」と言ったとする。ここに至って，初めて子どもの発達障害を疑う根拠となるエピソードになってくる。なぜならば，通常は子どもは長時間，親から離ればなれになって一人でいたとするならば，心細く感じて親を探す行動を取る。そして，親と再会したときは何らかの感情がわき上がるはずであるが，それでないとするならば，対人関係における障害を抱えていることが予想される。ただし，この一つのエピソードだけで発達障害の診断はもちろんできないが，一つの判断材料になるであろう。

　この面接光景でわかるように，母親の「養育がたいへんだった」という主観的事実だけでは判断や診断はしにくく，「迷子になりやすく，長時間探して見つけ出したときも，子どもの表情は変わらない」という客観的事実（厳密にはこの話も母親の主観的事実が入ってはいるが……）を付け加えることで，発達障害の疑いが感じ取られ，母親の養育のたいへんさが伝えられるのである。

　非行臨床をはじめとする心理臨床では，今後はますます当事者等からの開示の請求が多くなされると予想される。その場合に，特にこの事実と評価の区別があいまいにされている報告は読み手に誤解を与え，混乱を招く要素となりやすい。

　たとえば，「身なりはだらしなく，不潔感が漂う」と被調査者の様子を記載する部分があったとする。この記述だけを取り上げれば，「だらしない」「不潔感が漂う」などという言葉に調査者の主観がかなり入った，評価とも

受け取られかねない記述がなされたことになる。それよりも，「ズボンを腰からずれ落ちるようにはき，その下からトランクスパンツがかなりはみ出している服装をし，近寄ると異臭が漂う」と記述すると，調査者の主観は限りなく排除される。

　もう一つ別の例を挙げよう。ある少年との面接で，少年が「嫌だったけど学校に登校した」と語ったとする。そのことを報告者が「少年は嫌々学校に登校した」と書いたとすれば，開示請求をした少年からその記述は事実でないと主張されるかもしれない。なぜなら，少年にしてみれば，「学校に行くまでは嫌な気持ちであったが，自分はそこを頑張って登校した。また，学校に行けば嫌な気持ちもなく過ごせる」と言ったつもりで語ったのに，頑張って登校した事実がどこにも取り上げられていないからである。このような記述が誤解を生むのは，登校したという事実とそれに対する評価が混同されて書かれていることが原因である。そこでこの場合は，「少年は「嫌だったけど」（少年），学校に登校した」と書くと，少年が面接で語ったことと一致するし，登校したことへの評価についても誤解を受けずにすむ。

5 ── 説得力のある性格・行動傾向の記述

　非行臨床の報告にはいろいろな項目について，さまざまな角度から記述されることになるが，そのなかでも性格・行動傾向の記述は難しい。性格・行動傾向についての報告は主に心理職が担当する関係機関もあるが，調査官のように特に心理だけを専門にしていない職種の者が書く場合もある。これまで述べてきたように，この報告を心理職以外の専門家も読んで活用するという観点から，いかにすれば説得力のある記述になるのかを考えてみたい。

　筆者は，その要点は以下の2つがあると考えている。

① 知的側面，情緒的側面，対人関係的側面に分けること

　われわれはある人の人物評価をする際に，「優しくて力持ち」といったこ

とを平気で口にしがちである。しかし，考えてみれば，「優しい」ということと「力持ち」ということは，とらえようとするところがまったく違う。それにもかかわらず，それを同列に並べてさもわかったかのように述べ，それを聞いた人もわかったかのように錯覚してしまいがちとなる。よくよく考えると実は何をとらえようとしているのかさっぱりわからない。

　このようなことがないように，対象者のどの部分を記述しようとしているのかをまず明らかにしておくことが必要である。そのためにもまず知的側面，情緒的側面，対人関係的側面の3つの側面に分けて考えていくことが望ましい。そして，その後に各側面のつながりを力動的にとらえ，その人物の性格・行動傾向を総合的に把握していくのが記述の順序である。

　具体例を挙げると，「少年はそもそも知的能力が標準よりもかなり低い境界域にあることに加え（知的側面の記述），怖い父親から殴られるなどの虐待環境で生育してきたことによる不安感もあって（情緒的側面の記述），すぐに人と打ち解けられず，些細なことでも被害感や疎外感を抱きやすかった（対人関係的側面の記述）」といったようになる。

② "目に見えるもの" から "目に見えないもの" への方向性の重視

　行動はともかくとして，性格というのは目に見えるものではない。しかし，性格は行動以外にも，何らかの形で相手に伝わったり理解されたりする。われわれが通常人を理解するときも，いきなり深層心理のような深いところを見るのではなく，表に出てきた表層的なところから深層的なものに目を移す。記述のあり方についても同じで，いきなり内面に隠れている深い性格特性を記述しても，読み手には伝わらないばかりか，独りよがりな報告になってしまう。説得力のある記述にするためには，"目に見えるもの" から "目に見えないもの" への方向性を考えながら記述していくことが望ましい。

　知的側面について記述する場合の具体例を挙げてみたい。いきなり「知的能力は標準よりも低い」と書いても，読み手はどこを根拠にそれが記述されたのか疑問に思うだろう。知能検査をしているのならともかく，そうでは

ない場合はそれを判断した箇所を明記しなければならない。たとえば，「面接の応答では質問の意図が十分に理解できずに的外れの応答をしたり，作文を書いてもほとんど漢字が使用できずにひらがな表記であったりするなど，小学校低学年程度のレベルの学力であると思われ，知的能力は標準よりも低いと言える」と記述されると読み手に伝わりやすい。

　さらに，"目に見えるもの"から"目に見えないもの"への方向性がある場合は，仮に調査者の推測であったとしても，大胆な仮説や深層心理に踏み込んだ記述を可能とさせる。たとえば，「面接では視線が定まりにくく，足を小刻みに震わせるなどの落ち着きのなさや不安感が明らかであった。その不安感はこれから先はどのようになるのかという将来展望の見えなさであったり，これまで自分が物事に真剣に取り組んだ経験がないという自信のなさが背景にある。つまり，少年の内面には予想をはるかに超えた大きな劣等感が隠されていると考えられる」というように，記述の方向性がしっかりしていれば説得力さえ伴う。しかし，根拠を挙げずに，「内面には大きな劣等感がある」と"目に見えないもの"をいきなり記述したとすると，読み手は果たしてこの記述は本当だろうかと疑念を抱く。

6 ── 具体的で活用可能な所見記述

　最後に，報告の書き方の留意点として挙げたいのは，具体的で活用可能な所見の記述であることである。

　心理臨床などのケース記録の所見にしばしば見られるのは，「クライエントとの信頼関係を構築し，何でも話せる雰囲気をクライエントに感じさせ，安心感を得てもらうことを心がける」などの記載である。カウンセリングとは信頼関係を築き，それを土台にしながら進めていくものであることは今さら言うまでもないことである。しかし，そのような基本的な構えをわざわざ所見に記述する意味が果たしてあるのだろうか。もしどうしてもその治療目標がそのクライエントには大切で，信頼関係を樹立することへの抵抗や

困難があるのであれば，信頼関係を築くためのより具体的な工夫（たとえば，「クライエントの発言内容に仮に疑問を抱いても，当分は質問をせずに相手のペースを何より尊重したり，クライエントが間違った認識をしていたとしてもそれをあえて指摘せずにあくまでも受容的にかかわる姿勢で臨む」等）を記述するべきであろう。

　所見は報告の全体的なまとめとしての位置付けであり，短文であったとしてもケースの概要や特徴がすぐにわかるものになっていることが必要である。また，主訴となる非行等の問題行動のメカニズムや背景が所見によって理解できることも大切である。さらに，調査者や機関としてのケースに対する処遇方針を明らかにし，具体的で活用可能な内容が明記されているものが望ましい。抽象的で実現不可能な，絵に描いた餅のような所見ではまったく意味がないのである。

4　伝える技術の向上——模擬裁判を体験して考えたこと

　2009年5月に裁判員裁判が始まり，これまで多くの裁判員裁判が行われてきている。この制度が始まる前までは，裁判官，検察官，弁護士など法律の専門家が裁判を行ってきたが，裁判員裁判は国民から選ばれた裁判員が裁判に参加する。その意味では司法制度の大きな変革である。

　筆者は裁判員裁判が開始される前の2009年2月に，大阪地方裁判所で行われた模擬裁判員裁判に参考人として出廷した。その事案（架空の事案で，あらかじめ裁判所，検察庁，弁護士会が協議のうえ，作成したもの）は，強盗致傷を起こした17歳の少年が家庭裁判所で検察官送致決定となり，裁判員裁判となったというもので，検察官は少年刑務所での懲役刑を求刑し，弁護士は少年法55条（いわゆる家庭裁判所に逆送）を求め，あくまでも保護処分としての少年院送致を主張するというものであった。筆者は弁護士側の証人として，少年が父親から受けた虐待が本件とどのように関連しているか

について，元調査官であり今は学識者であるという立場から意見を述べることになった。この裁判はあくまでも模擬ではあったが，裁判官や検察官，弁護士は実際の事件さながらに取り組み，裁判員も国民のなかから選ばれた人たちであった。

　筆者は1時間半にわたって証人尋問を受けたが，そのときの体験から非行臨床における"伝えること"の重要さを痛感した。筆者の臨床心理学的な知見や非行臨床の知識をいかにわかりやすく的確に，非専門家である裁判員に伝えることが難しいかを改めて思い知らされた。あまり専門用語は使わず，しかも自分の証言を決断の材料にしてもらうためには，発言内容が具体的で現実的でなくてはならない。単なる筆者の独りよがりな考えや主張ではなく，体験に裏打ちされた，あるいはエビデンスに基づいたものでなくてはならない。そのためにも，"伝えること"に日頃から努力を惜しまず，その技術を高めていくことが非行臨床家には大切であると感じた。

　また，筆者は，裁判官であろうが，裁判員であろうが，そこに出された事実そのもの（この場合は，主観的事実でもあり，客観的事実でもある）がさまざまなことを動かしていくということもその裁判員裁判で確認した。裁判員裁判が施行される前は，法律をよく知らない裁判員を引き付けるために，検察官も弁護士も法廷である種のパフォーマンスをすることが欠かせないと言われた。そのためには，視覚的なものを使っての訴えや主張，情緒を揺さぶるようなプレゼンテーションなどが必要とも騒がれた。しかし，筆者が参加した裁判員裁判では，法律には詳しくない素人の裁判員でありながらも的確に物事を観察しておられた。そして，彼らを何より動かしたのはパフォーマンスなどではなく，事実そのものの力であったと痛感するのである。

　非行臨床家はそのような事実とつねに向き合いながら，その事実をいかに活用し，伝えていくのかを考える仕事である。そのためにも伝える技術は重要な技法であると言ってもいいぐらいで，報告のあり方について今後もますます工夫を積み重ねていくことが必要である。

第11章
育てる技術
非行臨床家の訓練

1　臨床家を育てるということ

　これまでは、非行臨床家が少年や親とどのように向き合えばいいのか、あるいはケースをどのように理解すればいいのか、報告書をどのように書けばいいのかといった非行臨床の技術をさまざまな角度から論じてきた。この最終章では非行臨床家をいかに育てるのかということについて述べてみたい。
　考えてみれば、筆者自身も指導者や周囲の先輩からこれまで育てられてきた。その意味では、ここに書こうとすることは、いかに育てるのかというものではなく、いかに育てられたかということかもしれない。
　さて、筆者が育てるということを本格的に意識し始めたのは、管理職としての主任調査官になってからである。家庭裁判所では、主任調査官に昇任すると、管理職としての教育がかなり行われる。司法実務に加えて、裁判所の組織全体の状況を把握してどのように動くのが望ましいかといった司法行政についてのノウハウが教え込まれる。そして、部下の育成や指導のあり方についても徹底して教育がなされる。実際、部下をもったり、入所間もない調査官補[注1]に指導をするのはたいへん骨の折れる仕事である。しかし、考えてみれば、この育てることのたいへんさはどの現場においても同じであり、筆者が今所属している大学においてもやはりそれを痛感するところである。ただ、非行少年とのかかわりにも共通するが、かかわればかかわるほど味が出

てきて，おもしろさも発見できる。育てるということに，非行少年も調査官補も大学生もさしたる区別はないのかもしれない。

　ちなみに筆者が指導官となって調査官補にどのように技術を身に付けてもらったか，その一部をここに紹介したい。

　一般的に調査官補は指導官となった主任調査官とほぼ毎日行動をともにし，見よう見まねで仕事を覚えていく。やがて指導官から手が離れて事件をこなせるようになっても，あくまでも調査官補のときは指導官の事件を共同で担当する形となり，報告書も指導官との連名で提出する。調査官補とすれば，四六時中，指導官と行動をともにせねばならない負担感はあるが，それがもっとも成長の早道でもある。ある意味では，この時期の調査官補の特権でもある。筆者はそのような考えがあったため，研修の期間中に考えたり感じたり疑問に思ったこと，あるいは少し記憶にとどめておきたいことをすべてメモなり日誌に付けるように調査官補に指示していた。後日，それを指導官と調査官補の振り返りの材料に使ったりもした。すると，こちらが何の気なしに発した言葉を調査官補は意外に心に残していたり，逆にこちらの意図が十分に伝わっていないことを後で知り，こちらの力不足に愕然としたこともあった。

　面接技法については，当初は指導官の面接に調査官補が同席し，指導官の後ろで陪席する形を取って始められる。それが何度か続くと，今度は，面接の最後に調査官補に一言二言，質問や発言をする機会を与え，被面接者とのやりとりを体験してもらう。次には指導官の横に調査官補が座り，2人で共同で面接する形を取り，調査官補の発言もだんだん増やしていく。そして，今度は指導官が調査官補の後ろに控え，調査官補が主導的となって面接を進め，最終的には指導官が面接室に入らずに執務室で待機し，調査官補が一人で面接をこなす。こういった順で，徐々に一人立ちをさせていく。もちろん，調査官補は指導官以外の他の調査官の面接にも陪席することもあるが，比べものにならないほどに指導官と面接に入ることが多い。そのため，知らないままに調査官補は指導官の口調や癖をまねていたり，頷きや相づちの仕方も

驚くぐらいよく似てくる。

　指導は面接だけではなく，ケース理解や処遇の意見形成についても，かなりの時間をかけて検討し，調査官補が書いた報告書には真っ赤になるまでに指導官が朱を入れて何度か書き直しを求める。いわば，般若心経を何度も写経するように，記載のスタイルをそんな風にすることによって自然と身に付けさせるのである。

　このように懇切丁寧に，しかも充実した研修システムをもっている機関はおそらく家庭裁判所以外には見当たらないかもしれない。しかも調査官の場合は，採用5年目には実務研修，10年目には専門研修など，定期的に裁判所職員総合研修所に集められて合同研修が実施される。そのようなところを見ても，裁判所はいかに育てることに力を入れているかがよくわかる。ここで培われた育てる技術は，どの臨床分野の現場にも通用するものと思っているし，筆者自身は今の大学教育に大いに活用させてもらっている。

2　臨床家としての必要な技法

　そんな研修制度のなかで筆者は育てられたが，養成部のときに研修所の教官が言われたことを鮮明に覚えている。それは，調査官の仕事には「面接」「ケース理解」「報告」がいずれも大切で，その3本柱に同じようにウエイトが置かれ，図表11-1の正三角形のごとくバランスが取れていることが必要である，とのことだった。

　それから20年以上も実務経験をし，主任調査官として調査官補の指導などもするようになって，この3本柱が果たしてバランスよく成長していくものだろうかと考えるようになった。たしかに，3本柱は調査官の仕事，あるいは非行臨床にとっていずれも欠かせないものであることは間違いない。しかし，それぞれの発達曲線はかなり違っているように思えたのである。また，「臨界期」と言ってしまうと大袈裟であるが，ある時点までにあるところま

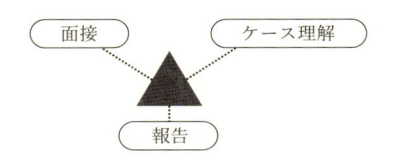

図表 11-1　面接，ケース理解，報告のバランス

でしか伸びず，発達の停滞が見られるような場合は，その後の指導を相当に工夫しないと成長が望めない場合もあると考えるようにもなった。たとえば，面接のやり方が自己流であるにもかかわらず，指導を受ける機会に恵まれずにその自己流が染み付き，しかもそれなりに仕事をこなせた人は，あえて今さら面接のやり方を改善しようという気にはなりにくい。

　それでは，3本柱である「面接」「ケース理解」「報告」の発達の仕方は，どう違うのだろうか。それを示したのが図表 11-2 である。これはあくまでもイメージ図でしかないが，筆者は「面接」の能力が一番臨床経験の浅い時期に急速に向上し，その後に「ケース理解」の能力，「報告」の能力が少しなだらかな曲線を描いて伸びていくのではないかと考えている。何度も言うが，これは何か数量的なエビデンスがあるというわけではなく，筆者自身の体験あるいは指導経験に基づくものである。

　面接が指導開始時期に急速な伸びを示すのは，指導官として調査官補を育てているときに何度も実感する。あるときの面接直後に指摘したことが次の回では見事に改善されていたり，数日前の面接と比べてずいぶんと落ち着いて聞けるようになっているなど，数回あるいは指導を始めてからの短期間の間に面接は見る見る上達してくる。これは大学院生のスーパービジョンをしていても同様である。経験がないところからスタートした面接であるだけに，それに慣れてくるというのが急速な発達の大きな要因かもしれない。

　それに比べて，ケース理解は急に新たな理解や発想がもちこまれるわけではなく，指導官や仲間とのケース討議の繰り返しや，専門書や一般書など

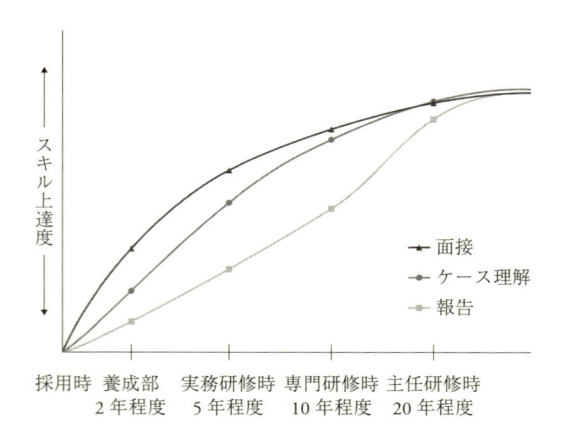

図表 11-2　3本柱の技術の発達曲線

縦軸：スキル上達度
横軸：採用時／養成部 2年程度／実務研修時 5年程度／専門研修時 10年程度／主任研修時 20年程度
凡例：面接／ケース理解／報告

　の幅広い知識量がこの能力をしだいに押し上げていく。そのために，面接の能力に比べればこのケース理解の発達は緩やかとなる。
　さらに，報告の能力はそれ以上に緩やかな伸び方をする。なぜなら，文章を書いたりするのは何も調査官になって始めるわけではなく，小学校入学前後から誰もがそれを習い始めるからである。そのため，その能力が急に高まることはほとんどない。ただ，自分のこれまでもってきた癖やスタイルは実務経験を経るにつれ，徐々にではあるが修正され，説得力のある報告書やまとまりのある文章が書けるようになっていく。
　筆者がこれをイメージした根拠は，同期の仲間が一斉に集められる定期的な合同研修で同期の成長のあり方を身近で感じたことによる。調査官補としての養成部研修では寮で同じ釜の飯を食べながら同期の仲間と一緒に勉強する。その後，調査官に任官すると全国の赴任地に散るものの，5年目，10年目という節目には，短期間であるが再度研修所にその同期が集まり勉強をする。そんななかで，同期の力量が自ずとわかってくる。たとえば，採用時は同期のなかでもあまり目立たなかったが，5年目までに相当に力を付けて

活躍しているとか，その逆のパターンもある。そんなところを見ると，採用されて10年までの期間，なかでも面接の技術については採用されて5年までの早期の段階で綿密な指導がなされると，非行臨床家としての大いなる成長が期待できることを実感した。

ただ，これはあくまでも目安であって，人によっても非行臨床を扱う機関やシステム，職務内容によっても違いがある。なかには育児休業を取得し，しばらく現場から離れて復帰される人もいるかもしれないし，非行臨床とは関係ない部署から配置換えになってくる人もいたりする。筆者がここで強調したいことは，臨床の力を伸ばすには早い段階での適切な指導が何よりも育てにつながり，後の成長を促すことになっていくということなのである。

「面接」「ケース理解」「報告」は相互に関連し合いながら発達していく。すでに述べたように，3本柱のなかでも面接の能力が何よりも発達の伸び率が高く，しかもその面接がケース理解や報告の能力を伸ばしていく。そうであるからこそ，この3本柱が正三角形のようにバランスよく発達していくわけではないと筆者は考えたのである。

面接技術が伴っていれば，面接をした少年や保護者から精密な事実を聞き出し，同時に深い情緒的な話が引き出せ，それだけケースを理解する材料が豊富になって，報告の内容も高まってくる。しかし，面接技術が貧弱であれば，自ずと分析材料も報告も乏しくなり，内容的には質の良くないものになってしまう。仮に面接技術がそれほどでなくても，作文能力に長けていればいい報告ができるのではないかと思う人もいるかもしれないが，それは評論であって臨床とはかけ離れたものになってしまう。

総じて言うならば，面接がケース理解や報告を引っ張る原動力になる。逆に，面接の発達が停滞してしまうと，図表11-3のように，必然的にケース理解や報告は伸び悩んでしまう。だからこそ，筆者は面接の訓練は臨床では何にもまして重要であると強調したい。

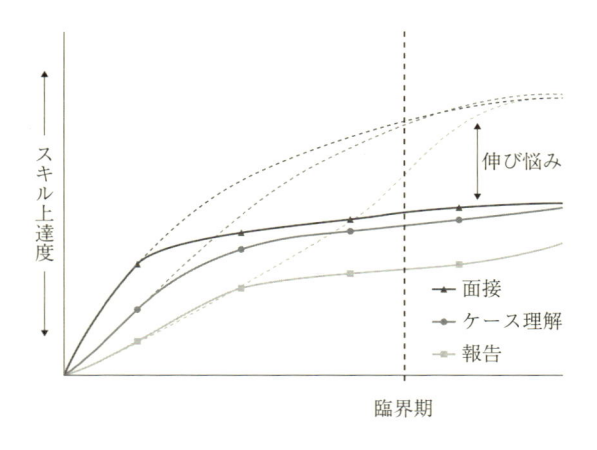

図表 11-3　面接の停滞がケース理解や報告に与える影響

3　プロセスレコードを活用した面接の訓練

1――プロセスレコードとは

　調査官の研修における面接技法の訓練のあり方の一つをここで紹介したい。それは"プロセスレコード"（調査官の間では，"プロレコ"と略されることも多い）を活用したものである。このプロセスレコードは，調査官補のときに限らず，その後の研修にも作成を義務付けられ，面接技能訓練，ケース検討，報告書作成演習などにも活用される。
　そもそもプロセスレコードとは，1950年代に看護理論家であるH・E・ペプロウが考案したものである。それは，看護を患者と看護師の治療的・教育的効果をもつ相互作用のプロセスとしてとらえ，この考えのもとで看護実践の記録様式として創始された。ペプロウによると，患者の言動を単に客観

な症状や問題行動に集約するだけでは不十分であるとし，看護場面に生じた患者と看護師のコミュニケーションを生の言葉で記述することの意義を重視した。そして，そこで展開されている言語的・非言語的なコミュニケーションを時系列に記述することによって，そこで繰り広げられている人間関係の特徴や直面する課題を明らかにし，それを分析することによって，患者ばかりでなく，看護師の成長となるとした。

　このプロセスレコードは1960年代になって，I・オーランドが看護場面における看護師の言葉と感情にズレがあるかを自覚することが重要であると考え，言葉とともに看護師の内面に生じた生の感情を記述することを強調した。さらに，E・ウィーデンバックは自己学習と自己評価にこれを活かせることができるとし，学習の素材としての活用を重視した。プロセスレコードは，このような変遷を経ながら今に至っている。▼注2

2 — 調査官のプロセスレコード

　調査官は戦後の1950年に少年調査官が，翌1951年に家事調査官が設置され，1954年に両者が統合され，現在の調査官となった。そして，1957年に家庭裁判所調査官研修所（現在は裁判所職員総合研修所に統合）が設立され，そこでさまざまな研修が実施されてきた。

　調査官がいつからプロセスレコードを活用しているかという明確な記録は残っていないが，おそらく看護の研修分野で当時活用されていたプロセスレコードを調査官の面接訓練にも導入させようと考えたのであろう。かなり早い時期からプロセスレコードの活用が導入され，それを題材にした面接訓練等の研修が伝統的に行われ，現在もそれは継続している。研修所で合同研修が行われる際には，研修生は事前に自分が担当したケースについてA4にして10枚から15枚程度のプロセスレコードにまとめてくることになっている。

　調査官が作成するプロセスレコードは，担当するケースについての事件

受理から終結までのかかわりの経過をまとめるのであるが，報告書とは違い，面接で重要と思われる箇所を逐語録風に記載する。また，その時々で調査官が感じたり考えたりしたこと，心の迷いや動きを率直に書き，面接の事前事後での仮説の生成や検証のあり方，指導者からの助言や裁判官や関係機関からの意見なども反映させながら，一つのケースを総合的な観点から記述していく。養成部の調査官補の場合は，目の前の事件処理に追われてしまいがちである。そうであるからこそ，一つ一つ立ち止まって物事を考え，面接計画を緻密に立てながら実践することを身に付けなければならない。このプロセスレコードはその実務感覚を養うにはうってつけの方法である。

　もっと具体的に言うならば，ある事件を調査官補が担当するようになると，その事件記録や資料から読み取れる事実関係を整理し，なぜこのような非行をするのかといったメカニズムや家族関係についての仮説を立て，それを検証する方法としての調査計画をまず考えることから始める。次には，少年や保護者に調査する際に，そこでの面接で何を明らかにしなければならないのか，どのような質問や応答をすべきか，という具体的なことまで考えて面接に臨み，面接後はそれらがどこまで達成できたのか，あるいは調査官補の素直な感想や苦悩も記述する。そして最終的な処遇意見や終局結果なども盛り込み，このケース全体を振り返っての調査官補の考察や残された課題，疑問点を挙げていく。

　巻末の資料「大和ケース──調査経過記録」のプロセスレコードは，筆者が作成したものである（このケースは研修用に作成された架空の事例である）。

3 ──プロセスレコードを活用する意義

　それでは，このようなプロセスレコードを調査官が活用する意義はどこにあるのであろうか。それをここでまとめてみたい。

　まず1番目に，このプロセスレコードは調査官と対象者（主に少年とな

るが，場合によっては保護者等が対象者になるかもしれない）とのかかわりにおける経過を分析検討するために適していることである。H・E・ペプロウは，「看護とは，個人の保健上の問題を解決し，健康管理のためのニーズを充たすという目標のために，連続的に患者に働きかけるひとつの「プロセス」である」と言っているように，そこに現れる関係性を"点"でとらえたり，静的なものと考えるのではなく，連続したもの，あるいは動的なものとして考えるのである。▼注2 面接あるいはコミュニケーションという状況はまさにそれが如実に現れるものであるため，このプロセスレコードを素材にした面接訓練が役に立つ。

　2番目に，対象者の言動はもとより，担当者としての調査官のその時々の心の動きが明らかにされ，その場面で感じたことや考えたことを取り上げ，調査官としてのかかわりのあり方を検討できる。面接前に立てた仮説をどのように検証していくのか，面接での問いかけの方法は妥当であったか，面接で得られた情報で仮説が検証されたか，あるいは新たな仮説が生成されたとするならば，それを検証するためには何が必要か，といったことをプロセスを追いながら考えさせられる。また，対象者のさまざまな動きは，調査官あるいは家族などの動きと連動することも少なくない。このような相互作用の関係性のなかで面接やかかわりは進んでいくのであるが，そこに敏感になっていく素養が必要である。このプロセスレコードを使った訓練では，記述の行間から読み取れる深い心の奥底や，意識しにくい隠れた部分を積極的に取り上げ検討していくことになる。それは，調査官自身が自分を客観的な視点からとらえ直すことでもある。なぜ少年にこのような厳しい対応を迫ったのか，面接で調査官が返答に困ったのはなぜなのか，少年の言葉に内心いらだってはいなかったかなどを，一人称による調査官としての私の視点，それに加えて二人称としての対象者との視点，さらには三人称としての客観的な視点から眺めていくわけである。

　3番目に，プロセスレコードは客観的な事件処理のプロセスだけでなく，実際に発言した内容とともに，心の動きを併記されながら面接中のやりとり

が逐語録風に記述される。そのため，面接場面が平面的ではなく立体的に浮き彫りにされやすく，リアリティをもってとらえ直しやすくなる。だからこそ，それを素材にした学習は，担当者でなくても自分をそこに置き換えやすい。もし，自分がこの担当者であったのなら，この場面でどのような動きや発言をしたであろうかが考えやすくなる。これが面接技法の向上にはとても重要であり，単なるケース資料ではないプロセスレコードの良さでもある。

4番目には，プロセスレコードを作成した調査官にとっては，自分の能力を点検する素材でもあり，面接技術の到達点を確認できる。また，指導者にとっても作成者の力量がチェックできたり，評価する材料にもなる。調査官の報告書では，担当者側の内面や心の動きは極力記述すべきではなく，"神の視点"と筆者が述べたように，客観的な視点から書かれるのが望ましい。しかし，その報告書とは違って，プロセスレコードはあくまでも研修のための素材であり，それを作成する側の技能向上のための道具でもある。プロセスレコードと報告書の両方を見比べることにより（巻末にはプロセスレコードとともに，そのケースの調査票，試験観察経過報告書，意見書も載せたので，比較してもらいたい），担当者の主観と客観のバランスがどのように調整されているのか，どのような情報収集を行って事件処理がなされているかが自ずと明らかになる。言うなれば，「面接」と「ケース理解」と「報告」の連動がいかになされているかがそこによく現れるのである。

5番目には，調査官としての職務の専門性の追求や技法の向上が図りやすくなるという利点がある。そもそも人間関係の専門家である調査官がその専門性を高めていく際には，何よりも対象者とのかかわりを土台にしながら，その技法を身に付けていかねばならない。一つ一つのケースには個別性があり，ケース・バイ・ケースと言ってしまえばそれまでだが，そこから普遍的なものを見いだしたり，より高度な専門性を目指していくことが必要である。もはやマニュアルには記述できない臨床的視座がそこには求められる。プロセスレコードを素材にして，指導者あるいはグループによる事例検討がなされることによって，担当者だけに限らず，調査官だからこそ陥りやすい共通

した落とし穴や課題が発見できることも少なくない。時には少年とのかかわりをしていくうえで当然気付かなければならない調査官の隠れた心理がわかったり、言葉と行為の不一致が見られたり、事実と解釈のズレが確認できたりする。いずれにせよ、より高い専門性に基づいたかかわりを目指していくためにも、このプロセスレコードの活用の意義がある。

　非行臨床の現場においては、時にはケースに翻弄され、その処理に追われてしまうこともないとは言えない。そのようなときに心しておきたいことは、「ケースを担当すること」と「ケースを自分のものにすること」とは違うということである。前者は担当者が決まり、そのケースを受け持ち、問題の把握や解決に向けて動くことである。当然、担当者は責任をもって、職務を全うする。ただ、それがすべて自分の身に付くケースになるとは限らない。それに対して、後者はケースからいろいろなものを吸収し、自分の問題や課題にもっと引き寄せ、ケースそのものが担当者の所有物になったり、あるいは客体化させたりしながら、最終的にはケースと自分との距離がはっきりしていく。実はこの両者は一見似ているように感じられるが、その差は大きい。担当したケースを次から次へとこなすことは、職業人としては本当に大切なことである。しかし、それだけでなく自分のケースにするためには、やはりそれ相当の訓練が必要となる。その一つが今回取り上げるプロセスレコードを活用した訓練なのである。

注1
採用されると調査官補と呼ばれる2年間の養成部時代があり、それを経て調査官に任官する。その2年間のおおよそ半分は裁判所職員総合研修所で合同研修を受け、残りの半分は実務研修といって、採用された家庭裁判所で実際の事件を行いながら実務を学ぶことになる。

注2
プロセスレコードについては、宮本真巳編（2003）『援助技法としてのプロセスコード——自己一致からエンパワメントへ』（精神看護出版）を参考にした。

資料
大和ケース
調査経過記録（プロセスレコード）

このケースは研修用に作成された
架空の事例であることを断わっておきたい。

1. 調査経過一覧

X.8.21	事件受理，観護措置決定，調査命令受命
X.8.22	中学校に学校照会（X.9.4 回答受理）
X.8.25	実父母の調査呼出し（X.9.3 の期日設定）
X.8.27	少年に面接（鑑別所において）
X.9.1	少年に面接（鑑別所において）
X.9.3	実父母に面接（当庁において）
X.9.4	少年に面接（鑑別所において）
X.9.9	少年に面接（鑑別所において）
X.9.10	鑑別結果通知書受理，少年調査票提出
X.9.12	審判（少年，実父母），在宅による試験観察決定
同日	少年，実父母に面接（当庁において）
X.9.26	少年，実母に面接（当庁において）
X.9.30	実母から電話連絡，少年に電話連絡
X.10.7	少年，実母に面接（当庁において）
X.10.22	実母に面接（当庁において）
同日	少年に面接（当庁において）
X.11.11	実母に面接（当庁において）
同日	少年に面接（当庁において）
X.11.19	実父に面接（当庁において）
X.12.2	少年に面接（当庁において）
X.12.10	実母に面接（当庁において）
X.12.17	少年に面接（当庁において）
X+1.1.7	実母に面接（当庁において）
同日	少年に面接（当庁において）
X+1.1.20	少年，実母に面接（当庁において）
X+1.1.21	試験観察経過報告書及び意見書提出
X+1.1.27	審判（少年，実父母）

2. 事件記録等から知りえた情報及び調査仮説，調査計画

(1) 少年名——大和祐太（16 歳，無職）

(2) 事件名及び事件概要

　少年は，平成 X 年 7 月 1 日午後 4 時頃，自宅において，販売の目的で，女性の陰部，男女の性交の場面を撮影したわいせつ DVD 3 本を所持していたという「わいせつ図画販売目的所持事件」として，検察庁から身柄付きで送致されてきた。

　少年は DVD を入手し，それを後輩の女子中学生に売るように手渡していたが，そのことが中学教諭に知れるところとなり，事件発覚となった。取調べ当初，少年は DVD

の入手先をあいまいにし,「2週間くらいの勾留ならチョロイものだ」と豪語していたが, しだいに素直な供述をするようになった。それによると, 少年は, 山本一郎 (17歳) から「2万円でDVDが回っているから」と言われ, 同人から3本のわいせつDVDを購入したことを明らかにし,「山本の名前を出すと仕返しが怖く, 本当のことを言えなかった」と陳述している。

なお, 警察では, 山本が暴走族Aのメンバーであること, その暴走族の背後には暴力団B組が資金援助していることを把握している。

(3) **少年及び家族関係に関する情報**

少年には, 原付バイクを無免許運転した道路交通法違反事件が当庁に係属しており, 平成X年5月に講習を受講のうえ, 不処分となっている。それ以外に触法時, バイク盗と無免許運転で補導されたことがある。中3過ぎから学校にほとんど登校せず, 中卒後は2日ほど水道工事や鳶の仕事をしただけで毎日徒遊生活を続け, 深夜まで夜遊びするという昼夜逆転の怠慢な生活をしている。

家族は両親健在で, 実父 (44歳) と実母 (43歳) は同じ一部上場会社に勤務し, アルバイト店員をする長姉 (19歳) と高3の次姉, 無職の父方祖母 (74歳) がいる。

実母の供述調書によると,「スポーツ万能のわが子にサッカーをやらせようと中学受験をさせたが, 不合格となった。以来, あの子が変わってしまったようだ。父親には中学時代からほとんど口を聞かず, 祖母や母親にも反抗的で口数は多くない」とのこと。

(4) **調査仮説及び調査計画**

本件はわいせつDVDを販売の目的で所持していた事案であるが, 中卒後, 無職で昼夜逆転の生活を続け, 暴走族, 暴力団との関係も危惧され, 交友関係を把握するとともに, 少年の非行性の程度を見極めたい。また, そこで年上の者からいじめられたり, 利用されていたのかどうかも調査したい。

少年は中3から不登校を続け, 現在も定職に就かずに気ままな生活を送っているが, このような意欲の乏しさは過去の挫折体験や家族関係が原因となっているようにも思われる。そのメカニズムを考えながら, 少年の理解を深めたい。特に, 少年が非行から更生をしていくには, 親子関係の調整を図らねばならないかもしれない。

上記の仮説から, 審判までに少年と3回ほど面接を行い, 実父と実母の双方に会って調査をしたい。

3. 試験観察決定までの調査結果

(1) **少年面接** (鑑別所において, 平成X年8月27日午前9時30分〜午前11時30分)

少年は背は高いがやや痩せ型。面接室に入ってきて椅子に腰かけても落ち着きがない。人定事項を確認するが, 小さな声で覇気がなく, エネルギーの乏しさを感じた。当職は, 調査, 審判の手続を説明した後, 非行事実の確認をし,「ここに入って1週間

近くになるけど，どうですか」と尋ねた。少年は「反省しかできないというか，辛い」とポツリと答えた。「辛い」の中身を聞いたところ，「今まで好き勝手に生きてきたから辛い。自分のしたいことだけをしてきた」と述べた。当職は，そんな返答に，少年は自分の内面をある程度言語化できると感じた。

次に，少年の親子関係を探りたいと考え，鑑別所での実父母との面会について尋ねたところ，実父は全国サッカー大会で優勝した中学校のことやプロサッカーチームの話題ばかりをしていたとのこと。わざわざ面会に来て，こんな話をするのは，親子間によほど話題がないのか，実父が重大な問題を避けているためかと当職には思われた。

本件の話題となり，DVDの入手先の山本との関係について尋ねた。1歳年上の山本は暴走族Aに加入し，少年が不登校を始めた中3の6月頃に知り合った。最初は山本のバイクに乗せてもらっていたが，中卒後に少年も400ccバイクを購入し，一緒に走ることが多くなったとのこと。少年は山本について，「昔あった僕の弱点を知っていて，いろんな人にしゃべったりする。それは恥ずかしいことなので，山本には逆らえない」と言った。当職がその弱点を尋ねても，「言えません。それはプライドに関することなので」と答えた。少年は中2時にも暴走族のステッカーやDVDを高額で買わされた経験はあったが，今回は山本から3本のいわゆる裏DVDを2万円で買わされ，その後，たまたま自宅に遊びに来た1歳年下の女子中学生に，3本5,000円でそのDVDを売ってきてほしいと手渡したようである。

当職は本件についての詳しい事情を聞き，その背景には少年の交友関係における問題が大きいと考えた。少年は，山本だけではなく，暴走族Aの元メンバーで，すでに成人になっている者らとも交流があり，それらの者が働く防水工の手伝いを3日間していること，少年自身は中2の一時期に暴走族Cに加入し，中卒直後には別の暴走族Aに入り，5回くらい暴走行為をしていること，他の暴走族仲間で何度も家裁係属をしている多数の者とも交流があることがわかった。当職は目の前にいる消極的な姿の少年と，話のなかでの活動的な少年とのギャップの大きさに驚かされ，意外に少年の非行性が進んでいるのではと考えた。ただ，少年は，暴力団Bの組員との交際は一度もなく，平成X年7月末には暴走族を脱退しようとバイクを売った，と弁解のように述べた。

家族関係の概略を聞くと，少年は実父のことを，「優しく，思いやりがある。（少し沈黙）人には厳しいことを言うのに，自分は楽をして……。昔は家族のなかで一番仲が良かったんですけど，中学に入って，あまりしゃべらなくなりました」と述べた。会話がなくなった理由について，少年は「いろいろ報告しなくてもいいんじゃないかと思うようになってきた。どこに行ってたと聞かれるのも嫌だし，答えるのも嫌になってきたから」と話した。少年は実父に対する不満も口にするが，「ここにいると家族が恋しくなる」と話すため，当職は「家に帰ると今度はうっとうしくなって，鑑別所に入りたくなる

かも」と言ってみた。少年は笑いながらそれを否定し，次回面接の時期を尋ねてきた。

(2) 少年面接（鑑別所において，平成X年9月1日午前9時30分~午前11時30分）

　少年は，当職の面接を待っていたようにニコニコしながら入ってきた。

　前回の話の続きとして，実父のことを聞いた。少年は「父は真面目っていうか，思いやりがある」と前回とは違い，肯定的な評価をした。当職はその点を指摘し，「お父さんのイメージは両方あるんだね」と言ったところ，少年は「それを合体するというか。（少年はやや笑いながら）本当にそうなんです。それが全部重なった人間なんです。僕から見て，いいときはいいし，嫌なときは嫌」と述べた。そして，「親の言いなりになることが恥ずかしくなって，反抗的になってきたことから，しだいに話さなくなった」とも説明した。

　また，少年は実母について，「母さんとは結構仲が良い。うるさいと思うときもあるけど，夜中に帰ってきても起きてくれていて，そんなときは今日の出来事を自分から言っちゃうようなところがあって，心が和む」と述べた。その一方で，少年は自分を子ども扱いしないでほしいとも考えており，実母に対して依存と反発の両方の感情が交錯していると，当職には感じられた。これ以外に，父方祖母と実父母の折り合いが良くないこと，長姉は少年とは正反対の性格で，非常に内向的であること，次姉は高校で陸上部の部長をし，負けず嫌いであること，等の話が聞かれた。

　今回の面接の目的である少年の生活史に焦点を当てた。

　少年は幼少期から学童期を回想して，「小学校までは親の期待にも応えていた……（間を空ける）……つもりです」と言い，マラソンやサッカー，ソフトボールで優勝するなど，華々しい成績を上げたことを語った。幼稚園時，実父の後をついて次姉と走り出したのがマラソンを始めたきっかけで，その後，毎年のように大会で優勝を重ね，新聞にも載ったことがあるらしい。また，小4からは少年団のサッカーをやり，キャプテンを務め，県大会にも出場したり，クラス委員をするなどリーダー的な存在で，非常に活発な子どもであったようである。

　小6時，少年はプロのサッカー選手を目指し，サッカーで有名な私立S中学校を受験した。実父がそれに積極的であったが，勉強をせずに受けたため，入学試験には不合格となった。少年はそのことを振り返り，「それ以来，受験が苦手で，受験というと落ちるイメージがつきまとうようになった」と語った。

　それでも少年はプロサッカー選手の夢を捨てず，地元の公立中学校のサッカー部で頑張ろうとするが，積極的に練習をしないクラブの雰囲気と顧問や先輩に馴染めなかったため，「一気に嫌になった」と言う。その頃から喫煙を覚え，生活態度が乱れ始めた。他校生徒とともにバイクを盗むのもこの頃であり，中1の3月には同級生の山田弘と再びバイクを盗み，家に帰らなかったこともあった。中2になると，山田の影響で暴

走族Cに加入し、ますます不良化していった。当職には、少年が一途である反面、柔軟な思考に欠け、物事を一眼的にしか見られないところがあると思えた。また、少年の内面には、目標を喪失し、刺激を求めて行動はするものの、満足が得られない不全感が多分にあるように感じられた。

(3) **実父母面接**（当庁において、平成X年9月3日午前9時30分〜午前11時30分）

　実父は年齢よりも若く見え、おとなしそうな印象。実母は清楚な服装であり、疲れているように見えた。

　当職から本件の詳しい事情を説明し、思い当たることや感想から述べてもらうことにした。実母は「部屋の掃除のとき、DVDが何本かあることは知っていました。そのタイトルを見て、性に興味があるとしか考えず、まさか悪いことにつながるとは思ってもいませんでした」と述べ、実父は「年上の子とつきあっていたし、昼夜逆転の生活でした。何をやっているのかもよくわからなかったのが……」と言葉を濁した。実母は実父の話すのを待っていたかのように、「以前は友達が多かったのですが、学校に行かなくなり、同級生とのかかわりがなくなりました」と、少年を不憫に思ったのか、こみ上げるように泣き出した。少し気持ちが落ち着くのを待って、家族関係について聞いた。

　実父は高卒後、技術職として現在の会社に就職。少年は次姉とともに実父の走る姿を見てマラソンを始め、その頃はかなり少年とスキンシップがあった。少年は「将来は何になるの？」と聞かれると、「哲（実父の名）になる」というほどに実父を憧れの的としていたようである。当職はどんな父親かと実父に尋ねたところ、「養子みたいだとよく言われる。昔の父親のようについてこいという態度ではなく、息子とは友達のようにしたいと思ってきました。私は父親を中1時に亡くしているので余計です」と、実父は答えた。実父は、校内での喫煙が発覚した中2時に、怒って少年のベッドを蹴って壊した程度で、これまでほとんど少年に手を上げたことはなかったようである。

　実母は高卒後、実父と同じ会社に就職し、現在は営業職。実父と同様、少年には甘い面が多々あり、実母自身も「いけないことはいけないとはっきり言える人間にならないと、と反省しています」と述べた。

　次に、家族史や少年史について調査をした。

　実父母は職場恋愛をし、平成X-20年に結婚。第3子の少年を平成X-16年4月に産み、発育も順調であった。実母は3年間の休職を取って育児に専念し、幼稚園の頃は運動能力が優れていたことで、他の園児の親から「祐太君はいつもヒーローだね」と羨ましがられた。小学時はマラソンやサッカー、ソフトボールと1日に3試合も掛け持ちするほどの忙しさであったが、少年も努力していたし、その成績も良かった。そんな少年の姿を見て、実父母は誇りに感じることが多かったようである。

私立中学受験の不合格について，実父は「いい経験になったと思いましたが，本人は，もう俺はだめだ，と落ち込んでいたようです」と言い，実母も「そのことがこれまでの一番の挫折だったかもしれません」と述べた。
　以後，少年の調査でも語られた生活状態の変化の話に進んでいった。少年はしだいに学校の教師からも「問題児」というレッテルを張られ，プライドを傷付けられることも何度かあり，中2の11月頃から不登校気味となり，中3の5月の修学旅行以後はほとんど学校には行かなくなった。同級生とのつきあいはなくなり，年長者と交際し，その頃から昼夜逆転の生活が始まったようである。
　少年は私立高校の受験にも失敗し，再度，不合格のショックを受け，職にも就こうとしなかった。実父がせっかく探してきた仕事も2日しか続かなかった。それなのに，実母に無理を言って，少年は自動二輪バイクを買い与えられてもいた。実母はその点につき，「無免許は承知でしたが，年齢が来たら免許を取ると言っていましたし，仕事をしてバイク代を返すと約束をしたので，その期待がありました」と苦悩を語った。そんな実母の期待を裏切り，少年は暴走族に加入し，暴走行為も行った。また，少年は暴力団組員の名前が刺繍してある服を着ていたり，その組員の引っ越しを手伝って1万円をもらったという事実も実母の話から明らかにされ，実父母は相当に少年に手を焼いていたことが理解できた。
　このような話を聞いた後，今後の実父母の養育方針を尋ねた。実父母は他県の全寮制のY高校に来春から通わせたいと述べ，数日前にその高校を両親揃って見学に行ったとのことであった。当職は，実父母の考えも理解できないわけではなかったが，これでは以前の私立中学入試時の少年への対応と変わらず，どこかワンパターンであると思えた。そこで，「これまで，ある意味では親のレールの上を走ってきたけど，うまくいかなくなった。今回もやはり同じようなことをお父さんとお母さんはされようとしているように見えるのですが……」と指摘してみた。すると，実父はやや興奮したように，「自分で気づいて，方向性をもたないとダメなのはわかっています。しかし，とりあえず親が道を敷いてやるというのが必要と考えました。働くといっても，本人には意欲がないし，高校のほうに賭けてみたいと思ったのです」と述べた。実母に意見を聞くと，しばらく沈黙をした後，困った表情で，「考えられなくなりました」とポツリと返答をした。当職は精神的に幼い面をもつ少年を親元からすぐに離すことの是非や，少年だけでなく実父母にも何かが足りず，それを取り戻すことが先決であること，試験観察を含めて，現段階では在宅指導から矯正施設の処遇の可能性があること，等を伝えた。
　面接の最後に，実父は「もう一度，子どもと一緒に走ることも考えてみます」と発言した。実父は走ることで少年との交流の復活を期待したいとのことであるが，当職にはそう簡単に物事は進まないように思えたし，ここでもワンパターンな方策しか取れな

い親の問題点を逆に感じた。当職は「お父さんがそう思っても，彼のほうはついてこないかもしれませんよ。昔はお父さんが一人で走る姿を見て，後を追っかけるように自然に走るようになったとのことでしたよね。私はその話がすごく印象に残りました」と言うと，実父も「まったくそうでしたね」と自分の発言が短絡的であったと反省していた。当職は「一つ言えることは，今までとは違った親子関係になってきているということです。特に，お父さんとの関係では，今はお互いに引っかかりがまったくないような状態ではないでしょうか。そこが，少し引っかかるようになると，かなり変わってくるようにも思えますが」と感想を述べた。実父は自分の問題を突き付けられたと感じたのか，かなり神妙に話を聞いていた。実母はいろいろな話ができ，少し安心したような表情を示していた。

(4) **少年面接**（鑑別所において，平成X年9月4日午後1時～午後3時）

少年は「今日は面接はないものと思っていた。調査があるのは嬉しい。気分転換になるし」と嬉しそうに言った。

前回の生活史の続きとして，暴走族Cにしばらく入っていた話から調査をした。暴走族に加入することを勧め，少年の数少ない親友であった山田が，平成X年2月にバイクの事故で死亡しているが，当職はその出来事が少年にどのように受け止められているのかを知りたかった。少年は「2回病院に面会に行ったけど，かわいそうで見てられなかった。葬式にも行ったけど，生きていてほしかった」と述べ，その後は長い沈黙のままうつむいた。当職には少年が泣いているようにも思え，「あまり考えたくない?」と聞くと，小さな声で「はい」と述べた。

山田の死，高校受験の失敗などで，少年は「何をするのかも考えなくなった」と述べ，ほとんど稼動せず，今度は暴走族Aに加入し，本件の関連少年の山本などと親密になったとのこと。しかし，ここでも少年は暴力団員との交際を否定し，話をしたこともないと言い張った。当職は保護者面接で語られていた組員の引っ越しの手伝いの話をもちだしたところ，少年は慌てたような態度となり，下を向いて事実を認めた。当職は，自分に不都合なことはあくまでも隠し通そうとする少年の弱さを見せつけられた思いと，何か一面的で薄っぺらい少年の人間関係を痛感させられた。この機会にそのような少年の問題点に焦点を当てたいと考え，当職は「どうして本当のことを言わなかったの?」と追求した。少年は聞こえるか聞こえないかぐらいの小声で，「まずいかなぁと思ったから」と答えた。当職は少し少年の気分になったつもりで，「うーん，まずいから言わない」と少年の言葉をオウム返しに述べた後，「あなたはそんなところがある人なんだ」と切り込んだ。少年はしばらく困った表情を示し，「でも，これまで話したことは全部本当です」と言うが，当職は「正直，がっかりしました。(しばらく間を置いて) いずれにせよ，暴力団員とつきあいがあり，その引っ越しに行って1万円をもらっ

たことは事実ですね。（少年は頷く）そのことは裁判官に報告しておきます」と話した。少年はもじもじして，「それは困ります」と言うが，当職は「どうしてですか。私は，都合のいい部分も都合の悪い部分もすべて報告をします」とこちらの毅然とした態度を変えようとはしなかった。このような言い方が良かったのかどうかはわからないが，鑑別所での日記や面接において，少年が必要以上に当職を頼ろうとし，そのことが問題の核心に届かなくさせているように思え，当職はここで少年との距離をもち，自分自身をもう一度客観的に見つめ直してほしいと考えた。

その後，少年に将来について尋ねても，バイクの免許を取りたいなどの切実感のない内容の回答しか出せなかった。ある意味では，少年は今までの生活に不自由さも感じず，エネルギーが乏しくても成り行きでやってこられたのかとも思えた。当職は「ここをもし出られたら，やることはそれだけかな」と尋ね直すと，少年は逆に「それだけではだめですか。どうしたらいいかわかりません」と不満そうに問い直してきた。この場面でも，すぐに弱音を吐く少年の問題が繰り返されていると当職は判断し，「自分のことだろ」とやや語気を強くして言った。しばらく沈黙が続いたが，当職は「あなたは楽をしたいからバイクの免許を取りたいと言うけど，以前のあなたとだいぶ違うよね。前のあなたは必死で練習をやったり，自分の足で走っていた。そこも少しがっかりしました」と正直な感想を述べた。少年は下を向き，涙をこらえていたが，「調査官にとって，悪い印象ばかりですか」と聞いてきた。当職は「良いとか，悪いということではなく，がっかりしただけです。審判までに考える時間がまだたっぷりあるよ」と言い残し，面接の終了を告げた。

面接後，鑑別技官からSCT（Sentence Completion Test：文章完成法テスト）の結果を見せてもらうが，短絡的で欲求の耐性が弱く，喪失感や家族との疎遠感情があることがわかった。また，技官から少年の知能指数についてIQが72しかないことを知らされ，やや驚いた。

(5) **少年面接**（鑑別所において，平成X年9月9日午後1時〜午後1時50分）

少年は頭を丸刈りにし，「いろいろと考えました」と言い，自動車整備士になるための専門学校に通いたいと述べた。当職は前回の面接以後，少年なりに考えたことを評価はしたが，十分に将来展望をもった回答とは言えないことはすぐに理解できた。また，当職は面接前，少年が鑑別所内で不正雑談で注意されたとの情報も得ており，それも加味すると，少年はその場その場では緊張感はあるものの，それが持続できない大きな欠点があるとも思えた。

そんなことを当職が考えていると，少年は「親のことですが，僕のことをどう思っているんですか」と尋ねてきた。少年はすでに親から見捨てられたのではないかとの不安が強いことを述べ，「一人では生きていけない。見捨てられたら困る」と話した。当

職は「一人でやっていけないので，応援をしてほしいという感じかなぁ」と問い返すと，少年は「そうです」と答えた。少年は審判を控えて不安が強いうえ，当職との面接でもなかなか安心感が得られず，両親までもが自分を捨てるのではないかと考えたことは当職にも察しがついた。そこで，かなりの時間をかけて少年の言い分を聞いたうえで，当職は「親から見捨てられたらどうしようという話があったけど，本当はあなたが自分自身のことを見捨てているのじゃないのかな。（少年は痛いところを突かれたとの表情を示し，沈黙）審判では自分の思ったことを正直に裁判官に伝えなさい。それこそ，自分の力で」とアドバイスを与えた。

(6) 処遇の選択

少年はこれまで暴走族に加入したり，暴力団員との接触も多少なりとも存在し，そのような不良交友が本件の起因になったと言える。また，少年は目標を喪失し，中3から不登校，中卒後も定職に就かずに昼夜逆転の不安定な生活を続け，自己の生活設定における混乱が見られる。現在のところは矯正教育が必要となるほどの非行性までは有していないが，意欲が乏しく，投げやりな言動が多い少年だけに，急速に非行を進めていく危険も高い。さらに，実父母も少年への対応に苦慮しており，適切な方策が打ち出せない状態にあるだけに，それに拍車をかける事態にもなりかねないと思われる。

したがって，本件については当分の間，少年の動向を観察するとともに，少年の生活状態の改善を図り，接触の乏しくなった親子が少しでもかみ合う関係に調整をしていくことを主眼に，在宅による試験観察の意見を裁判官に提出したいと考えた。

4．試験観察決定から終局までの調査結果

(1) 審判 （少年及び実父母出席，平成X年9月12日午前10時〜午前11時）

少年は裁判官の質問にかなり緊張気味に答え，「あのまま鑑別所に入らなければどうなっていたと思うか」との質問には，「前と変わらない生活をしていたか，前よりももっと悪くなっていたと思います」と述べた。また，当職に発言が求められ，今後の自分の課題について尋ねたところ，少年は「朝はしっかり起きて，夜は寝るという生活をする。悪い人とはつきあわない。家族とコミュニケーションを取る」の3点を挙げた。

審判では，当職の意見通り，在宅による試験観察決定となった。

(2) 少年及び実父母面接 （当庁において，平成X年9月12日午前11時〜午前11時40分）

少年は審判を終え，ホッとした表情で面接室に入ってきた。当職は，試験観察について，「今後，あなたが良くなっていくのかどうか現時点では決めかね，最後の決定が出るまでの期間，調査官が観察をすることになった」と説明した。また，遵守事項として，審判で少年が述べた「規則正しい生活をすること」「悪い人とつきあわないこと」の課題を採用し，当職から「将来の目標を見つけ，それに向かって努力すること」を一つ加えた。また，観察の期間は，来春の進路が決まるまでのおおむね3〜4か月とし，

2週間に1回の割合で少年と実母に面接し，実父には必要な場面で登場してもらうことにした。

このような説明の後，少年から原付免許を取得したいとの申し出があった。当職は「楽をしようと思って免許を取ろうとするのは反対。あなたは受験は落ちるイメージがあると言ってたけど，免許を取るのも一つの受験です。悪いイメージを拭うには絶好の機会であるが，努力をしない受験はやめるべきだ」と助言した。

(3) 少年及び実母面接 (当庁において，平成X年9月26日午後3時〜午後4時)

実母同席のうえ，少年から最近の状況について尋ねた。少年は午前7時には自分で起き，家族と食事をし，原付免許取得のための勉強をしている。また，友人の紹介で旅館のシーツ替えのアルバイトを頼んでもらっているとのこと。少年は「以前よりも家の雰囲気は悪くない」と言うが，当職には何か手応えが少なく，少年は温室で育てられているような生温かい印象を受けた。実母に聞くと，「主人は調査官から言われたことをかなり気にしていまして，主人なりに息子と引っかかりを求めて話しかけたりしていますが，なかなかうまくいかないようです」と述べた。

少年単独面接となり，少年は原付免許の試験を来週には受け，1回で合格する自信もあると言った。また，両親について，「親は自分の機嫌を取ろうとしている。ご飯も全部，自分の好きなものが出てくる」と語るため，当職は「へぇ，時には鑑別所に入るもんやね」と冗談を言った。

実母と交替になり，実母は「息子から調査官に言うなと言われましたが」と小声で前置きし，ここ2日間は少年が夜11時に帰宅したと報告した。実母は「調査官との約束を覚えているのかと念を押したのですが，きつく言うと，あの子が帰ってこなくなることも心配ですし……」と述べた。当職には小学生に対するような実母の接し方に呆れ，「親は自分の機嫌を取っている」との先ほどの少年の発言を伝え，「子どもはよく見ているものですから」と指摘した。実母が揺れ動くことも必要であるが，どこかで度胸を決めて物事にかかる必要があると思え，以前に実母が言っていた「自分に厳しく」をもう一度，課題に取り上げた。

(4) 実母から電話連絡，少年に電話連絡 (平成X年9月30日午前10時)

実母から，少年が原付免許試験に合格したとの吉報が入り，すぐに少年に祝福の電話をした。少年は「一緒に受けに行った友人は不合格だった」と嬉しそうに話していた。

(5) 少年及び実母面接 (当庁において，平成X年10月7日午後3時30分〜午後4時30分)

少年はニコニコして持参した免許証を当職に見せた。当職は「これで第一関門が突破できたね」と言うと，実母も側で頷いていた。少年は「バイクの免許を取ったことだし，それを活かすピザの宅配か，寿司屋の配達の仕事がしたい」と述べるが，少年がこれほど自信満々に答えたことはなかったように思えた。

実母の単独面接時，実母は「本当のところ，私も主人も試験に合格するとは思っていませんでした。たかが原付の免許ぐらいと思われるかもしれませんが，一発で受かるなんて信じられず，やればできるということを思い知った感じです」と，目に涙を溜めていた。当職は「私も本当に嬉しかった」と述べた。

　次に，実母は少年の就職活動に手を貸そうかと考えている話をしてきたが，当職はその賛否については明確にせず，「実はお母さん自身が自分の生き方そのものを問われているわけですね」と言った。そして，実母自身の問題の掘り下げをしていくためにも，少年と実母の面接を別々に設定したいともちかけたところ，実母は「私もそのほうがありがたいし，いろいろと考えるところもありますので」との返答であった。

　少年と同席の際，当職は，「次は仕事を見つけてくること。次回面接までにできるかなぁ？」と言うと，少年は力強く首を縦に振った。前回までの自信のない返答とは違い，逞しさを感じた。

(6) **実母面接**（当庁において，平成X年10月22日午後1時30分〜午後2時40分）

　実母は「あの子に仕事が見つかり，今日から出勤となりました」と嬉しそうに答えた。雑誌で郵便局の配達のアルバイトを見つけ，応募に行ったときはすでに募集を締め切られていたが，少年が就労を強く希望したため，誠意が通じて別の郵便局に採用されることになったようである。実母は「あの子は調査官との約束を守って，早く仕事を見つけたいという気持ちも強かったみたいです」と話すが，当職も前回の原付免許取得の報告といい，今回の報告，それも少年の希望するバイクを使用しての仕事と，トントン拍子に事が進んでいる感じがした。

　ただ，初出勤の今朝，少年が起きてこなかったので，実父母はかなり気を揉んだとのことで，「以前ならこんなときは夫婦でドアをガンガン叩いて起こしていましたが，今回は少し冷静になって，静かに声をかけました」と述べた。当職は「いい対応をなされましたね」と評価を与えた。すると，実母は「以前なら何も考えずにスムーズに接していたのに，最近はぎこちなく感じ，悩むことが多くなりました。前は自分のペースで相手を追い詰めていたのかもしれません。調査官から，ちょっと待ってみましょう，と言われ，ふと感じるものがありました」と話した。当職は「親子ってうまくいってるときは何も考えなくてもスムーズにいくけど，それができなくなると何をするにも考えてしまいますね。でも，うまくいってないときに考えなければ，失敗を繰り返す。そして，別の方法を見つけ，うまくいきだせば，また考えなくても親子がうまくいくのかも」と答えた。

(7) **少年面接**（当庁において，平成X年10月22日午後4時10分〜午後5時）

　少年は10分遅刻して来庁。息を切らせて走ってきた少年の横に学生服を着た彼女がおり，少年は彼女を杉田裕美と紹介した。当職は面接中は彼女に廊下で待ってもらう

ことにした。

　まず少年に彼女を連れてきた理由を尋ねると、「別に理由はないです」と言った。当職は冷やかし半分で、「たとえば、調査官に彼女を自慢したろとか……」と言ったところ、少年は「真面目にやっていることの証拠として連れてきました」と述べた。

　少年は郵便局でのアルバイトの話を喜び一杯に語るため、当職は「うまいこと仕事を見つけてくるもんやね」と相づちを打った。少年は「次回までに仕事を見つけると約束したけど、仕事が見つからないので焦り、もうだめかと諦めていました。今までだったら、仕事をやる気にもならなかったけど、試験観察があってやる気が出てきたし、自分でも努力をしようと思ってる」と付け加えた。当職は試験観察の効果がしだいに上がっていることや、面接中の会話が少年に染み通っているようにも感じられた。

　面接終了前に、当職は「証拠として連れてきた杉田さんと会おうかね」と聞くと、少年は「どっちでもいいです。会うのだったら、自分は別席がいい。それのほうが証拠になりやすいでしょ」と言った。そこで当職は、「席を外す必要はないよ。あなたの話で十分に証拠になるし、信用できる」と返した。

　杉田を面接室に入れ、ほんの数分話を聞いた。杉田は「ちゃんとやっています」と落ち着いた口調でしっかり話し、少年をリードしているようにも感じた。当職が冗談を言ったりして、3人でケラケラ笑った。杉田は「調査官は楽しい人で、会話がおもしろいと言ってました」と告白したため、当職は少年に、「私が大阪弁やから漫才を聞いてるみたいだと、彼女に言ったのと違うか」と応対した。最後に、当職は杉田に対して、「彼はとても大切な状況に置かれています。あなたは彼を大切に思っていると思うけど、私もそれは同じです。どうか協力をしてあげてください」と述べた。

(8) 実母面接（当庁において、平成 X 年 11 月 11 日午後 1 時 25 分～午後 2 時 15 分）

　実母は、少年が仕事を真面目に続けているが、昨日だけは休みを取ったと報告した。実母の推測によると、最近は彼女としっくりいっておらず、そのことが休みにつながったのではないかとのことらしい。実母は彼女との関係から少年の生活が乱れないかと心配するが、当職は「微妙な問題が含まれているし、お母さんがストレートに切り込むことは彼の自尊心を傷付けることにもなりかねないですよね」と、二人の関係を見守ることが大切であると語った。

　当職は、順調に滑り出した試験観察が次のステップに上がるためには何かが不足しているのではと感じた。そんな局面に来ていることから、少年面接後に実父との面接を入れてみることを伝えた。すると、実母は苦笑いをしながら、「主人はいつ調査官から呼ばれるのだろうかと気にしていました」と言った。

(9) 少年面接（当庁において、平成 X 年 11 月 11 日午後 4 時 5 分～午後 5 時）

　少年は、仕事にも慣れ、配達の地域が拡大したと言うが、前回までの笑顔や自信に

満ちた話し方ではない。話を聞いていくと、「本当は型枠大工のような職人になりたい。アルバイトではなく、給料がいいところで働きたい」と述べ、先輩から就労先を紹介してもらう予定になっていると説明した。

当職の内心では、当分は今のアルバイトで努力をしてもらいたかったが、無理やり引き留めても、結局は同じ状況を招くことも予想できた。それなら、このことを契機にして、さまざまな問題を少年と話し合えればと考えた。

当職は仕事の大変さなどの話を少年とした後、「飛行機が離陸をした後、ある程度は上昇しなければならないよね。そして、ようやく水平飛行をするのだけど、それは試験観察にも同じことが言えるんじゃないかなぁ」と、現在の試験観察の状況をこのような比喩を用いて説明し、少年にも自分がどの段階かを述べてもらった。そして、転職の話に戻して、当職は次の仕事先が見つかるまでは郵便局の仕事は一日も休まずに行くことと、新しい就労先に暴力団や暴走族の関係者がいないかよく調べることを少年と約束した。

面接終了に近づき、少年は「昨日の夜中、外で飲んでいる父親から電話があり、頭にきて電話を途中で切りました」と述べた。少年は仕事で疲れて寝ていたのに、電話で起こされ腹が立ち、「父親は会うたびに、仕事を頑張れとか、続けろよと言うけど……」と不満を口にした。当職は少年の気持ちを汲むように、「それはお父さんがいかんねぇ。あなたが頑張っているときにそんな風では」とやや大袈裟に言い、「緊急に面接を行いたいと思います」と記載した実父宛の呼出状を作成して、少年に直接手渡してもらうことにした。

当職はこの直後、裁判官にこれまでの試験観察の経過を口頭と書面で報告した。

(10) **実父面接** (当庁において、平成Ｘ年11月19日午前11時～午前11時40分)

実父は面接早々、「飲み会ばかりで」と申し訳なさそうに切り出した。当職は「お父さんに来てもらったのは、だいたいどういうことか、お察しがついておられる感じですね」と対応した。実父は「息子から聞きました」と先日の夜間の電話の件を照れくさそうに述べた。

当職は、少年が自分の気持ちを十分に理解してくれていないと漏らしていた話をし、型枠大工の仕事に転職を考えていることを伝えた。実父は「そんな話は初めて聞きました」と少し驚いていた。当職は、転職を希望する背景には仕事内容や収入だけでなく、少年は父親的な親方がいる職場で厳しさや逞しさを求めているのかもしれないと話し、今が大切な時期だけに実父のアドバイスが必要であると述べた。その後、アドバイスの具体的内容を話し合うなかで、当職が「調査官からかなり絞られたと言ったらどうでしょうか」と言うと、実父は「それを息子は楽しみにしていたみたいですよ」と答えたため、二人して大笑いとなった。

(11) **少年面接**（当庁において，平成X年12月2日午後4時～午後4時50分）

　少年は仕事が忙しくなっているにもかかわらず，一日も休んでいなかった。そして，「やっぱ，郵便局でやってみようかなと思っている」と述べた。少年によると，職場で親切にしてくれているおばさんからの助言があったことや，「しばらく郵便局で頑張ってみろ」との実父からのアドバイスがあったことがその理由とのことであった。少年の話し方に浮ついたところがなく，どことなく腰を落ち着けたという印象を受けた。

　最近の少年の交友関係や彼女との交際に変化はなかったが，以前からの複数の友人への借金をアルバイト代で返済していることがわかった。また，11月中旬，山本を後ろに乗せて原付を運転し，定員外乗車で反則金を支払ったとのことで，当職は，試験観察の合格点が付けられるようにお互いに努力しようと述べた。

(12) **実母面接**（当庁において，平成X年12月10日午後4時～午後4時55分）

　実母は，少年の帰宅が午前様になることがあるが，仕事には行っていると報告し，「心配ではあるけど，考えてみると，こんな風に仕事を続けられるようになったことはすごい進歩ですよね」と発言した。当職も，何かにチャレンジする課題は卒業し，今は根気強く続けることが課題であると述べた。

　実母は「これはまだ調査官にも言ってないのですが，これまで私にもいろいろな苦しみがあって」と前置きをして，少年が幼少期の頃，実父が若い女性と1週間駆け落ちをしたことを告白してきた。そのとき，実父はデパートで少年と同じ年齢の男の子を見かけ，思い直して家に帰り，再度夫婦でやり直そうと話し合ったとのこと。当職は，実母が以前に情緒不安定になった理由がようやく理解でき，この話が先の少年の帰宅時間と密接に関連しているとも思えた。当職は実母の心情を受容しながら，「ご主人の浮気の話ですごく重要な点は，わが子を思い出して帰ってこられたことではないでしょうか。祐太君にも同じことが言えて，外にいるときに，どれだけ家族のことが思い浮かべられるか，心のなかにどれだけお父さんとかお母さんがいるのか，ということかもしれません。親がせっせとご飯を食べさせたり，世話をするのも，子どもにこのことをさせたいからかもしれませんね」と述べた。実母は「そのとおりですね。こんな話をするつもりもなかったのですけど」と少し照れくさそうにしていた。

(13) **少年面接**（当庁において，平成X年12月17日午後4時～午後4時40分）

　彼女と来庁するが，今回は少年だけの面接とした。

　少年は，原付バイクの部品を盗まれて動かなくなったこと，年賀状の時期に入り残業までしていることを報告した。当職は夜遊びの事実を確認したところ，少年は顔を強張らせて，山本らとコンビニで雑談をしていると述べた。当職は少し生活のリズムが狂ってきていることを懸念し，試験観察の遵守事項を少年に思い出させ，「試験観察は最終的な処分を決めるためのもので，約束事が守られているかどうかは重要な要素にな

る」と諭した。そのうえで，いつかは聞かなければならないと思っていた山本との関係，特に少年が鑑別所で述べていたプライドに関する少年の弱みについて，ここで取り上げることにした。当職は「最近の夜遊びもそのことと関係しているのかい？　そうだとするなら，山本とどんな関係があるのかを知っておく必要があり，今日はそれを教えてもらおうと思うのだけど……」と厳しく迫った。少年は明らかに困った表情を示し，「やはりそれはプライドに関することなので言えません」と述べた。当職は，交友関係と問題行動が密接に関係していることを少年に自覚してほしいこともあり，「本件の裏DVDのときと同じ。今回も山本との関係があなたの生活全体を左右することにもなりかねないので，プライドのことを聞いているのです」と追求した。しかし，少年はしばらく沈黙をした後，やはりそれは話せないと述べた。

　最後に，当職は「郵便局が一番忙しいこの時期を乗り切れるかどうかが別れ道」と述べ，「早くバイクを修理できればいいね。あなたはバイクに乗るのが一つの目標だったし，頑張って免許も取った。そのバイクの部品が取られ動けなくなっているという状況は，今のあなたと同じような気がしてならない。つまり，何かの部品があなたには欠けており，もっと動けるはずが，今は動きにくくなっているように思えるから」と話した。

(14) 実母面接（当庁において，平成X＋1年1月7日午後1時30分〜午後2時30分）

　当職は，少年が投げ出さずに働き続けているか心配していたが，実母は笑顔で来庁したのでホッとした。近況報告の後，実母は「家のなかでもあの子との交流が多くなりました。年末に調査官から夜遊びのことなど厳しく言ってもらったのが，かなり応えているようです。あの子は私に，余計なことを言うからだ，と半分冗談のような言い方で文句を言っていましたが，私も負けずに，お母さんは嘘は付けないからね，と言い返しました」と元気に話した。

　こんな話を聞いた後，当職は「一山越えた感じですね」と言うと，実母もそれに納得し頷いた。当職は，年末年始をもちこたえれば，試験観察の終局を考えてもよいのではと思っていたことから，「そろそろ試験観察も終わりでしょうかねぇ」と言ってみた。すると，実母は安心と不安が混じった複雑な心情を語りながら，「試験観察をしていただいたおかげで，あの子は自分のペースをある程度つくれたのではないかと思います。私自身もアドバイスをしてもらって，あぁ，これで良かったんだなと思えた部分もいっぱいありました。鑑別所に入る前までは，あの子に話をしたくても聞く耳をもたなかったし，誰に相談に行ってよいか本当に悩みました。でも，今は打てば響くところがあります」と目に涙を溜めていた。

(15) 少年面接（当庁において，平成X＋1年1月7日午後3時30分〜午後4時10分）

　少年は年末年始の仕事をやり終え，「辛かった」と述べた。その一言に少年の充実感

と自信が感じ取られ、当職は「よくやったね」と労った。また、壊れたバイクの代わりに、友人から原付バイクを安値で譲ってもらったことも報告された。

　当職が試験観察の終了を匂わすと、少年は「自分でも終われそうだと思う」と少し照れながら話していた。また、試験観察の感想として、「辛かった」と一言述べたため、当職は「それじゃ、先ほどの郵便局の感想と同じやな」と少し茶化した。すると、今度は「ためになりました。すごく緊張感があったので、仕事にも行けるようになりました。でも、調査官はおもしろいし、すごく話しやすかった。うまく言えないけど、調査官は自分には絶対、役に立ちました」と言ってきた。「役に立った」とは妙な言い方であるが、「絶対」と言葉を添えてくれたことが当職には嬉しく感じた。

　面接後、裁判官に口頭で経過を報告し、次回で最後の面接とし、その後に審判期日を入れていただきたいと意見を述べた。

(16) **少年及び実母面接**（当庁において、平成X＋1年1月20日午後4時10分～午後4時50分）

　少年からは近況とアルバイトを今後も続けていきたいとの希望が語られた。ただ、少年と実母にいつものにこやかさがないため、当職は「何かあったのですか」と尋ねた。実母によると、中学同級生の友人を親に了承も得ないまま宿泊させたことから親子喧嘩となり、以来、あまり話をしていないとのことであった。当職は双方から事情を聞き、思わぬ仲裁をすることになったが、少年にも言い分があることがわかり、お互いの態度がすぐに和やかになってきた。

　その後、これまでの試験観察の経過を三人で辿りながら、あの時はどのような気持ちでいたかなどと語り合った。当職も「試験観察当初、あなたが仕事をしたり、積極的に動き出すのかどうか心配だった。原付免許試験に一発で合格したとき、この子には能力があるのだと思って、次の面接までに就職を決めてこいなどと言った。今から思うと、試験観察は平坦ではなかったけど、いろいろ私も勉強させてもらいました」と、感謝の気持ちを込めて述べた。

　最後に、審判の呼出状を手渡し、実父にも出席してもらうことを告げた。

(17) **審判**（少年及び実父母出席、平成X＋1年1月27日午前10時～午前10時30分）

　裁判官から、試験観察中に仕事を辞めようと思った時期に思い止まったのはどうしてか、等の質問がなされた。当職は、前回の審判時と今とでは気分はどう違うかと尋ねたところ、少年は「少し今のほうが安心できます」と答えた。

　当職は意見書を記載する際、本件の処遇意見について、一般短期の保護観察に付すべきか、不処分が相当かで悩んだ。しかし、試験観察中の少年の努力はかなり評価でき、以前のような無気力で不安定な生活状態から現在は脱したと判断したため、不処分相当の意見を提出した。裁判官は審判の席で、当職と同趣旨の発言をされ、本件は不処分決定となって終局した。

少年調査票 (A)

査閲

裁判官　○○　○○　　家庭裁判所調査官　○○　○○

事件

受理年月日	事件番号	事件名	身柄
平成X年8月21日	平成X年少第×××号	わいせつ図画販売目的所持	○

少年

ふりがな 氏名	やまと　ゆうた 大和　祐太　　　　　　　　　男	
	平成X-16年4月2日生（16年5月）	
本籍	○○県○○郡○○町△番地の△△	
住居・電話	○○県○○郡○○町△番地の□ 　　　　　　　　　　　　　　電話×××－×××－××××	
学籍・職業	無職（平成X.3　K中学校卒業）	

保護者

続柄　実父	氏名　大和　哲		44歳
住居・電話	少年に同じ		
職業	会社員「○○会社」技術担当		
続柄　実母	氏名　大和芳子		43歳
住居・電話	少年に同じ		
職業	会社員「○○会社」営業担当		

従前の処分

年月日	庁名	事件名	処分結果	備考
平X.5.1	当庁	道路交通法違反	不処分	保護的措置
:	:	:	:	:
:	:	:	:	:
:	:	:	:	:
:	:	:	:	:
:	:	:	:	:
:	:	:	:	:
:	:	:	:	:

本件の非行
1. 事実　2. 動機・非行に至る経緯　3. 共犯関係
4. 本件非行後の少年・保護者の態度　5. 被害に関する事項　6. 備考

1. 事実

少年は以下の犯罪事実を認めている。

犯罪事実：「被疑少年大和祐太は、平成X年7月1日午後4時頃、○○県○○郡○○町△番地の□の自宅において、販売の目的で『おまかせエッチ』と題する女性の陰部、男女性交の場面等を露骨に撮影した、わいせつDVD3本を所持していたものである。」

2. 動機・非行に至る経緯

(1) 　少年は中3時の6月頃から1つ年上の山本一郎と交遊を深め、中卒後の平成X年6月頃から山本とともに暴走族Aに加入した。少年にとっては、「山本は僕のプライドに関する恥ずかしい弱点を知っているので、逆らえないという関係にあった」（少年）とのことで、その山本から平成X年6月中旬に「DVDが回ってきているから」と連絡があった。少年は、以前にも同じようにステッカーやわいせつDVDを強制的に買わされた経験があり、今回もどこかの暴走族が資金集めのためにDVDを強制的に買わせているとすぐに理解した。

　少年は山本との関係や暴走族の上下関係もあって、購入を拒否することはできないと考えた。また、少年はこのようなわいせつなDVDを販売目的で所持することが犯罪になることは承知していたが、そのときは事の善悪よりも、購入代金をどのように工面するかばかりに気を取られていた。結局、少年は所持していたCDなどを売却して代金を用意し、数日後に山本からわいせつDVD3本を2万円で購入することになった。

(2) 　平成X年7月1日、女子中学生の三田直美が少年宅に遊びにきて雑談をしている際、少年はこのわいせつDVDのことを思い出し、3本のDVDを5,000円で売却することを依頼した。少年によると、「購入代金の2万円のいくらかでも取り戻したい気持ちが強かったし、頼めそうな同性の同級生や後輩も見当たらず、自分で売るのも無理とわかっていたので、この子に頼むしかないと思った」とのことである。また、少年は中学生を対象に売るにはあまり高額では買わないと考えたため、購入代金よりも低額で販売を依頼した。

　その後、三田は他2名の女子中学生とともに、少年から預かったわいせつDVDを校内で所持していることが教諭に知れるところとなり、警察に通報され、本件発覚となった。

3. 共犯関係

共犯関係はないが，少年にわいせつ DVD を販売した山本一郎（平成 X-16 年 2 月 23 日生，16 歳，塗装工）は，わいせつ図画販売目的所持事件により当庁に係属し，現在は○○少年鑑別所に入所中である。

4. 本件非行後の少年・保護者の態度

(1) 警察署での取調べ当初，少年は山本の名前を出すことをためらい，通信販売でわいせつ DVD を購入したなどと虚偽の供述をしていた。しかし，通常逮捕以後は素直に真実を話すようになった。

鑑別所においては，少年は「先輩に頼まれても断ればよかった」と，暴走族への加入を含め，これまでの交友関係について問題意識をもちつつある。

(2) 実父は，以前から少年の交友関係や夜間外出について心配し，「事件に巻き込まれるのではないか」と不安をもっていたが，それが的中したことでかなり落胆をしている。しかし，逮捕後の少年との面会で，「見違えるように素直になって，話もできるようになってきた」（実父）と，今後の少年の更生にかなり期待している。

実母は，少年の部屋にわいせつ DVD があることは知っていたが，「性について興味があるのだろうという程度にしか考えが及ばなかった」（実母）とのことで，養育態度の落ち度を反省している。また，「これからはいけないことはいけないとはっきり言える人間にならねば」（実母）と自分に言い聞かせている。

5. 被害に関する事項

なし。

6. 備考

送致機関の処遇に関する意見

司法警察員：中等少年院送致（特修短期処遇）担当。

検察官：保護観察相当。

家　　庭

1. 家族構成　2. 経済状態　3. 住居の状態・近隣の環境
4. 家族の性行・家庭の一般的状況

1. 家族構成

続柄	氏名	年齢	職業	教育程度	備考
実父	大和　哲	44	会社員	高卒	○○会社勤務
実母	芳子	43	会社員	高卒	○○会社勤務
長姉	礼子	19	アルバイト	高卒	カメラ店勤務
次姉	章子	18		高3	
父方祖母	美津子	74	無職	旧小卒	

2. 経済状態

　　実父は月35万円、実母は32万円（いずれも税込み）の収入があり、長姉も少額であるが小遣い程度の収入がある。住宅ローン（残額2,300万円）を月12万円、ボーナス月40万円支払っているが、生活は困窮していない。

3. 住居の状態・近隣の環境

　　平成X-19年に現住所にある中古住宅を購入し、平成X-6年に新築をした。1階は6畳と20畳のダイニングキッチンで、2階は12畳、6畳、4畳半、3畳の4室。少年は2階の4畳半の部屋をもらっている。

4. 家族の性行・家庭の一般的状況

(1)　少年の小学時までは、家族のまとまりはよく、実父を中心として親子でマラソンをしたり、少年のサッカーやソフトボールの練習や試合を実父母が観戦したりと、非常に和やかであった。少年も「その頃は家族とよく話し、お父さんと一番仲が良かった」と言う。しかし、私立中学受験の不合格を契機に、サッカーへの意欲減退、学校への不適応などの問題が生じ、少年は「親の言いなりになるのは恥ずかしい。親と話すことが面倒になってきた」（少年）と、昼夜逆転の生活をして家族との交流を避けるようになった。実父母も、厳しい態度で接することが逆に少年の反発を招くのではないかと心配し、少年の自分勝手さに甘んじてきた。そんな経過もあって、最近ではほとんど家族との会話はなく、少年の交友関係や家庭外での素行について、実父母はほとんど把握できていない。

(2)　実父は技術職の会社員で、「普段は口数は少なく、性格は暗いほう」（実父）とのこと。その一方で、負けず嫌いで、勝ち負けにこだわり、これまでに少年に過剰

に期待をし過ぎる面が多分にあった。そのため，少年は実父の期待に応えられなくなると，その期待が重荷に感じられ，しだいに実父とは心理的な距離を置いたり，反発を示すようになったと思われる。

　実母は実父と同じ会社で稼動しているが，家事の負担や姑である父方祖母との関係の調整にストレスを溜めやすく，情緒的に不安定になることもあった。少年に対しては，事態の悪化を恐れるあまり，機嫌を損ねないようにすることに精一杯であり，少年が無免許であるにもかかわらず，実母は高額な自動二輪バイクを買い与えたりもしている。そのことが，少年の自分勝手さをますます助長する結果を招いてしまっている。ただ，少年の内面には，「自分を子ども扱いをしないでほしい」（少年）との気持ちもかなりあり，少年自身も依存したい願望と独立心の狭間で葛藤を抱いている。

(3)　このような親子関係であるが，実父が首尾一貫とした言動や力強さといった父性を少し回復することができ，かつ，実母も家庭内で心理的な余裕をもちながら，自分らしさや母親らしさを表出することができれば，かなり少年との関係は改善されるのではないかと思われる。ただ，現状では実父母は少年との接点すら見出せない状態であり，どのように少年に対処していけばよいのか方策すらつかめず，相談者もしくは援助者を強く求めている。

(4)　長姉は，少年とは性格が対照的で，非常におっとり型。スポーツよりも読書を好み，非常に内向的である。また，次姉は，少年と似て，活発であり，現在は高校の陸上部のキャプテンをしている。少年は長姉よりも次姉に対してより親和的である。

　父方祖母は自宅で年金生活をしている。かなり多弁で，家族の者がそれには閉口し，やや厄介者扱いをしている。少年も「うっとうしい」と敬遠している。

A-4

生　活　史

1．出生前の家庭史　2．少年の個人史・家庭史

1．出生前の家庭史

　実父は，平成 X-50 年に第 2 子長男として出生。中 1 時，父親が急死したため，以後は母親がパン屋で稼動し，生計を維持してきた。工業高校を卒業後，現在の〇〇会社に入社した。

　実母は，平成 X-44 年に第 3 子次女として出生。父親は漁師であったが，実母が 20 歳時に死亡し，雑貨商を営んでいた母親と生活をしてきた。高校を卒業後，〇〇会社に入社し，実父と職場恋愛をして，平成 X-20 年に婚姻した。同年 12 月に長姉，平成 X-18 年に次姉をもうけた。

2．少年の個人史・家庭史

平成 X-16.4.2	出生（普通分娩，体重 3,560 グラム）。 ● 実母は育児のために 3 年間休職。 ● 歩き始めも早く，発育は良好（実母）。
平成 X-11.4	F 幼稚園に入園。 ● 実父のマラソンの後を次姉と走るようになり，以後，家族マラソンが日課となった。 ● 「リーダシップもあり，友達のお母さんから，祐太君はヒーローだね，と言われることもあった。将来何になりたいのかと息子に尋ねると，哲（実父の名前）になりたいというほど，父親は憧れの的だった」（実母）。
平成 X-9.4	K 小学校に入学。 ● マラソン大会に出場し，毎年優勝するなど好成績を残した。新聞に顔写真が載ることもあり，「その頃は親の期待にも応えていた子だった」（少年）。 ● マラソンに加え，小 4 から地区のソフトボールや少年団のサッカーをやり，ここでもキャプテン（小 6）をしたり，好成績を残した。少年は「1 日に 3 試合を掛け持ちでこなすなど，寝る暇もないほどに忙しくしていた」（実父）。 ● 学業面ではあまり振るわなかったが，実父はスポーツができたら，勉強はしなくてよいと言っていた（実父）。 ● プロサッカー選手を目指して，サッカーの強い私立中学を受験

	するが不合格となった。少年は「このことから，受験は落ちるというイメージがつきまとうようになった」（少年）と，劣等感を強く意識し出した。実父母もこの出来事を「本人は，俺はもうだめだとかなり落ち込んでいた」（実父），「そのことが本人にとって一番の挫折だったかもしれない」（実母）と認識している。
平成 X-3.4（中1）	K中学校に入学。 ● サッカー部に所属するが，「チームが弱く，練習や試合の方法について先輩や顧問の先生と意見が合わず，一気にやる気をなくし」（少年），2学期頃から練習をサボりがちとなった。 ● 学校を休むことはなかったものの，2学期頃から授業中の態度や喫煙でたびたび注意を受け，生活態度もやや投げやりになってきた。 ● 小学時からバイクの無免許運転が常習化している同級生の山田弘と行動をともにし，「悪いことをするのがかっこいいように思えたし，楽しかった」（少年）とのこと。
平成 X-2.3	山田や他校生徒とともに原付バイクを窃取し，数日後にそれが発覚。少年は「家に帰りづらくなった」（少年）と，山田と一晩家出をした。
平成 X-2.6（中2）	山田から勧められて暴走族Cへ加入するが，暴走行為を一度もすることなく，短期間で脱退した。この頃，わいせつDVDやステッカーを高額で購入させられた。
平成 X-2.11（中3）	校内での喫煙で実父母が学校に呼び出された。帰宅後，実父は「サッカーと煙草とどちらのほうが大切なのだ」と怒り，少年のベッドを蹴って壊した。 ● 担任教諭への反発もあり，修学旅行（平成X-1.5）以降は不登校気味となり，2学期からほとんど学校に行かなくなった。しだいに昼夜逆転の生活となり，親子の会話もほとんどなくなった。 ● 私立N高校を受験するが不合格となり，「受からないとは思っていたけど，ショックというよりも，恥ずかしい気持ちが強かった」（少年）とのこと。
平成 X.3.2	前件非行（X-△△，原付バイクの無免許運転）。
平成 X.3.	K中学校卒業。

平成 X.5.1		前件非行（X-△△）において，無免許講習受講のうえ，不処分決定。
		● 実父の知人の「M工業」に防水工として働くが，「初めての仕事で，辛くてきつかった」（少年）と，2日間で辞めてしまった。
		● 暴走族Aに加入し，暴走行為を5～6回繰り返した。
		● 年長者の紹介で6月に1日だけ鳶の仕事，7月に3日だけ土木の仕事をしただけで，ほとんど徒遊生活。夜遊びが多く，毎日昼まで寝ている不安定な生活状態が続いた。
平成 X.6.		杉田裕美と交際を始め，性関係を体験。
		● 実母の40万円で中古自動二輪バイクを購入。
平成 X.7.1		本件非行。
平成 X.8.11		本件において通常逮捕。
平成 X.8.21		本件当庁受理，観護措置決定。

学業・職業関係，交友関係等

1. 学業・職業関係　2. 交友関係　3. その他の特記事項

1. 学業・職業関係

(1)　少年は中学時，サッカーへの意欲減退，成績不振，担任教諭との折り合いの悪さから，校内での喫煙などの問題行動を起こし，中3の5月以降はほとんど登校をしなくなった。中3時の欠席日数は116日にもなり（学校照会回答），私立N高校を受験するが不合格となり，就職先等の進路を決めないまま中学校を卒業した。

(2)　中卒後，少年は「何も考えられなくなった」（少年）と，将来の展望ももたないまま徒遊生活を続け，父の知人の「M工業」に防水工として就職するが2日間しか稼動しなかった。その後も年長者の紹介で鳶の仕事を1日間，土木の仕事を3日間しただけで，ほとんど就労経験はない。

2. 交友関係

(1)　少年は中学時に登校しなくなってからは，同級生とのつきあいがほとんどなくなった。また，数少ない友達であり，暴走族Cの加入を勧めた山田弘は，平成X-1年9月に交通事故を起こし，平成X年2月に死亡した。少年は，「面会に行くと，山田の足が足でなくなっており，かわいそうで見ていられなかった。葬式にも出席したが，生きていてほしかった」と，親友を亡くした喪失感は今でもかなり強い。

(2)　現在の少年の交友関係は，山本一郎など年上の者がほとんどで，それらの者と平成X年5月に暴走族Aを結成し，これまで5～6回暴走行為を繰り返している。結成に当たって，かなりの年長者の関与があり，警察によると，暴走族Aへの資金援助など暴力団B組もかかわっているとのことである。実際に，少年は暴力団B組組員の引っ越しに行って謝礼をもらっている。また，少年は以前に暴走族Cに加入していたことがあり，「会えば話をする程度」（少年）とはいえ，多くの暴走族のメンバーの名前や顔を知っている。

なお，少年はこれまで複数の女性と性経験があり，最近ではM高校1年生の杉田裕美と交際している。

3. その他の特記事項

特記事項なし。

| 性格，心身の状況等 |
| 1. 性格・行動傾向・生活態度　2. 心身の状況　3. 趣味・嗜好・特技・志望 |
| 4. 利用できる資源　5. 関係機関の意見　6. 備考 |

1. 性格・行動傾向・生活態度

(1) 　面接での質問の応答や日常生活を見る限り，知的な遅れは感じないが，日記の記載の拙さや学校照会回答，鑑別結果などからは知的能力が標準より低いことが指摘される。また，少年は私立中学受験や高校受験の不合格もあり，知的面や学習面での根深い劣等感をもっている。

　また，物事を一面的にしかとらえず，自分勝手な受け取り方や客観性に欠けた思考，近視眼的な見方は，そのような知的側面の影響が多少はあるかもしれない。

(2) 　日常の生活態度は，昼まで寝て夜遊びを繰り返す状態であり，気ままに暮らしている。情緒面では，イライラしたり，不安を抱きやすく，時には暴言を吐くなどの攻撃的な言動に出たり，閉じ籠って一人で落ち込んだりしやすい。

　基本的にはかなり未熟な精神発達しかなされておらず，困難な状況になると，すぐ他者に依存をするか，投げやり，刹那的になって，いつまでも問題を未解決のままにすることが多い。そのため，将来どのような方向をもって生活するか等の将来展望や目標が立てられず，その時の気分や刺激に安易に行動化をしてしまう傾向が強い。

(3) 　対人関係においては，上記の劣等感や情緒的な未熟さに加え，親友を亡くした喪失感も影響して，深い傷付きを体験しており，人との安定した関係がもちにくい。いわば，一面的で，表面的な対人関係となってしまうが，寂しいという感情は人一倍強く，孤立を恐れるあまりに，相手を選ばずに交際をしたり，場当たり的なつきあいに終始しがちである。

2. 心身の状況

(1) 　少年は警察に逮捕されてから，神経性の腹痛の症状があったようである。しかし，鑑別所内では服薬を受け，数日で改善されたとのこと（少年）。

(2) 　鑑別結果は以下のとおりである。

　　　知能：IQ = 72（新田中 3B 式知能検査）。
　　　身体状況：身長 172.5 センチ，体重 60.0 グラム，胸囲 79.0 センチ。
　　　精神障害はなし。

3. 趣味・嗜好・特技・志望

　　　趣味：スポーツ。

嗜好：喫煙の習慣あり。
　　　特技：マラソン，サッカー，ソフトボール。
　　　志望：以前はプロのサッカー選手になることであったが，現在はなし。
4．利用できる資源
(1)　　少年は，暴走族から脱退し，年上の者との不良交遊はせず，真面目に働きたいと，意欲的な態度を示している。しかし，就労先については定まらず，鉄骨関係の仕事や自動車整備士，時には専門学校への進学など，将来展望が拡散している。
(2)　　実父母は，地元の不良仲間との絶縁をするため，他県にある全寮制のY高校に来春受験をさせたいとの意向である。実父母は少年が鑑別所入所中，実際にその学校を下見するなど，少年を更生させようと必死である。しかし，受験までの期間，どのような生活をさせるのかの具体的方針はない。
5．関係機関の意見
　　　○○少年鑑別所の判定：収容保護（中等少年院）－一般短期処遇。
6．備考
　　　特記事項なし。

A-7

調査官の意見

本少年に対しては　　在宅による
　　　　　　　　試験観察決定　　　を相当と考える。

理　由

1. 　本件は，年上の先輩からわいせつ図画，いわゆる裏DVDを半強制的に購入させられ，購入代金を少しでも取り戻そうと，そのDVDの売却を知人の女子中学生に依頼したというもので，その行為は販売目的でわいせつ図画を所持していた刑法175条の罪に当たる。
　　　また，この種のDVDは，少年が加入をしていた暴走族の仲間に出回っており，断言はできないものの，その背景には暴力団が資金集めの目的のために関与していたと考えられる。

2. 　少年は，本件が犯罪になることは知っていたものの，以前にも裏DVDやステッカーを購入させられた経験があったことや，先輩の言うことに逆らえなかったことから，安易に購入し，それを売却しようとしていた。また，少年は暴走族への加入や暴力団員との交流など不良仲間にかなり親和的であり，ある意味では本件のような行為には抵抗感や罪意識は乏しかったと言える。さらに，少年は前件のようなバイクの無免許運転は常習化しつつあり，これまでも何度か暴走行為をしている。これらの一連の問題行動を見ると，少年には遵法精神に欠けたところが多分にあり，非行性の高さが窺える。

3. 　少年の家庭は両親健在で，少年の素行が乱れるまでは，一家でマラソンをしたり，スポーツを媒介にした親子の接触が多かった。しかし，私立中学受験の失敗を契機に，少年は目標を失い，意欲をなくして投げやりになるばかりでなく，不良仲間に接近をして，しだいに親子の交流が乏しくなっていった。中3になると，少年は学校にもほとんど登校せず，昼夜逆転の不安定な生活を送るようになったが，実父母は反抗的になってますます事態の悪化を招くことを心配し，厳しく注意を与えることもしなかった。現在に至っては，少年との接触がほとんど取れず，少年にどのように対処していけばよいのかさえもわからず，途方に暮れている状態である。

4. 　以上のことを考えると，少年は今後急速に非行性を高める心配があり，家族関係もますます困惑し，事態の悪循環を招く危険が大きい。ただ，少年は鑑別所において，不良交遊をしないことや真面目に就労をすること等を誓約しており，今までにない意欲を見せ始めている。これまで無気力で投げやりであった少年だけに，目標

をもち，それに向かって努力をしようとする姿勢は評価できる。実父母もこれまでの養育態度を反省し，少年の更生のために必死になっていることも考え合わせると，今後，少年の生活状態や親子関係がどのように変化するのか予想しにくい。
　また，少年には保護処分歴がこれまでないことを考慮すると，すぐに収容による矯正教育を行うことは見合わせ，在宅処遇の可能性を探る必要があると思われる。
　よって，当分の間，処分を保留し，上記の経緯を観察したうえで最終決定をすることが望ましく，在宅による試験観察決定を相当と考えたい。
5. 　なお，試験観察を実施するに当たり，不良仲間との交際を避けること，夜遊びをせずに規則正しい生活を送ること，将来の目標を探し出し，それに向けて努力をすることの3点を遵守すべき事項とし，定期的な少年との面接によって状況把握に努めたい。また，親子の交流が少しでも円滑に行くように，実母との面接では，実母の情緒安定を図り，心理的に援助していくこと，実父との面接では少年との接点を見い出せるように助言を与えることを心がけたい。

　　　　　平成X年9月10日
　　　　　〇〇家庭裁判所支部
　　　　　　　　　家庭裁判所調査官　　　　〇〇　〇〇　　　印

試験観察経過報告

裁判官　○○　○○　殿

平成 X+1 年 1 月 21 日

○○家庭裁判所　　支部

家庭裁判所調査官　○○　○○　㊞

平成 X 年少第×××号	わいせつ図画販売目的所持　　保護事件	
少年	大和祐太	平成 X-16 年 4 月 2 日生
住居	○○県○○郡○○町△番地の□	
電話	×××－××－××××	
決定年月日	平成 X 年 9 月 12 日	
種別	在宅・委託（委託先　　　　　　　）	

本少年に対する試験観察の経過は、以下のとおりである。

記

平成 X 年 9 月 12 日	当庁において、審判後、少年及び実父母に面接
	審判後、当職は試験観察について説明し、遵守事項として「規則正しい生活をすること」「悪い人とつきあわないこと」「将来の目標を見つけ、それに向かって努力すること」を取り決めた。また、観察の期間は来春の進路が決まるまでのおおむね 3 ～ 4 か月とし、2 週間に 1 回の割合で少年と実母に面接し、実父には必要な場面で面接を行うことにした。
	説明の後、少年から原付免許を取得したいとの申し出があったため、当職は免許取得の目的を尋ね、「受験は落ちるイメージがあると言っていたが、免許試験も一つの受験であり、悪いイメージを拭うには絶好の機会ではないか。しかし、勉強や努力をしない受験はやめるべきではないか」と助言をした。
平成 X 年 9 月 26 日	当庁において少年及び実母に面接
	少年と実母の報告によると、少年は午前 7 時に起床し、家族と食事をした後、原付免許取得の勉強をし、友人に旅館のシーツ替えのアルバイトを紹介してもらえるように頼んでいるとのこと。少年は来週には原付免許の試験を受けたいと言い、合格する自信があると述べた。

	実母は，少年が夜11時に帰宅することが2日間程度あったことを報告し，厳しく対応すると，少年が家に寄りつかなくなるのが心配と話した。そのため，当職は，少年が親の態度について，「親は自分の機嫌を取っている」と評していたことを実母に伝え，揺れ動くことも必要であるが，どこかで度胸を決めて物事にかかる必要があることを指摘した。
平成X年9月30日	実母から電話連絡
	実母から少年が原付免許試験に合格したとの連絡が入った。
平成X年9月30日	少年に電話連絡
	少年に電話をし，合格の祝福を述べたところ，少年は「一緒に受けに行った友人は不合格だった」と嬉しそうに話していた。
平成X年10月7日	当庁において少年及び実母に面接
	少年が免許取得したことについて，当職は「これで第一関門が突破できたね」と述べた。実父母は少年が試験に合格するとは思っていなかったらしく，実母は「一発で受かるなんて信じられず，やればできるということを思い知った感じです」と，目に涙を溜めて語った。
	少年はバイクの免許を活用したピザの宅配か，寿司屋の配達の就職先を探している。実母は少年の就職活動に手を貸そうかと思っているとのことだが，当職はこれまでの親子関係を見直してもらいたいため，その賛否は明確にしなかった。そして，実母自身の問題を今後も掘り下げていくため，少年と実母の面接を別々に設定したいともちかけたところ，実母もそれに賛同した。少年には，次回面接までに仕事を見つけてくることを提案すると，少年は力強く頷いた。
平成X年10月22日	当庁において実母に面接
	実母は，少年の仕事が決まり，本日から出勤となったことを嬉しそうに報告した。少年は雑誌で郵便局の配達のアルバイトを見つけ，応募に行ったときはすでに募集を締め切られていたが，少年が就労を強く希望したため，その誠意が通じて別の郵便局に採用されることになったようである。ただ，初出勤の朝，少年が起きてこなかったので，実父母はかなり気を揉んだよう

であるが，冷静に対処したとのことであった。当職はそんな話を聞き，実母にも余裕が出てきていると感じた。

平成X年10月22日　当庁において少年に面接

少年は約束時間を10分遅刻し，杉田裕美という彼女を連れて来庁。少年によると，「真面目にやっていることの証拠として連れてきました」とのこと。

少年は郵便局でのアルバイトの話を楽しそうに語り，「次回までに仕事を見つけると約束したけど，仕事が見つからないので焦り，もうだめかと諦めていました。今までだったら，仕事をやる気にもならなかったけど，試験観察があってやる気が出てきたし，自分でも努力をしようと思ってる」と付け加えた。当職は試験観察の効果がしだいに上がっていることを，少年の状況や言葉から感じた。

面接終了前の短時間，当職は杉田からも話を聞くことにした。杉田は，少年が真面目にやっていることを落ち着いた口調で話した。当職は杉田に対して，少年の置かれている状況を理解してもらい，更生のために協力をしてほしいと申し述べた。

平成X年11月11日　当庁において実母に面接

実母は，少年が真面目に就労していると報告するが，彼女との交際がうまくいっていない影響からか，昨日は仕事を休んだと述べた。実母は少年の男女関係が生活の乱れにつながるのではと心配していたが，当職は少年の自尊心を傷付けないように，二人の関係を見守ることが大切と助言した。

当職は，順調に滑り出した試験観察がやや停滞気味になってきている不安を感じたため，少年との面接後に実父との面接を入れることにした。

平成X年11月11日　当庁において少年に面接

少年は，仕事にも慣れ，配達の地域が拡大したと言うが，前回までの笑顔や自信に満ちた話し方ではなかった。面接を進めていくと，少年は，「本当は型枠大工のような職人になりたい。アルバイトではなく，給料がいいところで働きたい」と言い出した。少年によると，先輩から型枠大工の就労先を紹介しても

らう予定になっているとのことであった。
　当職は、仕事の大変さについて少年と話し合った後「飛行機が離陸をした後、ある程度は上昇をしなければならないよね。そして、ようやく水平飛行をするのだけど、それは試験観察にも同じことが言えるんじゃないかな」と述べ、試験観察のどの段階に自分がいるのかを考えてもらった。また、少年がどうしても転職を希望する場合、次の仕事先が見つかるまでは郵便局の仕事は1日も休まずに行くこと、新しい就労先に暴力団や暴走族の関係者がいないかよく調べることを、少年と約束した。
　面接終了前、少年は、夜間遅くまで飲んでいる実父から電話で起こされ、立腹したことを語った。当職は、家庭内での不満も直接的ではないにしろ、少年が転職を考える一つの要因になっているとも思えた。

平成X年11月11日	裁判官に口頭と書面で報告
平成X年11月19日	当庁において実父に面接

　当職は実父に、少年が自分の気持ちを十分に理解してくれていない不満があること、型枠大工の仕事に転職を考えていることを伝えた。また、少年が転職を希望する気持ちを実父はどのように理解しているかを実父に考えてもらい、今後、どのように少年にアドバイスを行えばよいかを当職と話し合った。当職は、このことを機会に、少年と実父が接点をもつことができればと期待していると告げた。

平成X年12月2日	当庁において少年に面接

　少年は、郵便局の仕事を1日も休まず続けており、「やっぱ、郵便局でやってみようかと思っている」と述べた。少年によると、職場で親切にしてくれるおばさんからの助言があったことや、「しばらく郵便局で頑張ってみろ」との実父からのアドバイスがあったことがその理由とのことであった。当職は、少年の言動からどことなく腰を落ち着けたという印象を受けた。
　また、最近の少年の交友関係や彼女との交際に変化はなかったものの、少年は以前からの複数の友人への借金をアルバイト代で返済していることがわかった。さらに、11月中旬、山本

継続用紙

　　　　　　　　　　一郎を後ろに乗せて原付バイクを運転し，定員外乗車で反則金
　　　　　　　　　　を支払った事実も，少年から報告された。
平成X年12月10日　当庁において実母に面接
　　　　　　　　　　実母は，少年の帰宅が深夜になることがあるが，休まずに仕
　　　　　　　　　事には行っていると報告した。以前の実母であれば，過剰な心
　　　　　　　　　配をするところであるが，「こんな風に仕事を続けられるよう
　　　　　　　　　になったことはすごい進歩ですよね」と，少年の良いところに
　　　　　　　　　目を向けようとする姿勢が感じられ，実母自身の気持ちにかな
　　　　　　　　　り余裕が見られた。
　　　　　　　　　　そんな話の後，実母は，少年の幼少期，実父が若い女性と1
　　　　　　　　　週間駆け落ちをしたことを告白した。そのとき実父はデパート
　　　　　　　　　で少年と同じ年齢の男の子を見かけ，思い直して家に帰り，再
　　　　　　　　　度夫婦でやり直そうと話し合ったとのことである。当職はこの
　　　　　　　　　話が少年の帰宅の遅さを心配する実母の心理に関係していると
　　　　　　　　　感じ，実母の心情を受容しながらも「重要な点は，お父さんが
　　　　　　　　　わが子を思い出して帰ってこられたことではないでしょうか。
　　　　　　　　　祐太君にも同じことが言えて，外にいるときに，どれだけ家族
　　　　　　　　　のことが思い浮かべられるか，心のなかにどれだけお父さんと
　　　　　　　　　かお母さんがいるのか，ということかもしれません」と述べた。
平成X年12月17日　当庁において少年に面接
　　　　　　　　　　少年は，原付バイクの部品を盗まれて動かなくなったこと，
　　　　　　　　　年賀状の時期に入り，残業までしていることを報告した。当職
　　　　　　　　　は実母から報告のあった夜遊びの事実を確認したところ，少年
　　　　　　　　　は山本らとコンビニで雑談をしていると述べた。当職は少し生
　　　　　　　　　活のリズムが狂ってきていることを懸念し，試験観察の遵守事
　　　　　　　　　項を少年に再確認させた。また，以前に不十分のままとなって
　　　　　　　　　いた山本との関係をここで改めて調査したが，少年は山本にど
　　　　　　　　　んな弱みを握られているかは回答しようとしなかった。そこで，
　　　　　　　　　当職は，少年の交友関係と問題行動が密接に関係していること
　　　　　　　　　を指摘するにとどめた。
平成X+1年1月7日　当庁において実母に面接
　　　　　　　　　　実母は，少年が年末年始の郵便局の多忙な仕事をやりとげた

継続用紙

と報告するとともに，「家のなかでも祐太との交流が多くなりました」と，元気に話した。

当職は，年末年始をもちこたえれば，試験観察の終局を考えてもよいのではと思っていたことから，その話題をもちだした。実母は安心と不安が混じった複雑な心情を語りながら，「試験観察をしていただいたおかげで，あの子は自分のペースをある程度つくれたのではないかと思います。鑑別所に入る前までは，話をしたくても聞く耳を持たなかったし，その頃は誰に相談に行ってよいか本当に悩みました」と，目に涙を溜めて述べた。そんな実母の話を聞いて，当職は少年だけでなく，実母自身も相当に成長をしたのではないかと感じた。

| 平成 X+1 年 1 月 7 日 | 当庁において少年に面接 |

少年には，年末年始の仕事をやり終えた充実感と自信が感じられた。

少年の生活状況に問題がないことを確認した後，当職は試験観察の終局を提案した。少年は「自分でも終われそうだと思う」と少し照れながら話し，「ためになりました。すごく緊張感があったので，仕事に行けるようになりました」と，試験観察を振り返って語った。

| 平成 X+1 年 1 月 7 日 | 裁判官に口頭で報告 |

これまでの試験観察の経過を報告したところ，次回面接を最後とし，審判を開始して，本件の終局決定をする予定となった。

| 平成 X+1 年 1 月 20 日 | 当庁において少年及び実母に面接 |

近況報告と郵便局のアルバイトを今後も続けていきたいとの希望が，少年から語られた。

その後，これまでの試験観察の経過を再度振り返りながら，感想を述べ合った。当職も，試験観察前は不安であったが，少年が原付免許試験の合格や就職を決めてきたことなどから少し安堵し，少年への信頼を高めたと，少年や実母に告げた。

最後に，審判の呼出状を手渡し，実父にも出席をしてもらうことを告げた。

以上

意 見 書

裁判官　○○　○○　殿

　　　　　　　　　　　　　　　　　　　　　　　　平成 X+1 年 1 月 21 日

　　　　　　　　　　○○家庭裁判所　　支部
　　　　　　　　　　　　家庭裁判所調査官　○○　○○　印

平成 X 年少第×××号　わいせつ図画販売目的所持　保護事件

| 少年 | 大和祐太 | 平成 X-16 年 9 月 12 日生 |

住居・電話　○○県○○郡○○町△番地の□
　　　　　　　　　　　電話　×××－××－××××

本少年に対しては　　**不処分決定**
　　　　　　　　　　　（保護的措置）　　　　　　　　　を相当と考える。

　　　　　　　　　　　　　理　　由

1. 少年は、当庁において平成 X 年 9 月 12 日に在宅による試験観察決定となった。
   その経過は、平成 X+1 年 1 月 21 日付けの当職作成の試験観察経過報告書に記載したとおりであるが、少年は平成 X 年 10 月 22 日から郵便局でアルバイトを始め、現在も真面目に就労を続けている。また、一時期は夜遊びが頻繁にあったが、今はそれもなくなり、それ以外の生活状況での大きな問題点は見当たらなかった。このように、試験観察は順調に経過し、その間の成績も非常に良好であった。

2. 少年は中卒後、ほとんど就労もせず、無為徒食で怠惰な生活を続け、将来に対する目標もあいまいであった。しかし、試験観察を契機に、勤勉に働くことの大切さを学習し、今後も現在のアルバイトを継続していくこととなり、少年なりの目標をもつに至っている。さらに、原付バイクの免許取得試験に 1 回で合格したり、年末年始の多忙な時期にも休まずに就労できたことから、今までにない充実感や自信を高めており、それもこの試験観察での大きな成果であった。
   実父母についても、以前は少年の指導に困惑し、適切な方策も見つからずに途方に暮れていたが、試験観察中での少年の頑張りとやればできるという少年の能力を再確認し、自分たちの養育方法にも自信を回復したようにも思える。

3. 以上のように、少年の問題行動はほとんど消失し、試験観察決定時の非行性はかなり低下したと言え、さらに、実父母の保護能力も回復して、今後は家庭内での指導に大いに期待できそうである。
   したがって、本件については、上記意見のとおり、不処分決定を相当と考えたい。

　　　　　　　　　　　　　　　　　　　　　　　　　　　　　　　　以上

おわりに

　筆者が本書を書きたいと思うようになったのは，これまで長年従事してきた調査官の経験を振り返り，そこで得たさまざまな技術を自分なりにまとめてみたいと考えたのが始まりである。

　その技術とは，非行という現象を見つめる視点であったり，面接をする方法であったり，少年らとのかかわりのコツであったり，事実をいかに報告するかという伝え方であったりする。また，臨床家を養成していく育て方の技術についても取り上げ，最終章で論じることにした。非行臨床にはこのように多くの技術が求められ，それを自分なりに統合していくことが大切であると，執筆をしながら改めて思い知らされた。一つの技術には優れていても，他の技術が伴わなければ，せっかくの優れた技術も台無しになる。その結果，全体としてみればその技術の効果は半減してしまう。そうならないためには，臨床家としてのバランスが求められるのである。

　本書ではそれらの一つ一つの技術をどこまで正確に記述できたか心許ないが，筆者なりに精一杯整理しまとめたつもりである。そして，筆者はここに取り上げた技術は調査官だけの技術にとどまらず，非行臨床に携わる心理臨床家，教育関係者，ケースワーカーといった専門家にも役立てられるのではないかと考えている。そのような意識で最初から最後まで書き通したつもりである。実際のところ，非行臨床の現場で働く人から，面接をどのようにしていけばいいのかわからないといったことを筆者はよく相談される。クライエントを主体とするカウンセリングの技法だけでは非行臨床は対処しきれず，再非行や不出頭といった問題を招きやすい。専門家の側もそもそも何が非行の背景にあるのかわからず，そのアプローチの方法もない状態となっていることもしばしば見受けられる。ましてや，本人の動機付けを高めたり，枠のなかに行動が収まるようにさせるために，専門家はいかにかかわればいいのかと問われるのである。筆者が本書で述べた調査面接の技法は，カウンセリングなどの受容と共感を主と

する臨床面接とは違い，いわば，問題の核心に迫りそれを面接で明らかにしていく面接の技術である。仮説生成と仮説検証を基礎にしながら，いかに事実に接近していくかという技術は，これまであまり論じられてこなかった。そういう面でも本書の意義は大きいと考えるのである。さらに，枠の活用の仕方，報告や記録をいかに作成して伝えるかということにも力点を置いたが，これも非行臨床の大切な仕事の一つである。これらのことは非行臨床に限らず，一般の心理臨床にも十分に普遍化できるところがある。是非，本書を多くの人に活用していただければと願いたい。

　本書を書き終え，村瀬嘉代子先生が「聴きながら訊き　事実に出会うということ」というすばらしい添え文を書いてくださった。村瀬先生は筆者にとっては調査官としての大先輩であると同時に，臨床家としてのあこがれの人であり，とても尊敬している師匠（私が勝手に思っているだけ）でもある。繁忙きわまりない状況のなか，わざわざお言葉をいただけたことはこの上もなく嬉しい。そこに書かれてある「聴きながら訊き」という表現はまさに私が本書で言いたかったことをズバッと一言で言い表されている。本書の船出に光明を照らしていただいた感じがして非常に勇気付けられる思いである。村瀬先生には本当に心より感謝申し上げたい。

　そして，本書ができあがるに当たって，金剛出版の編集者である藤井裕二氏には並々ならぬご苦労をおかけした。刊行までの時間配分を考えずに作業をした筆者の責任が大きいが，同氏はそれを見事にカバーし無事出版することができた。よきパートナーである藤井氏がいてくれたからこそ本書ができたと思っている。そのことにも感謝の気持ちで一杯である。

　なお，本書は花園大学出版助成を受けて刊行された。阿部浩三学長をはじめとし，みなさんのご理解とご協力があっての完成となったことも忘れてはいけない。心より感謝と御礼を申し上げる次第である。

　最後に，本書が非行臨床の発展に役立てられ，社会が安心で安全な場所であると誰もが実感できるようになれることを祈りたい。

　　　　　　　　　　　　　2011年3月　開花を待ちわびる季節にて　　橋本和明

索引
Index

A

ability（できる） ……………………… 155
(the) battered-child syndrome ……… 131
NICHD プロトコル ………………… 074, 075
readiness（準備ができている） ……… 155
willingness（やる気がある） ………… 155

あ

愛着 ……………………………… 118, 134, 169
アイデンティティ …………… 019, 021, 051
悪循環の断絶 …………………………… 171
アセスメント …… 070, 072, 090, 098, 107, 115-117, 152
　　養育能力の―― ………………… 111
後付けの動機 …………………… 041, 042
　　――の供述 …………………… 039
アンビバレンツ ……………………… 155
いじめ …………………… 052, 115, 119
一元的な見方 …………………… 161, 162
イニシャルケース …………… 026, 027
インテーク記録 …………………… 187, 192
インフォームド・コンセント …… 105, 106, 152
恨み ……………………… 042, 149, 169
エピソード記憶 ………………………… 075
エンパワーメント ……………… 168, 170
オープン質問 …………………… 075, 076
オリエンテーション ………… 105-107, 152

か

開示請求 …………………………… 189, 197

回避的行動 …………… 165, 166, 170, 171
下位文化理論 …………………………… 028
解離 …………………………… 054, 133, 164
解離性障害 ……………………… 043, 254
カゴダッシュ ……………… 043, 044, 051
葛藤家族 ………………………………… 056
関与的観察 ……………………………… 102
記述
　　対人関係的側面の―― ……… 198
　　性格・行動傾向の―― ……… 197
　　情緒的側面の―― …………… 198
　　知的側面の―― ……………… 198
虐待 …… 030, 095, 096, 112, 131, 153, 161-172, 181, 198, 200
　　――からの回復 ……………… 170
　　――と非行の悪循環 ………… 170
客観的事実 …… 070, 077, 108, 114, 124-127, 135, 195, 196, 201
逆境的環境 …………………………… 181
ギャングエイジ ……………………… 116
共通言語の使用 ……………………… 190
記録の謄写・閲覧 …………… 034, 036, 147
緊張理論 ………………………………… 028
ぐ犯 …… 023, 081, 082, 108, 126, 145, 146
　　――事由 …………………… 081, 082
　　――少年 …………………… 081, 082
　　――性 ……………………… 082, 145
クライエント中心療法 …… 071, 074, 098
刑事コロンボ ………………………… 102
刑事訴訟法 …………………… 036, 037, 081, 084
刑事和解の手続き ……………………… 037
刑法 …………………… 032, 044, 081, 243
ケース
　　――を自分のものにすること …… 213
　　――を担当すること ……………… 213
ケース記録 …………………… 187, 192, 199
現実と非現実のあいまいさ ……… 053
更生プログラム ……………… 105, 106, 120

行動化（acting out） …… 142, 154, 160, 241
校内暴力 ………………………… 031, 045-047
広汎性発達障害 ………… 174, 175, 177, 181
公判傍聴の配慮 ……………………………… 036
国親思想 ……………………………………… 033
個食 …………………………………………… 062
固食 …………………………………………… 062
子食 …………………………………………… 062
孤食 …………………………………………… 062
粉食 …………………………………………… 062
コミュニケーション力 …………………182-184

さ

裁判員裁判 ………………………… 033, 200, 201
裁判所職員総合研修所 …… 204, 209, 213
ジェノグラム ……………………… 089, 090
事件記録［→法律記録］ ……… 086, 092
事実と評価の区別 ……………… 195, 196
事実の追求 ………………………… 130, 131
事実のもつ力 ……………………………… 133
下着盗 ……………………………………… 182
児童福祉法 ……………………… 081, 082, 084
司法行政 …………………………………… 202
司法実務 …………………………………… 202
司法面接 ……………………………074-078
司法臨床 ……………………………… 030, 074
社会解体論 ………………………………… 028
社会記録［→少年調査記録］…… 086, 187, 188
社会復帰促進センター ………………… 033
終局 …… 089, 104, 121, 122, 125, 128, 139,
　　　140, 153, 157-160, 210, 224, 230, 231,
　　　250
　　──のあり方が問われる臨床…… 122
主観的事実……070, 077, 108, 114, 124-127,
　　　135, 195, 196, 201

主任調査官 ……………………………202-204
情緒的側面 ………… 117, 118, 119, 197, 198
少年院法 ……………………………………… 081
少年事件の処理手続き ……………………… 083
少年調査記録［→社会記録］…… 086, 187-189
少年法 …… 033-036, 081, 082, 084, 138, 200
情報の管理 ………………………… 188, 189
情報の共有と活用 ……………… 188, 189
処遇に向けたアプローチ……105, 106, 121
贖罪教育 ……………………………………… 147
触法少年 ………………………… 035, 081, 138
シングルフォーカス …………… 050, 051
審判結果通知 ……………………………… 037
精神的な未熟さ …………… 039, 043, 055
生と死の境界の薄さ ……………………… 053
性犯罪 ……………………………… 098, 182
性非行 ……………………………………… 098
生来性犯罪者説 …………………………… 028

た

対人関係的側面 ………… 117-119, 197, 198
対人恐怖 …………………………… 054, 055
多元的な見方 ……………………… 161, 162
単親家族 ………………………… 031, 055, 056
単親家庭 …………………………………… 164
知的側面 ………………… 117, 119, 197, 198
注意欠陥多動性障害（ADHD）…… 175, 178
調査仮説……092-095, 104, 108-110, 216, 217
調査官補 …… 023, 031, 092, 202-206, 208,
　　　210, 213, 259
調査計画 …………………… 089, 210, 216, 217
調査面接 …… 070-080, 091, 094, 097, 098,
　　　101, 102, 104, 105, 124
つながりの希薄さ …… 039, 043, 045-048,
　　　050, 055, 063

動機付けが乏しいケース 143
動機付け面接法 155
動機と行為のアンバランス 039, 042
動機のわかりにくさ................ 039, 041
統制理論 028
トラウマ...................... 164, 191
　──体験................................ 168

は

漠然とした不安感 039, 051-055
発達障害 …… 043, 050, 111, 113, 153, 161-
　　163, 174-176, 180-184, 186, 195, 196
ハラスメント 052
犯罪少年................................ 035, 081
犯罪被害者保護法 036
被害者意見陳述の制度 037
被害者学.............................. 037, 038
被害者参加制度 037
被害者の視点 036-038, 147
被害と加害の逆転現象 …… 167-170, 172
　親子間における── 168
　同一人物における── 168
被害と加害の交錯 052, 053
非行
　遊び型── 036
　一過性型── 036
　一過性の── 137
　いきなり型── 036
　虐待回避型── 167
　自我肥大型── 179
　性的逸脱型── 167
　二次障害としての── 180
　反復固着型── 179
　──のピーク……031, 032, 045, 055, 056
　部分関心型── 179

暴力粗暴型── 167
薬物依存型── 167
非行事実 …… 078, 082, 105, 106, 108-110,
　　126, 127, 130, 217
　──の否認 109
非行少年の親
　自信欠如タイプ 056, 058, 061
　常識欠如タイプ 056, 060, 061
　責任回避タイプ 056, 059-061
　評論傍観タイプ 056, 058
非行性……035, 036, 086, 090, 106, 108-111,
　　120, 145, 158, 167, 217, 218, 224, 243,
　　251
非行相談処理系統図……083, 084, 121, 138,
　　146
秘密主義............................... 188
貧困家族............................... 056
貧困家庭............................... 164
不道徳家族............................ 056
ふれあうことの恐怖............ 054, 055
プロセスレコード 208-213
変化
　──を活かしきれない 154, 155
　──を呼び起こせない 155
報告
　一貫性のある── 194
　神の視点からの── 193
　第三者の視点からの── …… 192, 193
　調査者（面接者）の視点からの──
　　　.................................... 192
　被調査者（被面接者）の視点からの──
　　　.................................... 192
　──の能力 205
暴走族……031, 045, 047, 048, 116, 217-219,
　　221, 222, 224, 228, 233, 234, 238-240,
　　242, 243, 248
法律記録［→事件記録］................ 086
補償要因........................ 162, 163

索引 | 259

ま

- マステリー（mastery） ……………… 169, 170
- 3つの考案 ………………………… 098, 099, 101
- 無力感 ………………………………… 148, 149
- "目に見えるもの"から"目に見えないもの"への方向性 ………………… 198, 199
- 面会交流事件 ………………………………… 133
- 面接
  - 仮説生成・仮説検証型の—— …… 091, 092, 094, 097
  - 起承転結を意識した—— ……………… 105
  - ——記録 ………………………………… 187
  - ——（調査）計画 ……………………… 092
  - ——の能力 ……………………………… 205
  - ——力 …………………………… 151, 152

や

- 養育態度 …… 031, 066, 112, 148, 161, 172, 234, 244
- 要保護児童 ………………………………… 081

ら

- ライフサイクル …………………… 113, 114
- ラポールの形成 …………………………… 075
- リスク要因 …………………………… 162, 163
- 臨床面接 …… 070-080, 091, 097, 098, 101, 104, 124

わ

- 枠
  - 外面的な—— ……………… 136-138, 140
  - 治療構造としての—— ………… 141, 142
  - 内面的な—— ……………… 136-138, 140
  - ——からの逸脱 ………………………… 176
  - ——の臨床 ……………… 136, 154, 159
  - 行動を規定する機能 ………… 139, 159
  - 自我肥大型 …………………………… 177-181
  - 反復固着型 ……………… 177, 179, 180
  - 部分関心型 ……………………… 178-180
  - 保護する機能 ……………… 139, 142, 159

名

- E・ウィーデンバック ……………………… 209
- R・エクステイン ………………………… 141
- I・オーランド ……………………………… 209
- C・H・ケンプ ……………………………… 131
- H・S・サリヴァン ……………………… 102
- E・デュルケム …………………………… 028
- C・トロッター ………………… 146, 150, 152
- S・フロイト ……………………………… 131
- H・E・ペプロウ ……………………… 208, 211
- W・R・ミラー …………………………… 155
- C・R・ロジャース ……………………… 071
- S・ロルニック …………………………… 155
- C・ロンブローゾ ………………………… 028
- 井上公大 …………………………………… 029
- 岡堂哲雄 …………………………………… 029
- 小此木啓吾 ………………………………… 141
- 加藤幸雄 …………………………………… 029
- 佐藤郁哉 …………………………………… 103

生島 浩	029, 066
土居健郎	141
仲 真紀子	077
服部 朗	123
菱川 愛	077
廣井亮一	030
藤岡淳子	098
水島恵一	029
村瀬嘉代子	102, 156

著者略歴

橋本和明
（はしもと・かずあき）

花園大学社会福祉学部臨床心理学科教授。
1959年大阪生まれ。1983年名古屋大学教育学部教育心理学科卒業後，家庭裁判所調査官補として採用。名古屋，大津，福岡，大阪，静岡，和歌山において家庭裁判所調査官を歴任。主任家庭裁判所調査官として大阪家庭裁判所を退職後，2006年より現職。
主著 『子どもの精神療法』（共著，金剛出版，1991）『童話と心の深層』（共著，創元社，1996）『虐待と非行臨床』（単著，創元社，2004）『犯罪・非行の心理学』（共著，有斐閣，2007）『虐待と現代の人間関係』（編著，ゆまに書房，2007）『児童虐待はいま』（編著，ミネルヴァ書房，2008）『発達障害と思春期・青年期——生きにくさへの理解と支援』（編著，明石書店，2009）『発達障害との出会い——こころでふれあうための一歩』（編著，創元社，2009）『思春期を生きる発達障害——こころを受けとるための技法』（編著，創元社，2010），『児童生活臨床と社会的養護——児童自立支援施設で生活するということ』（分担執筆，金剛出版，2012），『子育て支援ガイドブック——「逆境を乗り越える」子育て技術』（編著，金剛出版，2014）ほか。

非行臨床の技術
実践としての面接・ケース理解・報告

初　刷	2011年3月20日
二　刷	2015年3月20日
著　者	橋本和明
発行者	立石正信
発行所	株式会社 金剛出版（〒112-0005 東京都文京区水道1-5-16）
	（電話 03-3815-6661　振替 00120-6-34848）
装　幀	阿部一秀
印刷・製本	新津印刷

ISBN978-4-7724-1192-9　C3011　©2011　Printed in Japan

子育て支援ガイドブック
「逆境を乗り越える」子育て技術

［編著］=橋本和明

●A5判 ●並製 ●280頁 ●定価**3,700**円+税
●ISBN978-4-7724-1384-8 C3011

発達障害，虐待，家庭内葛藤，非行で停滞した「むずかしい子育て」。
「できるところ」からはじめて
育つ子も育てる親も楽になる
〈方法としての子育て技術〉のためのリソースブック

児童生活臨床と社会的養護
児童自立支援施設で生活するということ

［編著］=田中康雄

●四六判 ●並製 ●280頁 ●定価**2,800**円+税
●ISBN978-4-7724-1261-2 C3011

実親代わりに養育を担い
子どもの「学びなおしと育ちなおし」を支える児童自立支援施設。
多職種連携の名の下に集った
対人援助者に求められる条件を問う。

非行臨床の新潮流
リスク・アセスメントと処遇の実際

［編著］=生島 浩　岡本吉生　廣井亮一

●A5判 ●上製 ●200頁 ●定価**2,800**円+税
●ISBN978-4-7724-1201-8 C3011

さまざまな現場の新たな取組みから
多角的に非行臨床の現在を捉える。
少年司法・矯正現場の臨床家から学校関係者まで，
非行臨床の新たなうねりを体感できる一冊。